国家社会科学基金全国艺术学一般项目"文化景观遗产的'文化 DNA'提取及其景观艺术表达方法研究"（项目编号：15BG083）；
上海交通大学创新设计世界一流学科建设项目"东方设计学研究"（项目编号：WF420320002）。

文化景观设计研究

Research on Cultural Landscape Design

周之澄　著

中国建筑工业出版社

图书在版编目（CIP）数据

文化景观设计研究 = Research on Cultural
Landscape Design / 周之澄著. — 北京：中国建筑工
业出版社，2021.5（2022.3 重印）
　　ISBN 978–7–112–26119–2

　　Ⅰ. ①文… Ⅱ. ①周… Ⅲ. ①景观设计 Ⅳ.
①TU986.2

中国版本图书馆CIP数据核字（2021）第079232号

　　作为城市文化的重要载体，见证了城市发展历程的城市文化景观遗产是最能彰显城市个性的资源种类之一，对城市文化脉络的传承十分重要。本书以文化景观遗产为研究对象，基于文献研究与案例分析，辨析文化景观、文化遗产与文化景观遗产的概念与内涵，论述城市环境下文化景观遗产对地域文化传承所起的作用，以文化模因论为主要理论支撑重新定义了文化景观设计领域的"文化DNA"二级媒介理论，并提出了以地域文化DNA的提取、复制、转化等为核心的景观设计方式。在此基础上，本书研究以景观审美偏好为指导，通过田野调查与实验的基本形式，综合文化设计元素提取、受众研究、影响因子与利益群体研究三个方面来发掘景观客体与主体互动间的文化元素相关性，以此分析文化DNA的选取复制与倾向性变异过程，从设计原理、设计路径、设计要点、设计评价等方面初步构建起城市文化景观遗产设计的理论框架体系。本书适用于风景园林、城乡规划、环境艺术设计等专业的在校师生及专业从业者阅读参考。

责任编辑：唐　旭
文字编辑：吴人杰　李东禧
版式设计：锋尚设计
责任校对：党　蕾

文化景观设计研究
Research on Cultural Landscape Design
周之澄　著
＊
中国建筑工业出版社出版、发行（北京海淀三里河路9号）
各地新华书店、建筑书店经销
北京锋尚制版有限公司制版
北京中科印刷有限公司印刷
＊
开本：787毫米×1092毫米　1/16　印张：13½　插页：4　字数：256千字
2021年7月第一版　2022年3月第二次印刷
定价：**78.00**元
ISBN 978-7-112-26119-2
　　（37705）

序

文脉传承与景观设计

周之澄博士的这本专著是我主持的国家社会科学基金全国艺术学一般项目"文化景观遗产的'文化DNA'提取及其景观艺术表达方法研究"（15BG083）最终成果之一（该课题的另一最终成果《东方设计学》专著已由人民出版社出版[①]），也是其在上海交通大学设计学院攻读设计学博士学位的学位论文（博士论文标题是《城市文化景观遗产的文脉传承与设计研究》），这次出版时在内容上未作任何修改。

根据项目申报时所制定的研究计划与时序安排，本课题初步分为文献综述与基础资料搜集—实地考察调研—针对性资料补充—资料分析—课题报告撰写几个部分，人员组织、论文写作穿插于其中，因机构调整、设备到位等客观原因也耗费了一定的准备时间。从课题研究的实践过程来看，课题实施分成三个阶段展开。第一阶段：启动阶段（2015年2月~2015年12月），包括组建课题组成员团队，进行基础资料收集，制定具体研究计划，确定调研地及案例地，分解任务，落实职责。第二阶段：实施阶段（2016年1月~2019年3月），项目组成员分工采用具体研究方法对课题进行研究，包括相关理论的归纳与演绎、实地调研、数据采集、数据分析等。第三阶段：完善总结阶段（2019年4月~2019年12月），对课题研究内容及成果进行全面总结，对研究过程中涉及的相关材料和信息进行进一步加工完善，汇总阶段性研究成果及最终研究成果，形成总结报告，邀请专家进行鉴定结项。

本课题的研究内容主要包括以下四个方面：（1）国际设计之都文化景观遗产保护利用比较研究；（2）上海地区文化景观遗产资源梳理与保护研究；（3）文化景观内涵挖掘研究；（4）设计系统创新研究。

针对第一个方面，课题组首先采用文献研究法系统梳理与文化景观遗产相关的国际保护类文件体系（包含国际公约、建议书、宪章、备忘录等），并与课题组成员的博士联培项目研究课题相结合，采用田野调查法对世界著名的文化景观

① 周武忠，蒋晖，周之澄. 东方设计学. 北京：人民出版社出版，2020.

遗产地的保护利用及其文化景观设计体系进行实地调研（如意大利、德国、匈牙利、韩国、法国等），并通过访谈法及问卷法获取居民与游客的态度评价等数据资料，就这些文化景观遗产案例地的保护利用做法进行深入分析及跨文化比较研究，为学术论文发表及专著撰写提供丰富的一手案例资料。针对第二个方面，课题组前期选取了上海文化景观的4个代表型案例地（田子坊、新天地、豫园和8号桥），对案例地的文化景观特征、文化元素提取等方面进行系统分析，随后根据实践情况将研究对象扩展至金山区金山嘴渔村与枫泾古镇、宝山区月浦镇、闵行区莘庄镇等地，重点研究地方文化资源的设计表达过程，不断扩展资料集群，并建立资源评价标准，在此基础上对上海地区文化景观遗产的保护与设计方式进行阐述与论证。针对第三个方面，课题组基于生物遗传理论与文化模因论，对文化景观遗产的文化基因在概念释义、遗传过程特性等方面进行类比，创造性地提出文化DNA的遗传特性及以文化DNA为基础的文化景观设计思路，阐述文化DNA的内容要素构成、易发现程度及其作用机理，解析文化DNA与城乡景观文脉的关系；并通过观察法及实验法对上海石库门、匈牙利佩奇、德国德累斯顿易北河谷等案例地进行审美偏好研究，将文化景观遗产面向的不同群体（如居民、游客、专业设计师等）进行细分，获取基于审美偏好的地域文化DNA选择研究数据。针对第四个方面，课题组在上述三个方面的研究成果基础上，提出文化景观遗产文脉传承的设计方法论，首先梳理了文化景观设计的理论参照，并表示该设计方法论以文化DNA为核心，就文化DNA的景观表达设计原则，其选择、复制与变异的逻辑次序，以及具体的文化景观设计方法进行研究剖析，并建立了以传承文脉为目标的文化景观遗产设计价值评价标准。

在本课题的研究过程中，随着课题组对地域文化元素提取与挖掘研究的不断深入，将课题内容与国家创新设计战略和中华优秀文化传承与创新工程相对接，我们愈发意识到现代设计由于受西方主导，制约了中国设计的创新能力，因此提出了基于东方文化和东方哲学的"东方设计学"理念，并指出这是从理论和实践角度构建的一门具有历史积淀、文化传承和现代生命力的设计学科。基于此理念，课题组发表了以"论东方设计"为主题的系列论文，解析了东方设计学的概念内涵、研究内容、研究意义以及建构中的若干关系，撰写完成专著《东方设计学》；在沪连续举办五届东方设计论坛（其中四届是经教育部批准的国际学术会议），邀请国内外著名大学的设计领域专家围绕"东方设计学"相关主题展开设计学科前沿理论的交流研讨，并跟踪发表会议综述论文，使得该学术论坛成为世界范围内具有一定学术竞争力和社会影响力的设计大平台。东方设计学的提出为文化复兴、乡村振兴、城市更新提供了新理念和新路径，是本课题研究过程中的重大发现之一。

　　就本课题的社会效益来说，本人利用该课题研究成果，向中国人民政治协商会议上海市委员会提交"关于彰显红色基因，设计红都上海的建议"提案（第0278号），提出如下建议：（1）整体策划红色主题，设计红色旅游产品；（2）联合打造红色平台，触摸红色旅游景观；（3）科技创新展示手段，拓展红色旅游空间；用科技和创新设计的方法，彰显红色基因，努力将上海打造为特色最鲜明、技术最先进、品牌最响亮的"红色之都"，引领长三角，影响全世界。在2018年1月24日中共中央政治局委员、上海市委书记李强等领导出席的上海市政协举行的"发挥世界级城市群核心城市作用，推动长三角地区一体化发展"的专题会议上，我就该提案内容作了"彰显红色基因，设计红都上海，红色引领长三角一体化"的发言。该提案获得上海市政协张恩迪副主席批示，并被上海市旅游局"解决采纳"。此外，课题组将课题成果（基于文化DNA的文化景观设计方法论）应用于多项文化景观项目的规划实践工作中，取得了较好的效果，如课题组成员主持的吴文化博览园旅游度假区规划项目，该项目获批为省级旅游度假区。

　　本课题研究的主要研究贡献与创新点在于，以相关领域的前人研究成果为理论基础，在研究述评的过程中对与选题相关的一些理论进行了归纳与演绎，尤其体现在对生物遗传理论与文化模因论的景观化理论革新，从本课题的研究视角修正、改善了其中如"模因的信息表征系统"等一些概念，在景观领域明确提出可以不断传承的地域文化遗传因子——"文化DNA"理念，论证其名称、含义与内涵的合理性，并以之为核心将文化、审美元素与景观符号进行融合，提出以其为核心的景观设计方法，同时在此方向上将审美偏好研究具体化，从而保证了文化DNA选择、复制与传播等重要过程在一定程度上的方向可控性；这样的设计理念结合了景观学科在文化内涵、艺术审美理念及城市景观范畴等方面的交叉优势，从设计方法论的角度在一定程度上弥补了学界对设计史论的偏好与设计学基础理论的不足；课题研究对文化景观、文化景观遗产、文化遗产等概念做出了较为清晰的范围划分，尝试从景观的角度凭借对文化景观遗产内涵特质的深入挖掘，用景观手段解决城市中的文化审美类现实问题，为城市景观研究提供了新思路。此外，通过对课题的发掘研究，还衍生形成了相对较为独立、适用于树立中国特色的"东方设计学"主题研究系列成果，以论文与论文集——会议与系列社会活动——专著与学术思想的完整体系，建立起了双向推动学术进展与社会发展的研究与实践体系。

　　诚然，整个项目研究也存在一定的局限性。首先，本课题研究仅从文化、审美、设计结合的角度提出了基于地域文化与审美偏好的城市文化景观遗产文化

DNA设计方法，以方法论的形式初步建立了理论架构和实践验证体系，其理论研究的可完善性——例如对达成城市文脉传承的基础理论丰富、"点线面"设计方法外的多维度应用技法探讨等，以及量化研究上的可深入性——例如对城市景观审美偏好SD法的指标体系研究、文化DNA内容量化加权选择体系等，都有较大的深入研究空间。同时，在文化景观遗产保护与利用的实践方面，无论是对文化景观遗产案例与分类体系的持续推进，还是在城市景观规划与设计方案层面都有较大的实操空间。其中，尤其在"上海特色"新文化景观的设计理念、景观特征及应用延展方面，尚需进一步确定后续研究的开展方向。

同样的，正因为在课题研究过程中，课题组创新性地提出了基于东方文化和东方哲学的"东方设计学"理念，从其涵盖面之广、涉及学科之多、实践纵深之深都可略见该专题研究的复杂性，而《东方设计学》专著仅仅可算是从概念界定、内涵辨析等方面给出了课题研究在一定程度上的纲领性理解。设计学本身包含广泛的新兴学科方向，即便限定于东方文化与"东方"地域也仍然如此，实践过程中也会由于区域特性的不同而不可能做到面面俱到，因此还需要在本课题研究的基础上，从理论与实践方面不断探索，在相关范畴下的主客体研究、文献历史研究、转化研究等多个方面继续深入，并积极寻求其与时代特征、国策倡导、具体需求的多元化结合。

尽管如此，以凌继尧教授为组长的项目鉴定组还是给课题成果予以很高的评价。借此机会，我谨代表课题组全体成员对凌继尧教授、夏燕靖教授、邹其昌教授、刘托教授、崔冬晖教授等对课题研究和鉴定提供的帮助和指导表示衷心的感谢！对积极参与本课题研究的周之澄、徐媛媛、蒋晖、周予希、赵树望、邰杰等博士团队表示衷心感谢！对周之澄博士的两位指导老师刘士林教授和匈牙利佩奇大学建筑节能与绿色设计专家Istvan Kistelegdi教授表示特别感谢！并感恩所有帮助过的人！

是为序。

周武忠

2021年2月28日于上海交通大学

前　言

　　文化景观遗产是有别于文化遗产、自然遗产、文化与自然双遗产的第四项遗产类型，由于概念与分类的提出时间较晚，其受关注的程度相对而言不及其他三项遗产类型，相应的研究成果也较少，但文化景观遗产所蕴含的丰富文化内涵对于人类社会的发展有相当的促进意义。城市作为人类的集中聚居地，本身就是一种文化现象，纵观发达国家的城市发展史以及我国发展至今可谓高速而深入的城市化进程，作为城市文化的重要载体，见证了城市发展历程的城市文化景观遗产是最能彰显城市个性的资源种类之一，在很大程度上代表了城市的文化底蕴，也对城市文化脉络的传承十分重要。但无论在理论研究还是实践过程中，如何妥善处理文化内涵凸显与景观元素表达间的关系成了一大难题，特别是在把文化遗产变为景观化设计内容方面有所欠缺。

　　目前文化景观遗产的研究已越来越多地得到国内外学界的关注，国内研究大多仍然集中于概念辨析、本土化延展、个例分析以及遗产保护发展趋势等基础研究方面，国外研究虽然近年来逐渐重视与其他领域的结合，但少有从文化审美与景观设计相结合的角度进行研究，考虑文化景观遗产对城市发展的巨大作用。为有效缓解人类城市生活中文化与环境需求不被满足的矛盾，改善"千城一面"等城市建设中的实际问题，本书以文化景观遗产为研究对象，基于文献研究与案例分析，辨析文化景观、文化遗产与文化景观遗产的概念与内涵，论述城市环境下文化景观遗产对地域文化传承所起的作用，以文化模因论为主要理论支撑重新定义了文化景观设计领域的"文化DNA"二级媒介理论，并提出了以地域文化DNA的提取、复制、转化等为核心的景观设计方式。

　　在此基础上，本研究以景观审美偏好为指导，通过田野调查与实验的基本形式，结合内容分析、语义分析、问卷调查、隐喻抽取思想等方式方法，综合文化设计元素提取、受众研究、影响因子与利益群体研究三个方面来发掘景观客体与主体互动间的文化元素相关性，以此分析文化DNA的选取复制与倾向性变异过程，从设计原理、设计路径、设计要点、设计评价等方面初步构建起城市文化景观遗产设计的理论框架体系。

　　本书研究成果有以下几个方面：（1）对文化景观遗产既有研究做出了梳理，

界定文化景观遗产相关概念与文化内涵，对文化景观遗产中的文化与自然属性争议给出解释，并在此基础上阐明了联合国教科文组织世界遗产中心以及学界专项研究中对于文化景观遗产在基本概念、分类标准、文化内涵等方面的含糊不清与错误定位。（2）将"文化DNA"与生物遗传过程进行类比，对文化模因理论做出部分演绎与景观领域的拓展，认为文化景观遗产具有可以传承的地域文化遗传因子——文化DNA，并提出了文化DNA的作用机理、种类、易发现程度、显隐性之分、构成要素等相关概念。（3）在审美偏好研究方面，通过上海、杭州等地的实地考察、案例研究与结果分析，验证了不同的城市景观元素可以通过风格统一的组合方式表达出相同的文化内涵，同时城市文化景观的既有状态会在很大程度上左右人们的文化与审美要素选择；通过"欧洲文化之都"佩奇老市场改造项目中的受众访谈，确定了城市文化环境、年龄、阅历、素养对审美偏好的影响，也体现了城市文化景观遗产对城市文化的重要作用，与地域文化相关的文化种类在景观中体现得越多、时间越久，受其影响的城市居民的文化包容性也就越强；通过对文化景观遗产名录除名案例——易北河谷的隐喻抽取实验与追加假设性实验，罗列出城市文化景观遗产中最具有吸引力的景观元素，印证了不具备地域融合性的文化DNA在景观表达方面的极端被排斥性，认为城市文化景观遗产在自然景观要素与人文景观要素方面、功能性审美引导与艺术性审美引导方面都应保持平衡，并根据利益相关群体立场的不同有所取舍。（4）提出"第三自然"与"灵妙化"的城市文化景观遗产文脉传承目标、常见的城市文化景观遗产表征方法与展现形式等观点，并选取了如设计原则、"点线面"设计方法、文化DNA选择与复制过程等要点加以论述，同时配合对设计方案的价值评价理念，初步构建起传承城市文脉的文化景观遗产设计方法论。

对城市文化景观遗产的妥善保护与合理利用是拓展城市"软实力"、促进城市资源结构调整的有效手段。研究成果界定了城市文化景观遗产的定义、内涵及其与城市文脉的联系，将文化、审美元素与景观符号进行融合，提出以"文化DNA"为核心的景观设计方法，进行景观设计方法论推演，在一定程度上填补了专项研究的理论空白；同时以文化景观遗产的研究视角，提出以景观手段解决我国城镇化进程中的地域文化特色缺失等实际问题，把传承文化景观遗产优秀基因的新型文化景观设计提升到传递正能量、重塑当代城市文化精神的高度，有利于城市文化的主动传承、创新发展和人类文明的进步。

目 录

第一章　绪论

2016年7月15日，在土耳其伊斯坦布尔召开的第40届联合国教科文组织世界遗产委员会会议，即第40届世界遗产大会上，广西左江花山岩画以"文化景观"的遗产类型入选世界遗产名录，成为了我国的第五项世界"文化景观遗产"，其他四项分别是庐山、五台山、杭州西湖文化景观及云南红河哈尼梯田文化景观。除庐山以外，后三项入选时间较为密集地分布在2009年、2011年与2013年，这充分说明了我国在文化景观遗产类型资源方面巨大的潜力、在申报方面工作的卓有成效，以及在文化景观遗产方面逐渐上升的关注度。

在这五项世界文化景观遗产中，仅有杭州西湖文化景观属于城市范围内的文化景观遗产范畴，其他四项皆位于名山大川或是乡野郊外。这样的分布情况并非偶然，在世界遗产名录中文化景观遗产也大多位于城市范围之外。诚然，我国广博的资源、秀美的风景以及几乎遍布人迹的人类文化活动范围造就了这样的分布情况，但随着城市区域的不断发展，城市范围内的历史文化遗存越来越受关注。城市是人类居住与进行社会性活动的重要场所，自然成为了文化景观最为发达、最为集中之处，世界范围内大多数国家的许多大城市都有悠久的历史和深厚的文化底蕴，其文化景观不可谓不独具特色，人们有理由相信，在很大程度上代表着地域环境内最典型特色的城市文化景观遗产具备着入选世界遗产名录的资格与潜力。

1.1　研究背景

1.1.1　城市文化的缺失与复兴的背景

《城市文化北京宣言》中提出，"城市化、全球化在带来经济发展、文化繁荣和生活改善的同时，也给当代人带来巨大的挑战。城市发展正面临着传统消失、面貌趋同、形象低俗、环境恶化等问题，建设性破坏和破坏性建设的威胁依然存在，城市文化正处于转型过程之中。"[233]我国在度过了城市经济大腾飞时期、经济增速放缓之后，经济产业结构面临转型升级，文创等新兴产业迎来了大发展的良好机遇；这个时期城市的最大问题集中于文化与生存环境两个方面，人们需求不被满足的矛盾是城市中的主要矛盾，需要能创造物质与精神双向价值的文化活动与良好的宜居环境加以缓和，归根结底还是城市文化环境决定着城市的健康有序。在经历过粗放式发展的文化破坏后，现在的城市文化问题有所缓和，人们越来越能意识到传统地域文化对城市进步有着无与伦比的潜在作用，而城市的文化景观不仅直接反映城市的文化生活环境，更成为了城市文化、城市精神的绝佳载体，对城市形象、城市品牌等"软实力"的提升意义重大。

文化景观与文化景观遗产是城市历史发展过程中产生的低消耗性城市客体存在物，因体量的庞大含有惊人的历史人文价值、艺术审美价值与社会经济价值，且大多能较好地反映和寄托各个时期的人类文化思想，从而历久弥新，其中蕴藏着协调人与自然相处关系的天道至理。由于保护与发展观念的取舍，文化景观类城市文化遗产通常会面临着城市建设与社会变迁的巨大压力，外在表现是城市建设创造的新景观对原有景观体系的冲击，内在体现则在于认同程度与文化价值的差异，处理稍有不慎就会导致城市文化发展不均衡而引发诸多"城市病"。

作为最大型的人类聚落，城市中发生的文化活动最为频繁而典型，随之所产生的城市文化景观也成为了最具代表性人类生存景观的集中体现。在城市这样人文要素占据绝对主导的环境中，文化氛围营造与文化信息传达对于城市发展、社会稳定有举足轻重的作用，保持城市文化发展稳定性最为行之有效的方法就是延续城市文脉，而从文化地域性和景观审美性结合的角度，通过设计并控制人类有意为之的文化景观来延续并传承城市文脉则可达到事半功倍的效果。城市文化景观的其中一项要点即为强调人类对自然环境的适应与改变，随着城市文化问题的愈演愈烈，人们逐渐认识到文化对建筑、文化对街道、文化对社区乃至文化对城市景观形象的巨大附加价值，许多发达国家的城市发展史都证明了如房价上涨等城市价值的溢生是文化集聚效应、文化价值集中引发的城市经济文化现象，核心大城市悠久的历史与灿烂的传统文化使欧洲老街、中心古城，或是背景四合院、上海石库门等文化附加值明显的城市传统街区价格节节攀升。在这个城市文化逐步复苏的时代，唤醒传统文化价值、城市文脉的继承与再生迎来了最完美的契机。

1.1.2　文化景观遗产专项研究的不足

自1992年正式成为世界遗产的一项单独类型后，文化景观遗产在国际上的热度就不断攀升，相关专项文件及一脉相承自世界遗产的法律法规陆续出台，学界研究也不断升温。但遗憾的是，国内相关领域的研究还相对落后，与国外早期研究类似，多集中于文化景观遗产的基础理论、概念变迁、与遗产相对应的保护手段及与之联系最为紧密的规划设计等方面的应用型研究；较为常见的是基本概念与理念演变研究、类型与特点研究、理论或实践的本土化演绎、已有研究成果的经验性论证或小规模的结合性研究，在引申含义、探索性研究、多学科领域交叉结合等方面都不尽如人意，甚至在最为基础的概念方面也多见历史演变研究以至于"文化景观遗产"的概念错误或内涵混淆非常常见，可以说，除少数研究者外，绝大部分我国民众对于文化景观这项遗产本身还不够了解，伴随着对西湖、庐山等文化景点极度熟悉的是对专业领域概念不熟悉的尴尬对比。当然，随着研究的不断深入，本领域的研究正逐渐步入正轨。

1.1.3　景观文化设计方法创新发展的需要

人类社会发展史上的重大社会变革通常都伴随着产业的快速崛起与飞速发展，新石器时代第一产业农业的革命性发展改变了人类游牧捕猎的迁徙式生存方式，近现代第二产业工业革命所带来生产方式的巨大变化催生了城市化现代生活方式，而随着信息时代的到来，第三产业服务业也迎来了思维模式、服务方式、服务内容的较大转变，城市景观作为旅游等文化服务产业、广告等传播服务业的重要背景与文化载体，其景观设计的外延与内涵、方法与内容、理论与实践都亟待模式或理念的创新发展以适应新时代层出不穷的城市需求。

城市地位的凸显使城市规划与城市设计行业发展迅速，景观规划与设计是其中的重要组成部分。因为通常意义上属于艺术设计的范畴，景观设计行业与学界对艺术技法和审美情趣的关注要明显超过其他方面，但随着设计业务的增加以及网络信息技术的发展，景观设计在应用实践中颇有重蹈工业化生产覆辙的趋势，流程化、时限化甚至重复、抄袭的现象越来越多见，设计方案、作品中的独创性、特质性渐渐稀少，最让人痛心的是对设计对象文化属性的逐渐忽视，所替代的是经验性做法的不求有功、但求无过，这一点在城市设计中尤为突出。即便是研究领域越来越关注定量研究和设计方法研究，实践中在尺度、规范等方面的欠缺始终难以改善。

实际上，景观设计、文化植入与遗产保护的结合没有那么不可逾越的壁垒，联合国教科文组织一直强调的遗产"真实性"与"完整性"在城市文化景观遗产方面完全可以被理解为文化内容与文脉传承的真实完整性，反映在城市实体方面就是文化景观与周边环境在景观艺术表现风格与文化内涵上的真实、统一与丰富性，历史景观的现代文化功能设计往往可使之焕发全新的活力，欧洲各大城市对大教堂、行政部门、老火车站交通枢纽等知名历史景观的现代功能性设计堪称典范。因此，针对前人研究中提出的现代景观"文化失忆、生态错位、经济浪费、功能残缺、审美缺失"五个方面的问题[20]，本研究致力于从文化与审美的角度，探讨在城市景观设计方法理论与实践应用方面，以文化内容分类提取、景观元素转化表达为核心的景观文化设计方式，旨在提升城市文化景观质量、增加景观文化信息，从而改善城市文化氛围、延续城市文脉。基于城市文脉传承、文化进化与生物遗传进化理论的相似性，本书的研究以文化遗传选择与生物遗传理论的相互对比为线索、文化景观案例的分析为借鉴，提出围绕城市文化DNA的景观设计思路，期望改善景观文化设计方法理论与实践评价。

1.2 研究对象与相关概念界定

作为本书的主要研究对象，文化景观遗产是1992年联合国教科文组织世界遗产委员会第16届会议时提出的新遗产类型，主要是指人类在生产生活中有意设计和建造的各类型景观。提及"文化遗产""景观"等单一概念时，人们或知之甚详或略有耳闻，总有个大概的印象，可将其组合成新的名词"文化景观遗产"时，就连许多时常关注世界遗产的专业人士都不能清楚地辨别其与文化遗产等相近概念的差异。

1.2.1 文化景观、文化遗产与文化景观遗产

1.2.1.1 文化遗产与文化景观

文化遗产，根据字面含义，即为有"文化"含义的"遗产"，根据在遗产界被广为认可的联合国教科文组织《保护世界文化和自然遗产公约》，文化遗产分为有形文化遗产与无形文化遗产，有形文化遗产包括历史文物、历史建筑、人类文化遗址三类，无形文化遗产是指被各群体、团体、有时为个人视为其文化遗产的各种实践、表演、表现形式、知识和技能及其有关的工具、实物、工艺品和文化场所。人们常提及的"物质文化遗产"与"非物质文化遗产"概念与之类似，物质文化遗产是具有历史、艺术和科学价值的文物；非物质文化遗产是指各种以非物质形态存在的与群众生活密切相关、世代相承的传统文化表现形式。因此，文化遗产是一个涵盖广泛的概念，历史上遗留下来的以物质或非实体形式存在的，具有相当文化艺术价值的事物或表征内容都可算作文化遗产的范畴。

文化景观概念脱胎于文化地理学，最早由美国地理学家索尔在一九二五年发表的专著《景观的形态》中提出，"文化景观是任何特定时期内形成的构成某一地域特征的自然与人文因素的综合体，它随人类活动的作用而不断变化"[111]。在书中，索尔创造性地为相对客观存在于地球上的人类活动景观添加上了主观文化属性，强调区别于自然的景观文化属性，这是文化地理学中的核心理念，也是人文景观、文化景观研究蓬勃发展的立足点。文化地理学的相关研究为文化景观研究提供了坚实的基础，但发展至今，得益于景观学、设计学、传播学等新兴学

科的长足发展，文化景观的内容早已超脱了人文地景的范畴，是人类活动的文化现象与轨迹的复合体，除客观存在的物质方面更为注重其所附加的人文价值与氛围，而这些"软价值"在如今也更为容易地被转化为社会、经济价值；因此文化景观不只是为地景添加人文色彩，其勾勒出的场所记忆与代表的场所精神对地域人类群体极其重要，在大量人口集散的城市中尤其如此，突出的是人文意识与文化氛围感，以及这样的文化氛围所能创造的无限可能。

在文化景观的形成过程中，语言、宗教、社会风俗、信仰、文化教育等既定印象形成的思维方式指导了人类的文化活动，通过语言、文字、符号等方式传达信息、扩散影响，在影响范围内形成更为广泛而类似的活动，从自然环境的地域类似性与人类群体文化活动的地域相似性两个方面共同促成风格统一的文化景观的形成，人口高度集聚、文化相对集中的城市是当之无愧的文化景观主要发生地。宗教文化是最易于形成典型文化景观的文化类型之一，宗教文化景观很好地诠释了文化与景观、人与景观的互动关系：宗教文化通常都有着鲜明的教义与内涵，文化指向性与引导性十分突出，因为统一的信仰存在，聚集在一起的宗教文化人群在思想上也会有高度的一致性。清晰的文化含义、丰富的内容层次以及规律性的文化活动使宗教文化加诸于景观的痕迹十分明显，教堂等神圣建筑不同于周边景观的气势恢宏、多层次的点缀小景令文化景观层次感强烈；具有特殊文化含义的符号、图像装饰出现频繁，传递的信息量巨大；信众定时定点的群体性活动使得人与景观的周期性互动交流频繁而明确；文化景观体系中各个部分的布置都存在清楚的导向和规则，其中蕴藏了特殊的文化信号，对于文化空间的营造十分重视，极易通过宗教文化与景观空间的互动带动人们的生活方式，正如佛教、基督教的广为传播，这样的文化景观引导能力甚至可以随着文化信息的传播在一定程度上突破空间与时间的束缚，宗教文化所催生的景观是既典型又特殊的文化景观类型。

开拓了我国当代地理学一系列重要研究领域的人文地理学家吴传钧先生认为，"人地关系不仅仅表现为空间关系，还有很多非空间关系的客观存在，比如人地关系的思维形式、人地关系的时间演变、人地关系的系统结构等"[100]，表明了文化景观内涵研究的复杂性以及人文要素在其中扮演的重要角色。在全球化背景下，流行文化的不断蔓生带来了传统价值观念的消逝、文化遗存缺失等实际问题，对于文化景观的理解不应局限于单纯的狭义景观概念，而是引申出人类地理、社会地理、历史风俗等更多相关思考。这其中最为关键的研究内容包含了两个层次，其一是基础的对文化与景观关系的思考：人类对空间的组织在景观上的体现以及人类活动对景观的影响结果，一些自然现象如气候、地势等会决定一个地区的民俗，同时这个地区的独特文化团体也会将一些文化表征反映在景观上；其二是对人与自然关系的思考，人文景观的营造是对自然环境的改造，现代城市文化景观所体现出的许多问题可以在传统而经典的文化景观中通过探寻人与自然的相处之道寻求答案。

许静波先生针对文化景观的特性，提出文化景观具有时代性、继承性、叠加性、区域性和民族性等五大特性[100]，"时代性"的特征把握十分准确，文化景观产生所受到的文化影响有清晰的时代烙印，也并没有限制文化景观的产生时间；"继承性"与"叠加性"说明了文化景观发展的跨时间特点与不断累积演进的过程；"区域性"与"民族性"则充分诠释了文化景观与文化地理学的紧密联系，表现在地景与文化的双料地域特点以及价值观念统一的人类群体的主观能动性。赵荣、李同升先生认为，文化景观具有"要素复杂性"与"类型多样性"的显著特征[100]，将文化景观包罗万象而表征不同的特性表露无遗。

从定义的角度来看，文化景观与文化遗产互有交集，文化景观相对于部分文化遗产具备了叠加性、动态发展变化等特点，在历史长河中形成的具备相当价值的文化景观属于文化遗产中的一个类型，为了更好地保护和研究具有普世价值的文化景观，世界遗产名录才会将其单独列为一个遗产类型，即文化景观遗产，然而绝非所有的文化景观都可被称为文化景观遗产。

1.2.1.2　文化景观遗产

联合国教科文组织世界遗产中心对文化景观遗产的定义是，文化景观遗产是代表了"自然与人类共同杰作"的文化宝藏[355]，它们诞生于自然约束与成功的社会、经济、文化外力作用之下，无论其外在表现与深层内涵都是人类社会发展与进步的直观呈现。文化景观作为一个单独的遗产类别，其选取标准既不像文化遗产般极端偏向人类文化，也与自然遗产评选过程中所体现出的自然情怀完全不同。它主要体现的是人类社会发展中长期的社会化活动在改造自然的同时与自然环境所取得的一种平衡状态，与之前的三种遗产类型相比，它更强调以人为主导的与环境互利共生的发展理念。从这个意义上来看，文化景观遗产的确定标志着现代人类文明的一大进步[44]。

因为体量的庞大，文化景观的形成是一个长期的过程，文化景观的诞生源自人类施加于自然环境的影响，而在之后的每个历史时期人们都会按照不同的文化环境准则对其进行加工与再创造，长此以往的累积使文化景观在形态与内涵上不断完善、愈发完整，最终达到一定的价值程度，经历过漫长历史发展并累积了可观文化与景观价值的文化景观即为文化景观遗产，因此长时性与普世价值观是文化景观遗产的两个基本特点。除刚形成处于萌芽阶段之外，绝大多数文化景观的本身成型都有长时性的特点，以博爱而模糊的观点来看，都可以算作前人留下的遗产，而实际上能被认可为文化景观遗产，必须要有突出的价值，其有形与无形部分所代表的文化经验、范式与方法是最为重要的东西，所展示的是宝贵的理论实践成果与优秀的人景互动关系，对今后的生存文化活动有所指导。文化景观是人类适应自然、改造自然的成果，强调的是自然与人的相互作用；而一旦上升到遗产的层面，更多强调的则是祖先们留下来的启示，是其中蕴含的人文价值。与上一节中文化景观的五特点、两特征不尽相同，文化景观遗产的"时代性"与"民族性"特征是被弱化了的，成熟的文化景观遗产自有一套属于自身的文化运作体系，虽然会因时代的变迁而价值不同，但影响绝非关键，成为遗产是因为其突出的普世价值，从这个角度来看，文化景观遗产是属于全人类而非某个民族的；文化景观遗产因其真实性、整体性、珍稀程度以及并不算长的发展年限，在数量与类型上并不算多，这个"遗产"的名号在某种程度上像是一道紧箍，甚至限制了它的发展，但其中"关联性景观"的分类又为其未来在文化遗产与自然遗产之侧给出了充分的发展空间，毕竟只要打上人文精神的联想烙印，许多对人类来说有特殊含义的自然景观都能被算作文化景观遗产的范畴。因此，文化景观遗产有着清晰的广义与狭义区别，狭义的文化景观遗产就是指世界遗产中心所认定的有着突出普世价值的"文化景观"遗产类型，截至2017年底共占1073项遗产总数中的151项，其中133项属于文化遗产的分类、3项属于自然遗产的分类、15项属于文化与自然混合遗产的分类；截至2019年5月共占1092项遗产总数中的105项，其中96项属于文化遗产的分类、0项属于自然遗产的分类、9项属于文化与自然混合遗产的分类（表1）。广义的文化景观遗产指大部分的文化景观，包括了有一定文化价值、有潜力成为文化景观遗产的文化景观及至少对当地文化发展有一定作用的遗存性文化景观。

世界遗产名录文化景观遗产属性分类　　　　　　　　　　表1

条目	截至2017年底	截至2019年5月
世界遗产名录遗产总数	1073	1092
文化景观遗产总数	151	105
文化景观遗产中的文化遗产分类标签	133	96
文化景观遗产中的自然遗产分类标签	3	0
文化景观遗产中的混合遗产分类标签	15	9

文化景观遗产最大的问题就是概念的模糊性。虽然是明确提出的遗产类型，但文化景观遗产却并没有与之对应的辨识分类，还依然依靠着文化遗产、自然遗产与双项遗产的区别列项，虽然从目前的发展趋势来看，世界遗产中心已经充分意识到了这样的问题，也正努力为之做出改变，但显然还没有达到专项遗产的清晰分类程度。文化景观遗产认识上的误区十分明显，由于人类与自然共同作用生成的特性，除部分关联性景观外，文化景观遗产通常具有文化与自然两方面的典型特征，但许多文化景观遗产却并不需要同时符合文化遗产与自然遗产的评选准则。由此可以看出，无论是在内涵还是评估标准方面，文化景观遗产都与其他遗产有明显的区别，同时也反映出文化景观遗产所体现的"人类改造自然的智慧"的价值核心所在，在进行文化景观遗产的价值研究时，着眼点应落实在人类介入自然环境的性格与特质、其所反映的可持续资源利用的特殊技术以及人类适应与改造自然环境的实践结果。当然，该过程中人类经受教训所表现出的对自然应有的敬畏也应被重视。单霁翔认为，文化景观遗产从本质来说属于文化遗产[1]，即使存在关联性景观特例，这一点也毋庸置疑，文化景观遗产强调的是人文活动与自然景观的互动关系，归根究底探讨的是人类与自然环境间的和谐共存关系，反映出的是人类在达成自身需求时合理利用自然资源、规避危险的方式，虽然兼顾人文与自然因素，但始终更符合文化遗产的核心理念（图1）。

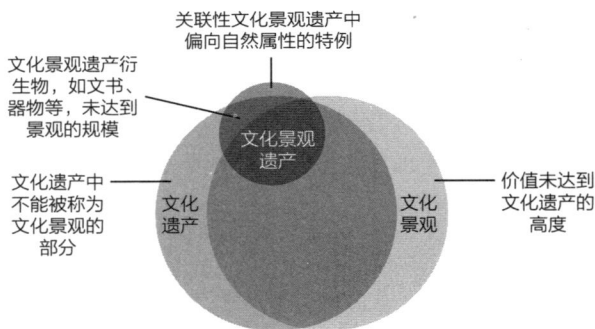

图1　文化景观、文化遗产、文化景观遗产关系示意图

文化景观诞生于人类与自然的相互作用，在长时间的互动与影响下，人类与文化景观形成了始终存在联系的持续性关联状态，并通过景观语言要素表征文化内容。文化景观遗产是文化与景观交织共生的内容体系，在时间线上随时间推移不断发展，在空间性上因地域而异，其本身包含的起码囊括一个人类族群的丰富文化内容使文化景观遗产内部形成了稳定的文化生态系统，具有相当的整体性要

求。文化景观遗产类型与概念的提出肯定了先前存在的遗产保护体系与已有的工作成果，也代表着今后遗产保护工作会更加精细化与具体化。

1.2.1.3 文化景观遗产的核心文化内涵

文化景观与文化景观遗产的文化属性毋庸置疑，而最能体现它们区别于其他类型景观或遗产的核心文化内涵即为在长时间人与自然相处的过程中，所记录或通过景观的多种形式体现的，对后世人类活动有典型指导意义的生存、生活方式。由于文化景观、文化景观遗产以及"文化"概念本身在定义与范围上的区别，其核心文化内涵同样存在着广义与狭义之分。一言以蔽之，文化景观中所蕴含的人类适应并改造自然时不断抗争、妥协与取舍的过程信息，"知进退、明法度"的掌握尺度的智慧，创造出更美好生活家园与文化景观的决心、能力、理念与思想，是文化角度核心价值观念的直观反映。狭义层面上是指，具备突出普世价值的、在"文化景观遗产"这一世界级别遗产中都有明显区别于其他常见文化景观的人类生活足迹，通过有地域代表性的景观语言、文化种类与活动内容所传递、表达出的具有异质性的文化思想与价值内涵；广义层面上的核心文化内涵则是绝大部分被认定为地方、世界遗产级别，甚至可以在特定语境下被适当放大范围的文化景观中，代表了一类人为人处世、与自然和谐共生且具备一定借鉴意义的文化价值观念精髓；区分它们的是核心文化内涵的价值认可度、范围影响力大小。

核心文化内涵的存在正如文化思想之于社会性人类活动一般，对文化景观的存在、延续与发展至关重要，对其内容、含义的分析提取以及范式的模仿运用都有巨大的理论与现实意义。其重要性在于，即便时代发展、社会变迁、技术进步等因素对景观的存在与表现形式产生了显著的影响，只要核心文化内涵蕴含于文化景观之中，具备一定景观素养的人们阅读、理解、受到影响并付诸实践的方式虽然可变，但在很大程度上都可以预见也可以控制。例如，在住宅等城市建筑群中夹杂存在的绿色植被景观对人们的休闲放松行为十分重要，这充分表明了人们对截然不同景观类型的组合运用受主观文化思想的影响；人们愿意参与到景观文化活动中，与景观呈现紧密相连关系的人类活动是文化景观的重要存在意义之一，而同时人类参与到景观互动中的潜在意愿与需求所形成的核心文化内涵也在潜移默化中不断影响着人类；这样的交互影响过程代表着文化景观核心文化内涵"反映变化""渴望变化""合理变化"的三个层级，随着景观文化属性的拓展，文化景观发展经历了客观记录反映文化信息、在历史变迁中自身产生了变化发展需求、如何通过与人类活动的交互作用更加智慧地发生改变三个阶段。在这样的前提下，前人遗留的文化景观足以成为人类文化活动与社会发展的基础，便于在新时代中成为新建景观的依据与参照，同时也指导人类活动，使人们从历史中汲取经验，避免对错误方向的重蹈覆辙所导致的时间、资源上的浪费，从而提高活动效率，更好地反馈景观建设过程。因此保护文化景观遗产并不意味着故步自封，正相反，而是保护了人类的未来。

1.2.2　城市景观、城市文化景观遗产的内涵与界定

1.2.2.1　功能内涵解读：传播的信息

索尔认为，文化景观在地面的直接表现是聚落形态、土地利用类型和建筑样式[56]，这三项都是城市规划布局与设计发展的关键性内容。得益于城市形制的出现较早，城市文化景观在我国的历史非常悠久，"阡陌交通"、古城紫禁、木结构建筑、集市节庆等都是早期较为知名的由土地等自然景观、人类造物以及文化活动所共同构成的城市文化景观。由于早期的城市代表性景观中，城墙的防御性功能、房舍遮风避雨、建筑集聚以方便社会交流，大部分都有着明显的功能性导向与出发点，这样的情况也沿袭到了现在，只是从传统功能性转向更为开阔的与文化、审美等领域更为间接、纵深而收益长远的功能需求。

城市中似乎存在着这样的文化景观悖论：一方面高度集中的人口与相互交流、地域范围内相对接近的自然景观类型以及相近环境内产生的相似的文化类型是风格统一而文化内涵明确的城市文化景观的温床；但另一方面，人类社会发展至可以在很大程度上不受自然环境所限时，城市建筑、材料、技术在一定程度上的同质性，城市化进程深入、文化信息共享所带来的相似性阻碍了特质性城市文化景观的诞生。好在随着实体资源型城市的没落以及城市问题的不断显现，城市文化在新时代的重获重视使这一情况正在好转。

景观在客观存在以及主观印象上被分为了两个领域，从"景色以观之"的释义来看是偏重于抽象印象、强调观感的事物，"一千个人眼中就有一千个哈姆雷特"，单在主观层面是无定形而难以统一的概念；但景观的印象来源于实物，是能真切感知到的客观存在的东西，这些东西的形式、布置、内涵能够直接影响到景观感知。随着人类社会的不断发展，尤其是城市化进程的勃发与井喷，文化的不断交流使文化内涵不断深化、科学技术不断进步，学科也逐渐细分而涵盖越来越多，学科交叉也成为了创新的重要来源。在度过了以近在眼前的经济价值为首要目标而肆意挥霍自然资源的尴尬时期后，各个学科、产业、领域都开始回归人类本源，景观设计学也是如此，越来越多原先不被考虑进来的要素都被重新拾起，环保材料、植被种类、高科技的结合、新兴元素，文化的加权加成也越来越重要，随着景观设计在城市中的重要性逐渐凸显，文化景观的地位也水涨船高。文化景观的城市功能内涵起码包括了三个方面：城市形象建构与精神实质的凝

练；文化信息表达与文化氛围的营造；城市生态系统的平衡与规则秩序的营造。城市文化景观作为城市文化的最直观体现，从外形来讲，很大程度上代表了城市的外在形象，极易成为城市精神的寄托；其通过景观要素与语言传递出的文化内容、与人类活动共同作用形成的文化氛围在城市文化环境中起引领性作用；景观系统内人文要素与自然环境的平衡维系着生态系统的平衡，要素选用与排列组合建立起以外显景观引导的潜在文化规则与城市秩序。

1.2.2.2 感官内涵解读：变化的风景

文化景观的长时性与继承性是最具魅力的特性，人的审美疲劳是几乎公认的事实，任何一成不变的事物都会因时间而逐渐丧失审美价值，唯有求新求变才是永续青春的出路。但并非所有人都喜欢变化，尤其是对于经年累月在观念中留下深刻印象的遗产，人们对历史类城市文化景观总有这样的错觉，这些城市的代表性文化景观是一直不会变化的，也不应该变化，只要看到熟悉的景观，城市就始终保持着它的特点，好似巴黎的埃菲尔铁塔、伦敦的大本钟就都是各自城市的"精神支柱"。其实，文化景观的变化是两个层次两种截然不同的类型：第一个层次是文化景观自身的变化，一种是价值观念、文化内涵的精神层面变化，取决于人们对文化景观的不同认识，一种是形态上的变化，源于随时间前行人们不间断的文化活动累积作用；另一个层次是外部环境的变化，因为景观系统的联动作用与边缘的模糊性，文化景观受周边环境变化的影响，本身的定位与属性也会发生改变。如意大利米兰大教堂这般宝贵的人文建筑景观都会在每年秋季进行维护翻新，每五年还会进行一次大修整，并不是历史性文化景观没有变化，而是为了最大限度地保存其文化内容而避开了一些关键性的部分，文化景观的感官实质就是不断变化的文化风景。

在世界城市发展史上，各个城市发展的重要阶段都伴随着城市景观的变迁，对城市文化景观变化的取舍体现在美国式与欧洲式两种典型城市风格的区别上。美国式大城市或特大城市在某种意义上与古罗马城类似，很像是刘易斯·芒福德所描述的"特大城市"甚至"暴君城"，在经济价值高度集中体现的同时是文化价值的缺失，表现在城市文化景观方面则是千篇一律的高楼大厦、交通要道以及充满商业气息的街道装扮，在文化内容与内涵方面都极度匮乏，底特律城市文化价值的丧失使得曾经不可一世的"汽车之城"急转直下宣告破产，为同类型城市对文化的忽视、表现在城市文化景观上的类型单调、内涵不足敲响了警钟。相反的，19世纪的欧洲城市通常围绕铁路与终端站点建设，以交通枢纽扼住城市的咽喉，所表现出来的恢宏大气而古朴万分的城市"中心"景观直到如今也依然震慑着人们的心灵，米兰中央火车站、阿姆斯特丹中央火车站及其周边傍水城市景观的设计都体现了交通要冲的文化定位。而当工业革命时的工业产业支柱、近现代零售业的商业景观、现代集中办公的CBD城市中心景观等先后在城市中占据重要地位的时候，即使高价格、高品质、高价值的商品集聚，人才、人流高度集中，多样化的现代城市景观汇聚并改变城市中心，以期实现更为便捷的信息交流与更好的各区域可进入性等需求，相较于美国城市，欧洲城市景观却始终坚持了历史文化与城市文脉的绝对统治，除了零售与办公室，还有许多遗产、遗址的存在，宁愿改造再利用也不新建，这些低矮的建筑以及狭窄的街道更多保留的是中世纪甚至更早时期的原貌，但正是这些使得欧洲的许多城市魅力逼人。一些欧洲城市甚至通过限制机动车流量以及新建高楼的比率来保护中心历史区域，例如，1970年以来，巴黎兴建了包括当时欧洲最高办公楼——210米高的Tour Montparnasse在内的一些高层办公楼，它们对于城市天际风景线的破坏使得公众反对声音不断升级，政府不得不降低了最高限高；罗马政府则是实行了中心区部分时段的私家车限行，以此来减免其对于古老纪念碑的污染与交通损害。这些举措都体现了对于城市文化景观变化的取舍，或正面或负面地影响着城市不断变化的风景，很难只从一个维度去评判哪种做法更为可取，但就文化价值而言，显然欧洲式的城市文化景观更受欢迎，学界评价也更高。

景观是一定空间范围内随时间变化而发生变化的人类文化产物，这些变化或缓慢而细微，或迅捷而显著，但绝不会停下脚步，以不变的寻求变化的潮流体现出过去与现在永恒的交互作用。城市文化景观尤为清晰地成为了人们的文化记忆载体，以物质与精神双向的交流影响着城市生活，在不同尺度上赋予个人、地方、区域和国家以身份感和认同感，以"变化的城市文化风景"形式刺激着人类感官，其中所蕴藏的人与自然环境的动态互动关系、文化景观长时性的时空变化观念都充满了经验教育意义。

1.2.2.3 文化内涵解读：流动的文脉

古代城市与现代城市在显而易见的各个方面都千差万别，城市景观的外形、规模等自然也是如此，然而城市基本形制、地理环境以及一些文化内容等却常常始终如一，地脉与文脉的传承一般都清晰可见，这也是文化景观脱胎于文化地理学的重要原因。在处理人与自然的关系方面，先人提供的宝贵经验已被无数次印证简单而有效，因此只要地点未变、未经历足以颠覆城市的重大变故，最易保存下来的是人们活动作用于城市景观之上的文化痕迹以及所形成的代表性文化景观，方式上的极端认同与核心文化内容的相对成熟是其根本原因，这些点滴文化痕迹的总和就是城市的文化脉络，虽非直观可见，却与地理脉络一样拥有极强的生命力，随时代变化所导致的文化增幅、价值观念转变等发展壮大，以形式载体——文化景观实体及其所传达的文化讯息的动态形态变化而流传至今，保证了文化景观的长时性与继承性。

《城市文化北京宣言》中提及，"城市作为一种文化现象，在人类文明史上具有独特的重要地位。回顾城市发展的历史，文化始终是城市最主要的功能之一，城市不仅是一定地域的经济和政治中心，也是这一地域的文化中心。"[233]在城市发展的崎岖道路上，无论遇见怎样的困难与问题，几乎都可以用传承城市文脉、重新塑造城市文化的方式解决，正如凯文·林奇的城市意象五要素或是其他的城市结构解析方式一般，即便形式与作用会发生更迭，城市轮廓、城市街道等骨架性要素对城市所起的支撑性根本作用与地位不会改变，古代城市讲究地形地势与地理气候，近现代城市的影响因素则覆盖了交通、政治、资源、文化、聚居方式等各个方面，要素和人文特质是城市景观的关键，在形式要素本质不发生变化时，文化内容与表现形式的转变就成为了景观变化的核心。建筑大师勒·柯布西耶现代主义城市"高效率、功能性、太阳、空间和绿化"的五个关键词广为人知，人们质疑的并非是其专业性与科学性，而是人情味与安全感，当基本架构和形式不变时，城市设计就是将无限大的空间划分到适合个人尺度的无数个小空间，在这样的尺度条件下文化景观无法保证外观形态的豪无瑕疵，只能从文化传达的角度满足文化特点。

从文化的角度分析，城市文化景观代表着一个地区内人们的生活状态和思维方式，通过社会活动的复杂状态体现其人文内涵，作为人口最为集中的人类聚居地，城市文化景观是最能体现人类与自然相互作用关系，最能体现人们的生活状态、社会属性、群落活动、社会发展水平等社会性文化内容的景观类型，城市软实力、城市名片、城市形象、城市品牌等都以文化景观为坚实的基础与直观的传达方式表达城市文化内容特色。如由地方性文化景观组成的"八景""十景"等文化概念已经形成了中国独有的文化现象，优美的景观、变化的内涵为人所称道，其展现的文化内容与独特功能与城市兴衰、区域发展都密切相关，其中常见的桥梁景观便是如此，克服地形的交通性原初功能使其成为了功能性人文景观的代表，随之衍生出的"连接""沟通"等引申意义使桥梁景观符号的形象更为具体，在城市文化中承担了更多的角色，其与宗教文化、慈善行为乃至文学艺术作品的联系及其中附加的审美意向、文化价值等充分体现了文化景观的文化内涵，信息传递与代代相承间形成了城市流动文脉的重要一环，"鹊桥相会"中寄托的对美好爱情的向往、"飞渡南北"的城市腾飞寓意等都令城市文脉形象更加丰满。

1.3　研究目的与意义

文化景观遗产之所以关注度逐年上升，是因为可以系统地、客观地反映出一定时间和区域范围内人类一整套的生活习性与改造自然的智慧。如上文所述，文化景观遗产最大的问题就是它概念的模糊性，这对于推广保护观念、弘扬保护文化并真正促进各国保护工作更为广泛的发展是极其不利的。明确该遗产类型的目的，在于强调文化景观作为遗产的特殊性价值应该得到重视。我国虽然陆续有庐山（1996）、五台山（2009）、杭州西湖文化景观（2011）、云南红河哈尼梯田文化景观（2013）和广西左江花山岩画艺术文化景观（2016）五处入选世界文化景观遗产名录，但是对于文化景观遗产的研究还略显不足，大量的潜在文化景观遗产及其价值还有待被发现、发掘并得到恰当的保护。

虽然文化景观遗产因名列世界遗产名录而具备突出的普世价值，但正因其评选标准的严格、世界范围内巨大资源体量的竞争关系以及较短的发展年限，在数量上文化景观遗产算是"凤毛麟角"，包含了这一遗产类型的文化景观才是构成人类社会的景观基础之一，在城市这一最大的人类聚居地中文化景观更可谓比比皆是。随着我国城镇化进程的推进，各个城市的开发建设强度加大，原汁原味的本土景观遭到破坏，彰显地方特色的城市文化得不到传承与延续，一向崇尚"中西结合"的国际化大都市上海就是其中的代表。通过对文化景观遗产资源的梳理与利用研究，集中发掘其在城市范畴中蕴含的地域性传统文化内涵与文化发展机理，以此指导城市文化景观的基础规划设计，研发出符合全球化时代背景并能够将地域文化发扬光大的文化景观设计方法，才能构筑个性化、有特色、高品质的城市景观，从而保存地格、留住乡愁，使人们的美丽居所更具备吸引力。

本研究以对国内外文化景观遗产研究与理论发展沿革的梳理为基础，通过对文化景观遗产相关理论与先进经验的梳理，使相关学科与理论体系构架可以得到较为清晰的呈现，再结合对本土条件的充分了解、对既有现状的不断反思等进行分析，总结出文化景观遗产的本土化定义以及便于保护传承的城市文化元素，响应《国家新型城镇化规划（2014—2020年）》中"发掘城市文化资源，强化文化传承创新，把城市建设成为历史底蕴厚重、时代特色鲜明的人文魅力空间"的号召。同时通过对国内外部分城市文化景观资源的实地调查、资料搜集工作，分析案例特点、吸取实践经验、研究设计方法，以"国际设计之都"上海与"欧洲文化之都"佩奇为实地考察案例，探寻上海"十里洋场"与民族文化的交融和冲突，通过艺术化的文化景观审美方式探究现代城市居民在人文意识与精神层面上的缺失，寻求地域、外来文化与新景观建设之间的平衡点，体现出上海作为国际设计之都在文化景观设计上的领先之处，结合国外知名城市景观案例、文化景观遗产案例等资料进行比较，引入国内外文化景观遗产研究领域的相关理念分析未来文化景观遗产的发展趋势与道路，并结合对中国传统文化、地域文化传承以及审美思想等文化艺术元素的深入挖掘开发出以文化、审美元素指标体系为核心的文化景观设计体系，促进我国文化景观遗产保护与管理工作的发展以及城市文化景观设计研究的进步，使得城市文化景观与文化景观遗产等宝贵社会资源得到充分保护与妥善利用。

本书研究的创新性在于：

①将文化、审美元素与景观符号进行融合，从历史文化与艺术审美角度在一定程度上对城市景观开展指标化、量化的设计与管理工作，在前人研究基础之上探讨城市文化景观遗产的保护、管理与新利用方式，填补部分相关领域探索性研究的空白，使城市资源配置更加合理、功能更加完善、生态环境更加宜居。

②将较为抽象的审美偏好研究具体化。通过问卷调查、深度访谈等资料采集方式与以文化分类指标体系为基础的数据分析方法将城市文化景观受众客体的主观情感以较为客观的方式呈现出来，并以此引导城市整体景观系统设计管理中的文化景观遗产，完成城市文化景观审美偏好研究方法、设计方法的创新。

③以文化景观遗产研究为基础指导城市文化景观设计，用景观手段解决我国城镇化进程中的地域文化特色缺失等实际问题。着眼于国内外的知名城市，通过对比研究汲取先进城市景观设计在文脉延续、审美注重以及技术运用方面的精华经验，同时引入先进设计理念，在对文化景观遗产保护保存的基础上提炼设计要素，结合地域文化、城市功能、居民需求等针对性研究反馈，使文化景观遗产融入城市景观系统积极开发与设计城市文化景观网络，从而传承城市文化、彰显城市特色。

1.4 研究内容与研究方法

1.4.1 研究目标

本书的研究目标是提出基于文化景观遗产核心文化内涵传承的城市文化景观设计理论与机制的初步设想与基础概念，为我国文化景观遗产研究和城市文化景观实践设计工作的开展提供助力，也为我国文化景观遗产资源与利用手段的多样性做出贡献，进而帮助建构更为完整的中国文化景观理论和实践体系。

由于时空维度下文化景观长时性、继承性等突出特点以及不断变化演进的发展态势，文化景观遗产"静态"的保护观念应转变为"动态"的发展保护理念。城市中的文化景观遗产由于城市所处地域的差别而具有可以传承的、有显著区别的文化种类与内容单位，以生物遗产理论作为类比可将这些影响因素视为文化遗传因子，其中主宰变化的"DNA类"文化因素、景观变化的尺度都值得深入研究，不同的景观文化DNA元素代表着未来景观进化的不同方向，代表历史文化的文化DNA、代表艺术审美的视觉冲击DNA、代表技术进步的技术思想DNA等都能成为衡量文化景观变化尺度的关键因子。文化遗传因子中，有的较为明显而可以通过文化景观直接表达，有的隐性文化则需要以特色设计、节庆策划等方式"复活"而得以传承；受文化因素影响的文化景观遗产在不同地域、不同时期的不同人群中存在审美差异，从而产生了各具特色的文化景观遗产类型；通过对文化景观遗产文化类型的研究以及研究不同地域、不同时期、不同人群的审美偏好可以指导不同地域的特色文化景观设计。

　　因此本书希望通过对典型城市文化景观遗产资源梳理中文化、审美元素的分析挖掘和人群客体的审美偏好研究，充分发掘城市文化景观遗产保护与利用的现存问题，并以文化内容传承为核心深入分析其中所隐藏的深层矛盾与实践症结，从而以理论推演、比较研究等方法建立以文化传承、审美需求、符合城市功能为核心的针对性指标体系来选择景观中蕴藏的文化内容并转化为设计元素，较为客观地还原出城市居民所愿意了解并接受的城市文化景观形象，同时结合可以应用于其中的新理念、新技术寻求新的时代背景下与时俱进的城市文化景观设计、利用与管理方式，并最终形成集文化审美资料与数据分析、元素提取、指标体系建立、设计元素转化、设计方法总结于一体的科学性设计方法论。

1.4.2　研究内容

1.4.2.1　文化景观遗产及城市文化、景观设计研究综述

　　研究综述内容围绕文化景观分为四个方面，第一块是文化景观与文化景观遗产的基础理论、国际文件等相关理念研究，对国内外文化景观与文化景观遗产的相关研究成果按发展沿革顺序、理论与实践研究等分块论述；第二块以文化景观中城市文化与地域文化的关系为核心，探讨已有研究成果中文化景观与城市文化、地域文化的紧密联系，并以此为线索论述文化景观的文化内容在城市文脉传承中的重要作用，为景观地域文化DNA理念的提出做出铺垫；第三块着重整理景观审美思想、景观审美测量理论中与景观设计相关的内容以指导设计理论撰写；最后阐述文化景观设计过程中文化景观设计的特殊性、文化设计的方法路径以及文化元素向景观要素转化的设计思想。着重分析研究成果中的得与失，并理性分析在已有成果的基础上做相关探索性研究的可行性。

1.4.2.2　城市文化景观遗产理论探索

对文化景观、文化遗产、文化景观、城市文化景观遗产等相关概念进行辨析，将国外相关领域的领先理念与我国传统文化中的多元含义进行对比与匹配，探析城市大发展时代各个概念的多层含义、人文内涵与本土化理解，以老子《道德经》中"道生一，一生二，二生三，三生万物"的演化思想层层递进地剖析城市文化景观遗产的定义与定位，以印证人类活动与自然资源的关系。在对已有理论成果充分分析的基础上尝试完善城市文化景观理论体系，结合理论综述内容提出并阐释城市文化景观的文脉传承作用、中西方文化审美思想差异、景观系统内人与自然的相互关系、景观设计的方法思路等理论内容，论述以文化景观遗产文化内涵指导文化景观设计的过程对于城市功能完善与城市居民需求的重要性、必要性，解释城市文化景观传承、城市文脉传承的原理，以及其可起到的具体作用等。

1.4.2.3　基于文化景观遗产地域文化特征的城市文化景观设计研究

以经典文化景观遗产案例的地域文化差别为切入点，论述城市文化景观遗产的地域文化特征、不同文化流派对于文化景观遗产变迁以及文化景观遗产对于城市景观系统的影响，引入"文化DNA"的景观地域文化概念，并以此为核心构建基于地域文化差异化的城市文化景观设计理论，将文化元素向景观设计元素转化。

1.4.2.4　基于审美理论的城市文化景观设计研究

综合定性与定量研究方法，以当代中国城市美学思想为理论支撑，剖析城市文化景观的审美观念，总结共性与差异性规律；同时以城市中文化景观的不同受众群体为研究对象，选择"国际设计之都"——上海与"欧洲文化之都"——佩奇等典型案例，针对一般群体与专业人员以不同的实验分组分别以问卷调查、深度访谈等最为行之有效的资料、数据采集方式获取信息，客观分析出人们对于城市文化景观的审美偏好要素，以此为基础指导城市文化景观设计的文化审美元素选择倾向。

1.4.2.5　城市文化景观遗产文脉传承设计方法论

总体设计方法论的设计思路是以城市文脉传承为目标，文化DNA选择、变异与景观化转化为核心方法，根据现状基础与审美偏好调研结果选取合适的地域文化DNA，将文化元素向景观元素转化，并以刻意设计的文化景观的最终形态将城市文化内容内涵展现出来，形成亲和的城市文化氛围，最后按照景观设计方案评估的原则建立评价框架，对景观设计内容与实施效果进行评价和预估。以完整的从理论基础到实践检验的系统性论述形成城市文化景观遗产文脉传承设计方法论。

1.4.3 拟解决的关键性问题

1.4.3.1 资源梳理与保护研究

以世界知名文化景观与文化景观遗产的案例分析、理念论述为基础，根据前人研究经验总结城市文化景观的关键性问题，研究阐释文化景观与文化景观遗产的文化内涵与艺术审美原理，探讨保护方式与利用可能，进而选取目标城市，对具有发展成为相关文化遗产可能的文化景观资源进行论述性评估，在梳理过程中针对现有资源利用处理情况进行问题总结与案例述评；再在上述研究基础之上进行保护探讨与设计方式研究，同时论证在保护保存的前提下，将文化景观遗产的核心文化思想融入城市景观系统以彰显特色景观文化、塑造有归属感的精神文明价值观念的实践可能性。

1.4.3.2 城市文化景观遗产中的文化内涵挖掘研究与地域文化元素提取

随着城市化进程的大步伐推进，极具地域特征的文化景观遗产正在被大幅破坏，地格尽失、乡愁不再，辨识文化精华、寻求有效保护这些珍贵资源的手段和方法非常必要，同时也为了使文化精髓在文化景观遗产中得到更好的体现，提取精华文化元素是较有效的途径之一。选取城市中如海派文化等较有代表性的文化流派，挖掘其深层文化内涵并总结出如渔村文化、石库门、新城市等较有代表性的系列文化元素与符号，探讨地方元素、本土元素以及外来文化对景观符号的影响，并从景观学的角度研究景观设计与城市文脉延续传承之间的关系，论证文化景观遗产的活化对于弘扬城市精神、传播城市文化的重要性。

1.4.3.3 城市文化景观的审美表达及其当代审美研究

从主客体双向研究的角度出发，对人类活动赋予文化景观的文化意蕴进行研究，根据文化景观的主体特征以及从居民、游客、专业研究人员等多种受众客体的特定文化审美偏好，将文化景观中的核心文化内涵以艺术审美的方式景观化、具象化。

1.4.3.4 城市文化景观设计系统创新研究

在学界相关保护性研究较多的前提下，将研究重点更多地置于对文化景观遗产新的设计管理与利用方式的开发上，关注在保护文化景观遗产的前提下如何更好地利用其中的优秀文化与美学资源完善城市文化景观系统，并以此促进城市文化与精神建设，使得城市特色、标志性与凝聚力得到显著提升。

1.4.4 研究方法

1.4.4.1 文献研究法

根据既定研究方向与目的，以城市景观文化与审美、文化景观遗产、景观设计三个方面为主，阅读研究相关文献、书籍、条例等相关内容以获取资料，重点关注城市文化学、城市美学、城市规划学、景观设计学等相关领域的已有研究成果及景观审美测量方法、文化模因论等理论与设计创新方法优先，以文化景观经典案例的深度评析、文献综述与理论述评的形式整理现有研究的经验启示及相关不足、发现研究切入点。

1.4.4.2　田野调查法

选取国内外大都市的部分文化景观地进行实地观察调研、文献资料获取等主体资料搜集工作，同时以对文化景观受众的问卷调查、深度访谈、报告征集与评析等为基础搜集客体资料，与已有文献研究成果印证并撰写调查研究报告，视实际情况补充调研。

以上海新天地、田子坊、豫园、8号桥四处文化景观地为调研对象，在基础文献资料研究的基础上以设计专业的42名硕、博士研究生组成调研组进行实地考察，基于自身专业视角选取一地提供格式相近的文化审美与景观设计调研报告，通过对调研报告的分析整理获取针对四地的文化审美内容与景观设计关注点，同时搜集市民、旅游者、专业背景人员对四地文化景观的观感与态度意见，以供文化元素与审美偏好分析研究。

笔者借助自身在匈牙利"欧洲文化之都"佩奇市佩奇大学的一年联合培养经历中，参与完成佩奇大学与佩奇市政府合作的佩奇市老市场更新评估项目的便利，以观察法与访谈法搜集不同人群对在功能性、文化景观表现等方面截然不同的新老市场不同的使用与审美态度数据与描述。在佩奇新老市场的出入口处，选取天气相近、时间相同的时间段，观察并记录各出入口的人流量及人流构成情况，为尽量避免观察误差，以30岁为分界点区分年轻人次与年长人次统计有明显年龄差距的人群对于新老市场的选择，并通过背景资料分析、深度访谈等方式发掘其中潜在的文化与审美原因，通过相关引导性问题的交流探讨，明确造成其既定态度与审美偏好差别的文化与审美因素。

1.4.4.3　实验法

根据文献研究与数据资料分析结果总结城市文化景观的文化、审美等设计元素，与随机样本提供的原始数据资料——如让受访者提供其最喜爱的城市景观图片等进行匹配比对，筛选出最具有代表性的设计元素并传达至新的客体样本处以验证其科学性、普适性与专业性，参照反馈信息的分析结果阐释论证以相关设计元素为核心的城市文化景观保护方式、设计表达及其文脉传承。

以被除名的德国德累斯顿易北河谷文化景观遗产为例，十名设计专业硕、博士以其为研究对象，首先研究案例特点与除名原因等客观情况，借助隐喻抽取技术与网络访谈调查的方式，选取被试者较为关注的、易北河谷所具有的互相重合的景观要素图片，根据除名直接原因——兴建现代化跨河大桥设置实验对照，将易北河谷景观图片分为"造桥前"和"造桥后"两组，分别搜集参与实验者不同立场的偏好态度与原因进行分析对比，研究该文化景观遗产地除名原因的是否合理及受众审美偏好的影响因子。

1.4.4.4 语义分析法

针对文化景观遗产案例分析与城市文化景观实地调研结果，通过对获取文本与图像资料的阅读、切分、赋予权重等方式，运用语义分析法中文本语义分析与图片语义理解的基础方法提取其中的核心元素，并提炼出与文化内涵、审美偏好及设计要素相关的关键词，从而获取对城市文化景观设计有指导意义的文化设计信息，同时为语汇搜集与进一步研究奠定基础。着重分析内容获取过程中设计者与调查对象的互动方式、观察对象的行为表现以及与访谈对象沟通的交流表达目的，从"心理–物理"的表现反馈角度分析城市文化景观与人类主体的互动选择方式。

1.4.4.5 比较研究法

通过对不同城市文化景观与遗产的数量、类型、利用情况、保护方式等方面的对比研究，找出各个城市或国家间对于城市文化景观及相关遗产保护与利用上的相似性与差异性，并明晰可以学习借鉴、应规避防止以及能够开拓创新的理论与实践研究内容。

（1）选取联合国教科文组织列入世界遗产名录的文化景观遗产案例为对比对象，分析其在类型、价值、评定标准、文化内容等方面的差异，为文化景观地域文化研究与文化元素提取提供基础研究素材。

（2）在上海文化景观地实例调研中，将同样景观地的调研报告分析内容进行对比研究，发现其中对文化审美与景观设计要素关注点的异同，借此罗列相似相近且必要存在的文化元素以及其他特例，以便于研究文化景观审美偏好中的文化元素提取方法，发掘四处文化景观地成为城市文化景观遗产的潜力。

（3）在佩奇实例研究中，分别对比新老市场各出入口的人流量差距、人流年龄构成差异、文化倾向性、审美偏向性、选择原因等内容，以期发现其中左右不同年龄人群功能与审美性选择的文化差异和审美偏好。

（4）在易北河谷实验中，以随机的观察顺序、对两组图片的偏好、作为游客与作为居民的假设区别为对比研究条件，分别研究"先入为主"要素对文化景观观感的影响、现代化大桥景观对城市历史景观与自然河谷景观的影响、不同利益相关群体审美偏好的侧重点。

本研究的主要思路是"理论分析—挖掘研究—转化研究—设计方法论创新研

究"。以城市文化学派、当代中国城市美学、文化景观设计研究以及文化景观遗产相关理论研究为主要理论支撑，重点参照刘易斯·芒福德人本主义城市学研究中关于城市文化是如何在城市发展过程中发挥重要作用的研究成果、环境美学中重视人文环境的核心思想，注重其在中国城市化发展语境下的解读，结合城市景观规划设计学、城市社会学、城市地理学等相关学科中与城市文化景观遗产相关的研究成果以及实地调研中搜集的相关领域第一手研究资料，充分了解城市文化景观遗产现状并发现城市文化景观遗产中蕴含的文化与美学元素，在保护研究的基础之上通过主客体研究深入挖掘其价值内涵并转化为城市景观设计元素，在指导文化景观设计过程、延续城市文脉的同时促进景观设计创新（图2）。

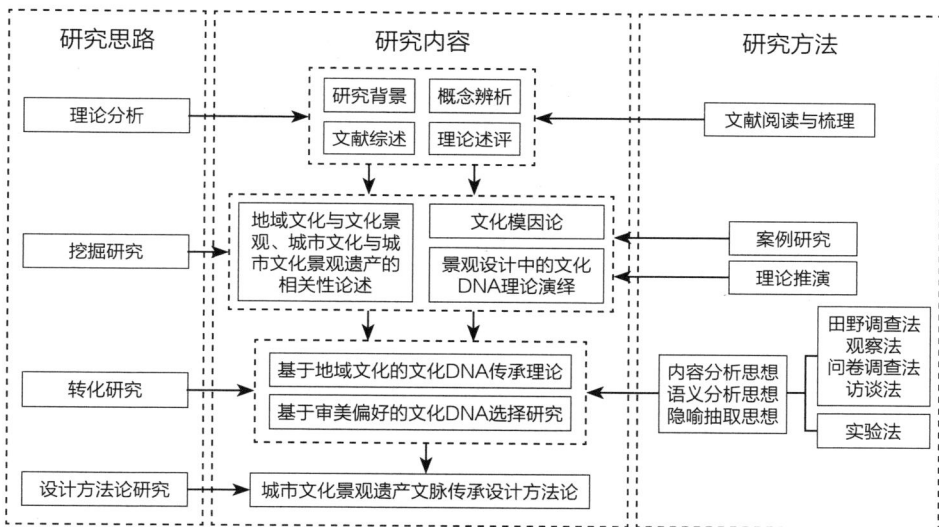

图2 技术路线

第二章　文化景观遗产研究述评

2.1　文化景观遗产保护文件梳理

2.1.1　国际保护文件梳理

先辈们留下的遗产价值无可估量，保护遗产是全人类都应坚决执行的明智之举。近年来，由联合国教科文组织世界遗产中心、国际古迹遗址理事会等国际组织牵头发布的文物遗产保护文件越来越多地受到各个国家的重视，并逐渐形成了国际公约、建议书、宪章、宣言、备忘录等组成的国际保护类文件体系。各类文件中若论重要性并没有清晰的效力排名，一般情况下国际公约从法律法规以及文件影响力的角度出发约束力最强；其次在保护领域起到重要作用的是针对各专项保护内容的宪章；再次是宣言与备忘录等表示在某一方面达成共识的文件；建议书通常作为特定文件的辅助性文件出现，但与备忘录等次级文件类似，因领域或专项的针对性而在某方面有较高的效力与知名度，例如《实施世界遗产公约操作指南》（下文简称《操作指南》）在文化景观遗产方面的权威性以及《维也纳保护具有历史意义的城市景观备忘录》在城市文化景观方面的无可取代地位。

2.1.1.1　《雅典宪章》（1931年）：基础保护观念的提出

《雅典宪章》全名为《关于历史性纪念物修复的雅典宪章》，也被称为"修复宪章"[31]，作为第一个提出历史纪念物保护与修复理念、原则等内容的国际文件而广为人知。

《雅典宪章》对于保护学说和普遍原理、行政与立法措施、提升美学意义等方面都进行了国际文件中开创先河的探讨，值得关注的内容集中在"监护式"保护机制的提出、纪念物保护修复方面运作和咨询的国际组织的建立建议、区域划分不予破坏、立法保护、提升美学意义以及强调文献、技术与教育在保护工作中的重要性。宪章建议成立针对历史性纪念物保护修复运作的专业性国际组织以及实行严格的"监护式"保护策略，对促进文化遗产保护的国际交流合作以及周期性监管反馈制度有着深远的影响，促进了文化遗产保护健康机制的形成；宪章中提及了对于古迹周边地区的保护，实际上是较为模糊地触碰了现今较为普遍的文化遗产与周边环境的联合保护做法，也为各保护地区域的专门划分建立了基础；行政与立法保护条款为保护工作提供了保障；提升美学意义代表着文化遗产保护工作的艺术审美追求；文献、技术与教育扩展工作则丰富了保护体系的社会内容。

2.1.1.2　国际现代建筑协会《雅典宪章》（1933年）：人与城市关系的探寻

因名称同为《雅典宪章》的缘故，1933年的国际现代建筑协会《雅典宪章》经常被误述为1931年的前一篇《雅典宪章》。这是一份深入研究了人与城市关系的国际文件，其对于城市及其区域内人类活动的论述极为细致，值得一提的是，虽然没有明确的"景观"概念，但本文件通篇都有意无意地论述了人类城市文化活动对于城市形态以及城市景观的决定性作用，它的论点基础是技术带来的城市混乱与破坏，以及人类日益增长的对城市环境、城市功能的需求与城市发展速度较慢的矛盾。

文件中提及了居住现象、休闲现象、工作现象、交通现象这城市的四大主要活动以及城市的历史文化遗产这一特殊资源。文件在居住现象中对城市中初现端倪的环境恶化现象提出了亟待改善的要求；在休闲现象中提及了城市开放空间的概念并强调与文化景观的充分结合；在工作现象与交通现象中对城市工作职能的划分、现代交通的安排以及穿插这二者之中的绿色功能提出了建议；也对城市的历史文化遗产的妥善处理进行了探讨，在提出应保留有历史文化价值的纪念物与群落外并没有一味强调保护，而是以居民享受健康生活条件的要求为第一标准，其中"避免干道穿行"[31]的城市内部保护区理念以及转移中心区域的想法由于代价较大而稍欠妥当，严格禁止借着美学名义建造新建筑，即仿古类建筑的做法十分尖锐，这是极端地秉承"原真性"原则的最佳诠释。

在文件的结论中，第75条、84条与88条值得城市文化景观建设工作者们反复推敲。第75条述及，"城市必须同时在精神和物质层面上，确保个体的自由和集体活动的利益"，个体的城市生活自由是城市文化的基本单元，由相近个体组成的集体的城市活动则形成了城市文化景观的基本景观带，只有确保了"点"与"线"的基本利益与日常活动，城市才能形成独特的文化景观带，但在现实的城市文化景观设计与维护工作中却往往难以兼顾，意大利最为著名的水城威尼斯一向以其水道纵横、舟筏穿行、房屋炫彩而闻名于世，但随着世界各地慕名前来的旅行者大量涌入，嗅到商机的人们使整个水城的商业氛围越来越浓厚，本身的生活气息却不断弱化，本地居民数量锐减到了五万多人，以至于在2015年、2016年连续收到联合国教科文组织的警告，甚至提出了"脆弱的威尼斯"[366]这一概念，正因为没有处理好居民群落的生活文化单元以及其共同表现出的城市群体性文化景观特征，这一充满代表性欧洲文化气息的文化遗产城市正在慢慢消亡。文件结论中第84条与88条所述内容，"一旦城市以功能单元来划分，其各部分间将彼此和谐，并具有足够空间和充分的相互联系，以保证各阶段能平衡发展""城市规划应该以一个居住细胞，也就是一栋住宅为基点，并将这些同类的细胞集合起来，以形成一个大小适宜的邻里单位"也从侧面印证了威尼斯城市文化景观安排的不合理性，因为本土居民生活单元与旅游商业单元发生了严重失衡，城市除地理板块外也并没有良好的区块划分。当然，关于84条中对"足够空间"与"充分相互联系"的语焉不详及想当然，包括88条中所透露将"同类细胞"集合起来的盲目性还是值得商榷的，毕竟如果以现世的眼光看待城市发展这个极其复杂的问题，并不是简单的功能单元划分或是同类集聚就能够解决所有难处（图3见文后彩插）。

2.1.1.3 《关于保护景观和遗址的风貌与特性的建议》（1962年）：景观风貌与特性的保护

在联合国教科文组织的《关于保护景观和遗址的风貌与特性的建议》中，较早地提出了对于"景观"的见解与看法，并将"景观和遗址"作为共同体列为保护对象，文件认为，"无论是自然的或人工的，具有文化或艺术价值，或构成典型自然环境的自然、乡村及城市景观和遗址的任何部分"都是定义中的保护对象，这无疑为城市景观打上了历史文化与艺术审美的双重烙印。由文件内容可以发散扩展出文化景观在社会、精神与物理三个属性上的重要价值，即其对于国家经济与社会生活、作为人类文化艺术瑰宝，以及提供聚居地环境要素的重要作用，这与文件中"代表了物质、道德与精神再生影响"的内容相吻合，体现了人作为个体的个性化要素在文化景观上的映射。

在保护措施方面，文件强调了全面监督、列出保护目录、设定特殊区域、科普教育的重要性，认为在全国范围内实行监督保护并将保护理念落实入城乡规划是十分必要的，同时列出保护目录对于细化保护工作很有建设性，"设定特殊区域"与"加强科普教育"的建议延续了之前保护文件的精神。

2.1.1.4 《威尼斯宪章》（1964年）：保护范围扩大

由于进行会议通过宪章的主体与1931年《雅典宪章》相同，《威尼斯宪章》可以被视为对《雅典宪章》的修订与进一步深化。文件中"定义"的第一条将被保护对象的范围从个体保护扩大到城市或乡村环境语境下的保护，同时第二条也强调了科学技术在保护工作中应用的重要性；"宗旨"部分内容为"保护与修复古迹的目的旨在把它们既作为历史见证，又作为艺术品予以保护"，充分肯定了历史纪念物的艺术美学价值，从侧面印证了对文化遗产审美价值研究的必要性；宪章中对"保护""修复"与"发掘"三个专业性名词作出了新的要求，强调了日常维护工作以及对核心纪念物一定范围规模内环境保护的重要性，其中立场最为鲜明的是阐明了古迹保护"为社会公用之目的使用古迹永远有利于古迹的保护"，充分肯定了在新时代对古迹有新用法的正确性。值得关注的是，这一点算是威尼斯宪章不同于其他文件十分关注纯粹保护工作的突出特点，正如在"修复"标签中的内容一般，威尼斯宪章认为修复的目的不是追求风格的统一，对各个时代所做出的努力都应该予以承认。很多例子可以说明人们对于"古树开新花"的接受程度，前些年在网络上引起较大反响的日本文艺作品《Legal High》中就有这样一段剧情，匠人由于在对不动明王文保壁画的修复工作中擅自加入了涂鸦元素因而面临坐牢的风险，但他经手的壁画却在当地掀起了一阵参观旅游热潮，即使考虑上文学艺术作品中的刻意杜撰与夸张化，也不失为能在一定程度上反映了历史纪念物在新时代因新的保护修复工作，甚至是略有颠覆式的处理而焕发出全新活力的案例。由此可见，如何在像文件中注明的"决不能改变布局或装饰"与活化修复式保护中取舍，是文化遗产、文化景观保护永远的话题。

2.1.1.5 《保护世界文化和自然遗产公约》（1972年）：第一部纲领性公约

《保护世界文化和自然遗产公约》是联合国教科文组织大会第十七届会议于1972年11月16日在巴黎通过的在文物保护领域内具有深远影响的公约文件。公约在世界范围内具有广泛影响力，同时也是全国人民代表大会通过的目前我国世界遗产保护领域内唯一公认的纲领性文件，具有举足轻重的作用。

公约中的大部分内容与世界遗产国际保护的保护工作、制度、机构、管理等方面有关，关于遗产定义、分类的内容大多较为笼统，但对于"文化遗产"与"自然遗产"概念的分类十分清楚明了。也由于随着时代的发展原始定义已不能适应最新的文物保护形势，在不断更新的与公约相辅相成的《操作指南》中许多实际操作层面的概念、定义与做法也在与时俱进地发生着改变，正如之后"混合遗产"与"文化景观遗产"概念的提出一般。

虽然存在着公约与一系列国家法律法规的约束，我国世界遗产法规及标准现存的问题仍然不少，主要问题可从宏观与微观两个角度进行分析。从宏观角度来看，相对于自然遗产，国家层面的文化遗产保护专项法律法规有《中华人民共和国文物保护法》，此外文化部也有《世界文化遗产保护管理办法》，加上国际纲领性文件《保护世界文化和自然遗产公约》以及相关文件的实施建议、指南等，算是有法可依，但虽然教科文组织持续不断地在更新其操作指南，这几项法案、文件的泛用性仍然远大于实用性。随时代发展以及我国世界遗产事业进步所体现出的不足之处也越来越多，对于不断涌现的如"文化景观""文化景观遗产"等新兴保护热词的敏感性不足，即使许多地方政府可以根据实际情况制订相关条例标准，但大量的"意见""通知""规划"等文件因没有正式的立法程序而效力有限，且对于我国这样一个幅员辽阔、世界自然遗产资源极其丰富而申报潜力巨大的国家来说还是远远不够的，国家在完善纲领性法律的同时还应该细分细化地针对不同领域制定法律条款，构建完整的法律法规体系；同时，多个部门牵涉其中、国家与地方职能不清的多元化管理模式使得法律法规管理体系较为混乱，许多法案只能在部门内或区域内发挥效用，使法规标准应起到的约束作用大打折扣；正是因为法规体系的不完整以及管理体系的不健全使所有人对法律法规的责任意识较为淡薄，也令法规实行中最为重要的监管步骤在许多时候形同虚设。从微观角度来看则问题不胜枚举，一些已有法规标准对于与世界文化遗产相关的概念界定过于笼统而模糊，如保护区域、保护地的普遍争议等；一部分条款不能适应新的发展形势需要甚至与其他新法律条款产生冲突；大部分法规标准存在着明显的薄弱环节，尤其集中在对申报与旅游开发等利用手段的约束上，使得很多对世界遗产资源保护极为不利的现象屡屡发生。

这些问题存在的原因是多方面的。首先，"世界遗产"这一概念来源于国外，该领域相关理念的定义与定位工作任重而道远，如何做到因地制宜、与时俱进，结合我国国情将其顺利本土化是制定法规标准前的首要工作；在此基础之上，管理体制与监管机制的优化势在必行，目的与功能导向的部门设置应发挥其作用；同时，世界遗产事业发展的群众基础尚不算深厚，大部分人对世界遗产的分类都知之甚少，相关保护与法治理念的推广普及力度应大力提升，以不断增强民众的文化素养与法制观念。由于我国世界遗产事业的发展年限所限，法规标准中的一些条款因思虑不周而可操作性不强或执行不力是正常的，也从侧面反映了一套严谨、完善的专项法律法规体系存在的必要性。

2.1.1.6 《关于历史地区的保护及其当代作用的建议》（《内罗毕建议》，1976年）：保护内涵的增多

一提到文化遗产的"整体性保护"概念，就必须提及1976年的保护文件《内罗毕建议》，这是一部扩展文化遗产保护内涵、定义保护内容、明确保护范围的国际文件。

《内罗毕建议》明确了"历史和建筑地区"和"环境"二词的定义，前者被划分为史前遗址、历史城镇、老城区、老村庄、老村落以及相似的古迹群，后者系指影响观察这些地区的动态、静态方法的、自然或人工的环境。此外，文件也扩展了"保护"一词的内涵，将对历史或传统地区及其环境的鉴定、保护、修复、修缮、维修和复原等内容都囊括进"保护"的范畴之中。可以说，《内罗毕建议》致力于将人们的保护观念从单纯"纪念物保护"的初级阶段向"区域环境

保护"更高级阶段扭转，讲究保护复杂的整体，包括了历史建筑、历史风貌等与衣食住行的各个元素相关的环境特征，甚至扩展到包括人为活动在内，这是真正意义上的"整体性保护"思想，也为将来对文化景观这一集合了自然风光、人类建筑、人类群落、文化元素等人类文化现象复合体的保护工作奠定了基础。文件中的许多内容都能体现出对城市环境与城市景观的关心，人性化、定义的扩展以及与城市规划的衔接是其中的三个关键词。

2.1.1.7 《马丘比丘宪章》（1977年）：城市化问题

与20世纪30年代的两篇《雅典宪章》相比，在城市与区域的定义中，《马丘比丘宪章》显然更多地考虑了世界人口的翻番以及城市问题的严重性，认为城市在从四项基本功能向多功能综合环境发展，农村人口的大量外流加剧了城市化增长的问题，而城市发展与人口增长带来的三个重要问题则是生态学、能源和粮食供应[31]。

宪章中写道，城市的混乱发展有两种基本形式，工业化社会私人汽车的增长、较为富裕的居民向郊区迁移，以及发展中国家大批农村住户向城市迁移的特色，同时也表现出了对自然资源与环境污染到达"灾难性严重程度"的深深忧虑，这可被视为早期的城市化问题与城市病讨论。需要关注的是，除了宪章中提及的交通运输、土地使用、工业技术等方面，自然资源与环境污染、城市文化面貌、城市与建筑设计等问题都可以通过城市景观治理与文化景观重塑的手段优化。与《雅典宪章》相反，《马丘比丘宪章》深信人的相互作用与交往是城市存在的基本根据，也针对《雅典宪章》对建筑与空间对于城市的重要性表现得不够敏感这一问题在基本原则中添加了"空间连续性"以及"建筑、城市与园林的再统一"两条，同时在文末表述道"强调'不完整'和'待续'并不一定是坏事，也不损害威信"，侧面印证了长时性时空概念在城市建设中的体现，这也是文化景观的特征之一。

结束语中写道："古代秘鲁的农业梯田受到全世界的赞赏，是由于他的尺度和宏伟，也由于它明显地表现出对自然环境的尊重。它那外表的和精神的表现形式是一座对生活的不可磨灭的纪念碑，在同样的思想鼓舞下，我们淳朴的提出这份宪章。"[31]在宪章通过的1977年，联合国教科文组织还并没有提出文化景观遗产这个概念，但我们可以欣喜地看到，对于人类与自然和谐共存、共同进步的杰作的尊重从来未被人们遗忘，保护利用文化景观的思想殊途同归。

2.1.1.8 《保护历史城镇与城区宪章》（《华盛顿宪章》，1987年）：传统城市文化的价值

《华盛顿宪章》将城市本身定义为历史上各种各样社会的表现[31]，肯定且突

出了城市的历史文化意义；定义中将涉及的历史城区都包括其自然的和人造的环境，除了历史文献作用之外还强调了这些地区体现的传统城市文化价值。

宪章中所要保存的特性除历史城区本身以及能体现特征的物质组成外还尤其强调了精神组成成分，建筑与空间的关系、城市与周围环境的关系、人类对城市的各种作用都被包含其中，在《雅典宪章》《内罗毕建议》之后，《华盛顿宪章》再一次强调了对遗产的整体性保护，虽然并不是首次提出，但其内容的完整性与拓展性标志着历史建筑、历史环境、历史区域、历史城市多层次保护体系的渐趋成熟。其中关于人类对城市的各种作用与文化景观遗产概念中人类与自然相互作用的内容有异曲同工之妙。

2.1.1.9 《新都市主义宪章》（1996年）：新都市主义与文化景观

《新都市主义宪章》是新都市主义协会在1996年通过的文件，新都市主义认为城市在新时期所面临的挑战包括了内外两个方面诸如内部投资缩减、郊区边沿蔓生、贫富差距扩大、环境恶化、耕地减少、社会遗产侵蚀等种种问题，秉持"仅靠物质手段本身，不能解决社会和经济问题"的观点，主张通过都市地区的建筑及景观设计彰显当地的历史形态。

文件中对于大都会、城市和城镇的概念定义做出了探讨，认为"城市和城镇的发展和重建应该尊重历史的形式、典例和边界"[31]，也意识到了大都会区域的决定因素是地理要素这一特点。然而，将此份文件列于此处很大程度上还是因为文件内容本身没有意识到景观文化与文化景观对于文件中心思想，即合理的新型人文宜居城市的重要性。文件中探讨了城市形成的地理要素，却没有提及景观或文化景观这一文化地理学要素；论述了大都会区域与农耕田地及自然景观之间保持的联系，却只有一个"脆弱"[31]的认识；探讨了公共服务与城市空间的关系，却对城市中最具有地域特色的以本地绿植与人文景观小品、文化遗产共同构筑的文化景观空间视而不见；且两个子讨论板块中"邻里、街区与廊道"以及"街块、街道和建筑"中并没有关于文化艺术空间或是遗产建筑的内容，与主旨中强调历史文化与建筑艺术的内容不符。也许是由于新都市主义探索倡导的内容重心与文化景观遗产发展不一致，也许是由于年限所致思虑尚不够周全。

2.1.1.10 《维也纳保护具有历史意义的城市景观备忘录》（2005年）：保护历史城市的城市景观

本文件的目标对象主要是已列入或申报列入联合国教科文组织《世界遗产名录》的历史城市，以及在市区范围内有世界遗产古迹遗址的较大城市，正如文件名称一般，是普遍意义内具有突出历史意义的城市，而关注点则在于城市景观的塑造。

文件中的许多内容值得反复推敲。对于城市景观的定义，文件认为，"历史性城市景观指自然和生态环境内任何建筑群、结构和开放空间的整体组合，其中包括考古遗址和古生物遗址，在经过一段时期之后，这些景观构成了人类城市居住环境的一部分"，字里行间中都透露出了城市景观的历史发展观念与文化属性，对城市开放空间的景观地位予以了肯定；定义部分第八条认为，"历史性城市景观植根于当代和历史上在这个地点上出现的各种社会表现形式和发展过程"，这体现出了文化景观"空间不变，自身随时间不断发展演进"的时空观，也因此绝大部分保护文件都强调若非逼不得已，历史性文化景观都不得随意被挪动位置；定义第十二条，"历史性城市景观由于其文化价值观获得了独特的普遍意义"[31]，突出了城市景观的文化价值核心观。

这份城市景观备忘录在维也纳这样一个充满着文化艺术气息的古老城市，发出了倡导保护与重视所有历史城市文化景观的呼吁，秉承了先前国际性保护文件的指导精神，首次提出从文化景观的角度保护城市的历史文化与艺术气息，其对城市景观文化价值的探讨、对城市景观设计建筑与空间不同层次的思考、强调当代建筑与历史性城市景观多样化融合的包容性思想都对城市文化景观的保护保存与持续发展提供了宝贵的参照。

2.1.1.11　《会安草案——亚洲最佳保护范例》（2005年）：文化景观本土化

《会安草案》是一项在理论探讨与实际可操作性上都下足了功夫的文件，在充分强化了遗产真实性原则，并针对亚洲地区遗产所面临实际问题的基础上，草案初步形成了亚洲地区不同类型遗产保护的区域性标准范例。

根据《巴拉宪章》等之前颁布的基础文件，会安草案对遗产保护工作中的多项定义内容进行了亚洲与新时代语境下的讨论与再定义，同时也明确了亚洲遗产保护的现存问题，最后根据遗产的不同类型进行了特定保护方法的规定。文件中难得地出现了鲜少文件提及的文化景观分类，从定义、概念、保护手段、保护真实性等方面提出了亚洲文化景观的保护方法与标准，虽不算面面俱到但贵在务实，也充分说明了文化景观遗产概念的不断发展。草案为文化景观遗产概念的本土化研究提供了良好的范例与经验。

文化景观遗产主要国际公约与保护文件　　　　　　　　　　　表2

公约或规范名称	通过时间	文件要点
《雅典宪章》	1931年	基础保护观念的提出
国际现代建筑协会《雅典宪章》	1933年5月14日	区域划分不予破坏 人与城市关系的探寻

续表

公约或规范名称	通过时间	文件要点
《关于保护景观和遗址的风貌与特性的建议》	1962年12月11日	景观风貌与特性的保护
《威尼斯宪章》	1964年5月	保护范围扩大
《保护世界文化和自然遗产公约》	1972年11月16日	文化与自然景观保护影响最大
《内罗毕建议》	1976年11月26日	保护内涵增多
《马丘比丘宪章》	1977年12月	各部分联系关联性城市化问题
《佛罗伦萨宪章》	1981年5月21日	历史园林保护城市私人空间
《华盛顿宪章》	1987年10月	与政策规划衔接传统城市文化的价值
《新都市主义宪章》	1996年	新都市主义与文化景观
《维也纳保护具有历史意义的城市景观备忘录》	2005年	保护历史城市的城市景观
《会安草案》	2005年	文化景观本土化
《历史文化名城保护规划规范》	2005年	细分、因时因地制宜

如表2所示，与文化景观与城市遗产保护最为相关的文件共有13项，按缔约、定稿的时间发展线可清晰地看出国际学界在遗产保护理论方面的不断进步。这些保护文件按重要程度、侧重领域可如表3被分为三类，其中与本研究最为相关、最值得重视的有，表现在文件中透露出的对遗产基础保护理念的演绎与发展，对文化景观保护定义、涵盖范围以及主要特点的阐释以及对城市历史文化景观的重视。而随着时代的发展，对于传统文化遗产的保护并没有淡出人们的视线，相反各个国家对于历史文化瑰宝愈发重视，也随之出台了多种与时俱进的法律法规与规章制度用于保护工作。例如，我国就在2005年出台了《历史文化名城保护规划规范》，用以规范、约束与指导历史文化名城重要文化资源的保护工作；国外由于相关法律法规体系建立较早，近年来多表现为法案细节修改与条例更新；最近，意大利更是刚刚颁布了名为《保护文化遗产、文化发展和刺激旅游产业紧急措施》的保护文化遗产的新法案，分为艺术奖励、文化遗产保护战略、数字旅游税收措施等19大项，内容既涵盖了诸如庞贝古城、卡塞塔皇宫等意大利最负盛名的世界文化遗产，也包含了歌剧和交响乐等人文艺术领域，还涉及电影行业税收改革等具体刺激措施，值得一提的是，该法案长期鼓励赞助文化活动，且既保护文物又刺激旅游业[361]，相对于传统法案在创新利用方面显然有了长足的进步。

文化景观遗产保护文件分类　　　　　　　表3

纲领性文件	与文化景观关系紧密	与城市发展密切相关
《雅典宪章》	《关于保护景观和遗址的风貌与特性的建议》	国际现代建筑协会《雅典宪章》
《威尼斯宪章》	《保护世界文化和自然遗产公约》	各部分联系关联性城市化问题
《保护世界文化和自然遗产公约》	《佛罗伦萨宪章》	《佛罗伦萨宪章》
《华盛顿宪章》	《新都市主义宪章》	《华盛顿宪章》
	《维也纳保护具有历史意义的城市景观备忘录》	《新都市主义宪章》
	《会安草案》	《维也纳保护具有历史意义的城市景观备忘录》
		《历史文化名城保护规划规范》

2.1.2 实施世界遗产公约操作指南阐述

《保护世界文化和自然遗产公约》在遗产保护领域的地位举足轻重，一直以来都为世界各国的重要遗产保护工作提供了良好的依据以及指导作用，但受限于公约条款的书写格式、语言内容的凝练程度以及适用广泛性，在实际操作层面往往依靠《实施世界遗产公约操作指南》提供更为精准的理念与实际操作释疑，对于文化景观遗产这样的新兴遗产类型而言更是如此。

在文化景观遗产成为单独遗产类型后的十数年内，国内相关研究相较于国外而言依然更加重视公约文件，而在一定程度上忽视了《操作指南》的重要性，不过这样的情况逐渐在好转，针对《操作指南》的研究也越来越多、越来越深入，在2010年后发表的文章大多注重到了《操作指南》重要性；另一方面，随着文件的更新，操作指南本身也发生了变化，在内容上愈发凝练，在条理和层次上愈发清晰，在各个专项领域不断向多样化、细致化发展。表4、图4体现了2016年之前的相关研究动态变化情况。

与文化景观遗产相关的文献中《操作指南》出现频率　　　　　表4

	文献总数（国内）	2005年之前	2005～2016年
提及《操作指南》	36/41%	9/26%	27/51%
未提及	51/59%	25/74%	26/49%
以之为核心	12/14%	2/6%	10/19%
总计	87	34	53

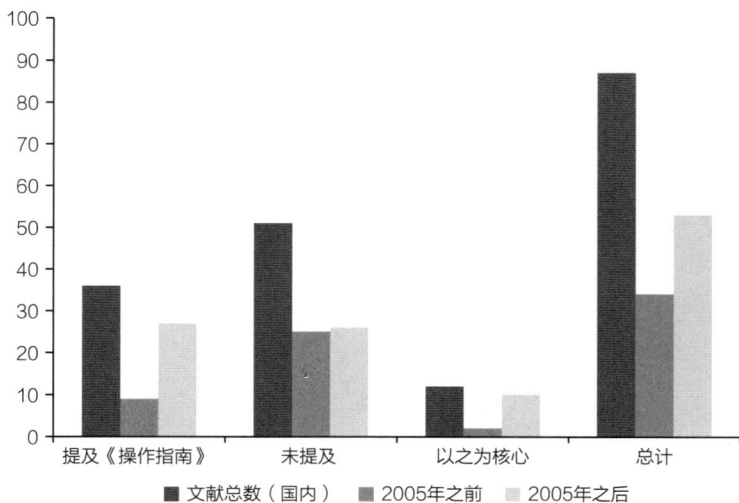

图4　与文化景观遗产相关的文献中《操作指南》出现频率

2015版《操作指南》中是这么定义文化景观遗产的：文化景观遗产是代表了"自然与人类共同杰作"的文化宝藏，它们诞生于自然约束与成功的社会、经济、文化外力作用之下，无论其外在表现与深层内涵都是人类社会发展与进步的直观呈现[353]。这充分表明了文化景观遗产中人文景观与自然景观同样重要的地位，文化景观遗产产生的背景是人类对自然界的改造，基础是自然景观，自然约束还是或多或少地能够体现于景观存在、延续的规则之中；但由于人类社会文化活动对景观改造所产生的巨大变化，人文烙印是文化景观最独到的特征，外在表现或许维持着自然界的基本准则，受地理环境、气候条件等地形地貌影响，文化内涵等附加价值则完全体现于人类的主观情感与意识形态层面，深层内涵完全代表着人类的主观意志，从精神实质的角度来看，人文因素占据了主导地位。

指南中关于文化遗产评定的部分中涵盖了关于文化景观遗产的评定标准，也从一个侧面反映了文化景观遗产的文化遗产从属性特征，这一部分文化遗产类型的第三种分类名为"址"，注释是"人类或是人类与自然的共同杰作，包含有相当普适历史、审美、民族或人类价值的考古遗址的区域"[355]，对"址"的定义十分宽泛，在"遗址"这样的考古学概念上做出了一定的延伸，且"areas"的概念显然是对遗址等类型周边区域的扩展，透露出区域保护的理念、缓冲区域存在的必要性以及以遗产为核心对周边区域的辐射效应；其中"人类与自然的共同杰作"显然是为了将文化景观遗产作为单独的遗产类型看待；同时其"points of view"的概念也不单单是单纯的"价值"含义，而是有着"人类主观层面的意见

不同年份《操作指南》对比表   表5

《操作指南》差异	1992年文件	2015年文件
形式	单一保护文件	包含基金、管理、评定、实施等各个方面的较为完整的体系
目录	基本单元	文化景观遗产单独列项
内容	解释说明	多个篇章的反复呼应，因多项实际问题而变得实际而多元化
文化景观遗产	未体现	重视、多分支、多解读
备注	2005年2月发布的操作指南文件是文化景观遗产的分水岭，在此之后（包括这个文件）文化景观遗产是被单独罗列出来的，之前的2002年7月版本是在cultural heritage目录下的para35，1992年3月27日的版本还没有关于cultural landscape heritage的内容，首次出现于1994年2月的文件。	

和观点"的引申义，意在强调文化景观中所蕴含的不同时期不同地域中人类对事物不同看法的传承，希冀通过文化景观的存在与运作方式将这样的历史文化生活态度保留并代代相传下去，作为人类社会发展的里程见证。

2015版《操作指南》文件的第70页开始是直接与文化景观相关的介绍，其中开宗明义地将文化景观视为"特殊的财产"类型，不仅对乡村或野外区域是这样，对城市区域也同样如此。"我们应该根据它们在一个明确定义的地理文化区域中杰出的普遍价值和代表性，以及它们对文化的承载能力来阐明这些地区的基本和独特的文化元素"，文化景观能够很好地承载和反映地域文化特点，也是地域特性得到反映的一个重要途径；"'文化景观'一词包含人类与其自然环境相互作用的多种表现形式"，表明文化景观是人类活动的产物，突出了在表现形式上的多样性，为景观设计的多种可能提供了理论支撑；"考虑到它们所建立的自然环境的特点和限制，以及与自然的特定的精神关系，文化景观往往反映了特定可持续的土地利用技术；保护文化景观可以促进现代土地利用技术的发展，并可以保持或提高景观中的自然价值；传统土地利用形式的继续存在支持了世界许多地区的生物多样性，因此保护传统文化景观有助于维持生物多样性"，肯定了文化景观对土地与空间利用合理性的有效反映以及对生态系统稳定性的杰出贡献（表5）。

文化景观遗产的分类有着明显的三个层次，第一个层次是最易于辨别的"人类有意设计的景观"，体现着人文景观与自然景观的差别，在这一层次中人文要素相比自然要素占据着明确的主导性。第二个层次是有迹可循的实体景观"有机进化的景观"，这一类景观通常见于有悠久历史的人类群体，源于最初的社会、经济、行政或宗教的需要，并通过与自然环境的联系和对自然环境的反应而发展成现在的形态，反映了人类社会进化过程、文化活动的形式和组成特征，将文化景观长时性的特征体现无余；这一类文化景观遗产可被分为两个亚类，一是遗存化石类景观，指能够展示在过去的某个时间内从开始、进化到结束过程的文化景观，其突出特征是仍然以物质形态存在，并可通过自身的景观状态呈现出可供人学习研究；一是持续性文化景观遗产，在与传统生活方式密切相关的当代社会中保持着积极的社会作用，展示了它随时间演变的重要物质证据，其中的进化过程仍在继续；两个亚类的区别是一种的文化进化过程已结束，一种还依然活跃于现代社会之中，从这个角度来看文化进化与人类活动的不断交互关系在文化景观中左右着景观的核心内涵，也内在驱动着文化景观的不断进化。第三个层次"关联性文化景观"在某种意义上是超脱了分类评定规则的，更注重景观与人类之间的联系，哪怕这种联系仅仅是建立在人类的主观意识形态之中，对其判断的标准甚至放宽到可能根本无关紧要或没有办法证明的程度，这样的分类要求几乎无法借鉴，得与评选标准、价值联系共同作用于文化景观遗产的认定。

文化景观遗产的评定相比较其他遗产更为苛刻，因为文化景观遗产目录可以被视作文化遗产的子遗产类型，满足其特殊性自然需要符合更多的条件，事实上也确实如此，文化景观遗产必须满足《操作指南》article 1 & 2中部分或者全部有关于文化与自然遗产的定义。能够被选进世界遗产名录的文化景观与其功能性与可辨识度有关，它们能够充分体现出以它们为代表的一类文化景观的所有本质，能够表明一个区域长时间内人类社会发展过程中，在其内在约束以及外在环境的影响下所形成的文化活动变迁轨迹，其文化内涵可以同时体现出其突出的普遍价值和明确的地域文化代表性。

2.2 文化景观遗产与城市文化景观遗产

2.2.1 文化景观遗产研究综述

国外早期有关文化景观遗产的研究集中于概念变迁、保护手段、设计规划方面。文化景观在20世纪初被德国学者施吕特尔作为正式术语引入学界，美国学者索尔引入人类学、社会学理论极大地推动了文化景观的理论发展。文化景观遗产是1992年联合国教科文组织世界遗产委员会第16届会议时提出的新遗产类型，主要是指人类在生产生活中有意设计和建造的各类型景观，代表一种人文与自然不可分割，动态演化、富有集合意向的遗产类型。在文化景观的保护研究方面，真实性和完整性作为其承载文化精神的保护准则；国际古迹遗址理事会提出"整体环境"概念，强调景观遗产保护既包括物质的保护，也涉及文化与社会维度[274]。2006年，国际古迹遗址理事会（ICOMOS）、国际风景园林师联合会（IFLA）分别成立了国际文化景观科学委员会（ICOMOS-IFLA）和文化景观委员会（IFLA）。欧盟则在其2007～2009年度的LE：Nôtre Two Erasmus Mundus计划中将文化景观列为风景园林学的两个重点资助方向之一。2009年世界遗产中心和国际古迹遗址理事会编辑了《文化景观保护和管理手册（草案）》，作为文化景观保护领域的重要文件，它就"文化景观"保护和管理的核心议题如定义、类型、价值评估和管理框架进行了系统总结。现有的世界文化景观遗产中，欧洲和北美洲占了一半左右，尤其是欧洲各国因其关注与保护文化景观的传统，对于文化景观遗产的研究与保护工作已经十分成熟，各国普遍都有着自己的文化景观遗产保护策略，对保存文化景观的多样性奠定了基础。

　　近年来的国外文化景观遗产研究兼顾定性与定量方法，定性研究多为理论溯源研究与政策立法研究，定量研究则是以经济学、社会学等领域的实验方法建构模型用于评估文化景观遗产的价值；研究角度各有不同，有的是从文化景观遗产本身属性出发，如从考古学角度思考文化景观遗产的特征[276, 277]；有的是从城市整体的角度考虑文化景观遗产的作用，如研究城市边缘区域的文化景观遗产对于城市景观构成的影响；也有许多研究着眼于主体研究，以群体或者组织的研究视角探析文化景观遗产对人类活动的影响，如针对UNESCO遗产名录的研究、城市居民对于文化景观遗产的态度研究等。国外研究的共同特点在于，其十分重视研究理论或实践的实际应用探讨，对于新领域、新技术的结合应用探索较为广泛，早到将地理学概念引入文化景观遗产研究，近至在生态学、数字式电子信息系统、遥感技术等方面的探索[278, 280-282, 284, 285]，分支研究众多且深入，更为关注文化景观遗产研究领域的某个方面的创新研究，擅长以小见大。因文化景观遗产涵盖内容较多，研究视角、牵涉领域较为驳杂，较难按研究类型划分，但研究热度较高的有基于某种体制语境的体制框架研究，如以美国国家公园体系为基础的本土化研究、国外体制以及探索新体制等；保护类研究，将其视为人类资源的一种进行可持续性研究，或是偏重于研究自然而非人文要素的生态体系研究；文化研究，多为文化历史类结合研究，探索文化精华的传承与再利用，对发展尤为重视，且利用手段较为多变；经济价值与产业研究，如评价文化景观遗产的价值、与旅游业等结合的价值再创造过程研究等；城市规划与景观设计研究，从城市规划的宏观角度出发的为多，具体景观设计较少。值得注意的是，国外相关领域近年来的一大研究观点认为，城市化进程对于文化景观遗产的负面影响巨大，力求通过应用新技术或者新思想减少这种负面影响[270, 283, 284, 286, 287]。

近五年的相关英文文献较为关注文化景观的动态演进、文化景观遗产管理与决策、保护与利用的技术手段以及回归本质属性四个方面。动态演进研究通常是以地区为范围，观察地域环境下文化景观不断进化发展所带来的改变，意大利地方改造与振兴的实例突出了景观学多角度、多尺度的特点，土地利用方式、历史遗留物等景观要素的研究离不开对长期定居动态和社会经济变化的确定，景观的自然和人为变化过程在不同背景下的发展和演变引人入胜[311]，在此过程中人类和环境相互作用所获得的物质和情感定义是文化景观动态演进带来的巨大财富；虽然从现代的角度来看，某种程度上保护与发展存在着不可调和的矛盾，代表着过去的文化景观遗产不断受到现代生活的侵蚀，而景观传记、循序渐进的发展理念有助于解决景观遗产保护与发展之间的矛盾[312]。在文化景观遗产价值逐渐为人所明、为人所用后，对此类资源的管理与决策研究成为了大势所趋，在上述国际文件与文献外，学界研究热度也在持续上升，用于在决策过程中支撑决策的多准则分析方法与用于调查遗产集体价值的条件价值评估法的结合使用被证实可有效提升对景观文化价值的有效管理，同时也可促成多方参与合作[313]；也有学者认为，将文化遗产以景观的形式加以管理，定义为具有有形和无形维度、空间和时间尺度的多价社会现象十分必要，文化景观延续了对遗产价值的论述，并强调认识社会价值的重要性[314]，作为一种具有文化意义的、有人居住的和不断变化的景观，能够使人们更全面地了解文物与其他社会和环境类别的相互关系，并加深对文化遗产不同价值的认识。致力于促使学术研究与新技术手段结合一直是研究型英文文献的"学术传统"，工程地质等相关修复、建设手段对景观基础意义重大[65]；相对而言，建筑与景观规划的方式更为贴近文化景观的历史文化属性，建筑类文化景观在单纯的物质、空间与时间维度上为地方增添了特性，从建筑本身的物理特性以及文化路径两个方面着手，以建筑结构与结构外扩充领域所营造的文化氛围为抓手诱使人们感知空间文化氛围[315]，这样的研究是想唤醒本领域研究中对实体与空间、物质与文化互动的重视，通过建筑设计的手法，根据不同的时代背景不断从环境入手改变遗产的可识别性，从而达到传承、可持续的目的；而合理考虑土地利用方式，从土地的角度探讨景观资源利用方法则是景观规划尊重文化的基本体现[316]。最后，对文化景观中人与自然基本关系、文化内涵等本质属性的探讨永远不会过时，对人与自然互动边界的划分探讨建立在人类环境系统四个尺度的识别之上，它用来描述当地经济、社会组织、自然环境和人们对人类环境理解的可持续性水平[317]；传统文化则早已被证明在不同的文化景观体系中都有其独特而无可取代的地位，但文化在增强景观抵御外部冲击方面的重要性还没有得到应有的重视[318]，传统文化的黏着力在一定程度上保证了人类生活方式的固定性，从而保持了传统景观的稳定性，通过这种方式文化遗产的真实性与完整性得到了保证，但是这种文化黏着力同时也会产生很大的阻力，如使人们固守停滞不前的思想、贫乏的科学知识，无法适应非地方性的真实社会。

国内学者所做的研究工作更多的是积极将国外理论引入亚洲思想价值体系，结合本土文化景观的特征与利用，逐步完善文化景观遗产的理念。研究内容主要分为三类，分别为文化景观遗产概念与理念演变研究，结合国内外经典著作等文献资料解析文化景观遗产生成原因与发展历史的理论演化[1, 3, 100-102]，或是结合实际案例对文化景观遗产的类型进行论证与本土化演绎[1, 3, 215, 320]；已有成果的探索性研究，如对"村落"范畴内文化景观遗产的定义、文化景观遗产城市化价值重构等[103, 224]，或是对某一视角下定义与录入标准的探讨[240, 241]，但大部分文献研究的是广义文化景观遗产，探讨的实际上是对更广大范围内各种文化遗产的保护可能，甚至许多论文在基础概念的辨析上都不是很清楚，遑论其引申探索研究；其他更多的是基于前人研究经验的文化景观遗产保护理论与途径的再论证，其中不乏针对既定文化景观遗产地的问题研究，近年来虽已越来越多地尝试与其他领域结合，如探讨文化景观遗产在我国的稀缺性、储备性，以及管理上存在的一些问题，提出社区参与的可能性与措施建议[242]，或是从游憩地理学地方依恋理论以及景观人类学视角，研究文化景观的地方文化情感与景观文化属性[243, 244]，也有不少研究不够深入，缺乏将少数精髓放大的研究过程，这需要长时间专项研究的积累。

按不同的研究视角分类国内研究大致有三个不同层次，第一个层次最为宏观，针对国内或者国外相关领域进行概况概述研究，例如对美国文化景观遗产评定方法的研究并得出对我国文化景观遗产管理的启示[104]，或是基于亚洲国家与中国的独特文化景观现状对其文化附加价值的肯定[345]；第二个层次是本土化特色研究，基于我国行政级别划分，以乡村与城市的城乡统筹视角对文化景观遗产进行分类研究，研究对象集中于历史名城、名镇或名村，与国外的城市、城郊研究有异曲同工之处；第三个层次最为细致具体，为地方性文化景观遗产保护利用研究，对某个特定区域进行文化景观遗产特征分析，并给出针对性建议，带有很强的地域标签，有一定的实用性但适用面不广。东南大学蔡晴的博士论文《基于地域的文化景观保护》从文化景观遗产的背景、相关保护理论以及不同类型三个不同的角度论述了文化景观遗产保护的必要性以及与地域文化结合的客观要求，并探讨了在我国文化景观遗产保护与管理的思路[324]。相对而言，国内对于文化景观的设计研究仍落后于西方学界，但文化类型丰富、地域特征明显是我国的特点，也为文化景观遗产研究提供了良好的研究基础；此外，以吴良镛、阮仪三等知名学者为代表的与城市有机更新与旧城保护相关领域的研究以及以上海交通大学、复旦大学、华东师范大学、上海师范大学等高校形成的城市文化研究学派的许多学术思想与研究内容都对城市文化景观遗产研究有较为重要的启示与促进作用。

2.2.2 城市文化景观遗产研究综述

芒福德认为，"未来城市的目标就是充分发展地域文化的和个人的多样性与个性"[5]，乍一看之下似乎有些矛盾，城市的地域文化是通过城市景观的整体表现出来的，这与个体表现存在着规模上的不同，但现代意义中广义景观从小到大的尺度给予了这样的可能性，这也与人们越来越多元化的文化思想以及对景观接受度变化的"见怪不怪"有关，每个人都可以有自己鲜明的文化倾向性，并通过个体或群体分类的表达方式，以文化活动的形式创造着城市景观的组成部分，再汇集形成全新的城市地域文化。城市文化景观设计研究的目标其实并不是探索根本不存在的"更好的景观"，而是发现更适合城市文化艺术环境的景观存在方式，不能只强调如视觉般某个方面的形式主义景观而忽视了人类主体性互动方式。城市景观无疑更多的是文化景观，不同城市通常有不同的特色景观体系，其核心在于建立起基于特色地域文化体系的景观文化生态体系。

联合国峰会上由多国领导人共同认可的《2030年可持续发展议程》重申了文化多样性的重要意义，《世界文化多样性宣言》《保护和促进文化表现形式多样性公约》等国际文件也鼓励文化交流、倡导文化种类大发展，城市显然是达成文化多样性目标的重要阵地。那么，文化景观遗产在其中是否能起到积极作用？城市景观带给人的体验更多是刺激、新奇等，而农业环境的审美体验的中心范畴可以称之为"平凡"的感官体验，用卡尔森的话来说，要放弃对景观独特性的要求，因为这样牺牲了更多的普通景观[163]。众所周知，文化景观遗产是新兴的世界遗产类型，其名录数目的稀少、本身珍稀程度与价值观念的引导都表明了其在城市中"不可多得"的定位，不管其蕴含的文化内容有多少，数量上、类型上的限制使得其在城市文化多样性环境与地域文化发扬中起到的直接作用必然有限，或者说，是不是文化景观遗存基础较好的城市有重视的必要，而别的城市就不一定要那么关注了，我们是否为了营造独一无二的城市景观而牺牲了很多平凡的景观？答案一定是否定的，其实并不存在这样的悖论，这也是文化景观与文化景观遗产概念截然不同的出发点：成为遗产不是城市文化景观评判的唯一标准，不能因此而忽视了其对于城市文化、审美、城市生活的重要作用。因为与城市生活、居民宜居度的高度相关性，有遗存基础的自然应该加以利用，没有的更应积极改善城市文化景观环境，建设发展文化景观本身也是传承城市地域文化、延续城市文脉的高效方式。在现存世界文化景观遗产一家独大的局面下适当发展建立多层级、多点并行，如"国家文化景观遗产""区域文化景观遗产"等多维度、多梯次文化景观认定体系也不失为一种激励方式。

文化景观与城市规划学科所研究的聚居形态与景观风貌有着密切的相关性[326]，城市作为人类社会性聚居的场所，从功能性起源伊始到过分关注既得经济利益的问题频现、备受挫折，再到现代城市精神领域文化软实力凝聚的焕发新生，城市组成的每一个部分都逐渐进入了现代景观学的研究视野。随着历史文化与价值观念的不断变化，城市形态不断发生改变的同时在物质层面形成了越来越坚实的景观基础，也不断地充实着景观投影于人类精神层面的审美意境。理想的城市图景应该是建立于社会形态稳定的基础之上，人类生活有序、工作有度、交通有秩、居住有理、表达有形，文化表现作用于城市地表形成动态演化的城市景观，可以说城市文化景观是城市社会生活作用于城市形态环境而产生的有规律的折中型城市时空状态的载体，这个载体是双方面的，既有物质形态，以城市建筑、街道、绿地等人类为主的活体与物质"死体"所形成的稳定生态系统，又有人类主观印象作用于景观客体并不断反馈的精神世界，甚至还有未知领域，这些要素共同组成了城市的文化景观系统，而文化景观遗产则是城市历史中形成的东西。

城市文化景观与城市文化景观遗产突破了以往历史街区、历史名城的范畴，是从更为广泛的角度、囊括了更多领域内容地研究城市的空间形态与历史文化，其对城市特质的重要性是不言而喻的[225]。这为我们传递了正确的城市文化景观价值导向，对珍稀文物、宝贵遗产、特征景观的保护不应局限于物质客体本身，更重要的是其文化内涵、周边景观与价值观念等信息的传递；主要应保护城市独特的地理特质和生物学特性，这些地质地貌基础决定了城市文化的走向；对文化景观遗产应强化活态遗产保护的概念，充分认识其动态发展特征；作为主体，人们在城市中生活的舒适稳定是文化景观保护与利用的出发点，应加强人与景观的互动发挥联动效应，积极探索人文环境与城市景观的正确关系。在城市无可挑剔地成为人类活动主舞台的时代背景下，文化景观遗产在城市地域空间的成型与效能需要高效的活化。

宁玲等人提出了城市景观系统的属性与结构要素，以虚实空间的结合分析城市景观空间结构，对城市文化景观遗产的景观空间结构构建有指导意义[122]，同时其封面配图——威尼斯圣马可广场文化景观也引发了一些思考：圣马可广场以公爵府、圣马可大教堂、高塔钟楼等建筑著名，因其两侧立面较宽的三层建筑存在，曾有幸亲临此地的笔者在午后感受到了强烈的光影层次感，由高塔、教堂和建筑形成的斑驳有秩的光影效果令人印象深刻，在城市景观广场空间的设计上无疑是十分成功的。对于威尼斯人来说，这里是政治、宗教和传统节日等公共活动的最佳文化中心，但是从中国人传统文化的角度分析这个广场的文化景观效果绝非上佳，这是多方面主客观原因共同造成的：威尼斯四面环水，城市街道几乎被纵横的水网覆盖代替，人们迫切地需要大型集中的公共空间，因此广场只重视建筑与空间却忽视了对国人而言最为重要的人与环境的交互作用，使得单以广场空间而论与其他城市广场区别不大，尤其是在以历史建筑知名、教堂林立的欧洲。这充分说明了文化景观的地域环境催生特征，也部分体现了城市文化景观遗产的地域文化价值观念一定程度上与普世价值在审美偏好、使用途径等方面的冲突。

城市文化与景观空间互动所产生的文化景观遗产是城市精神塑造的重要途径，许多学者对城市中的文化景观遗产都有独到的看法。陆邵明认为，城市物质空间与文化活动事件的历时与共时整合所形成的场所叙事与场所记忆是地域性城市文化永续发展的基础[172]，对普遍存在于保护名录之外的充满城市记忆与地域文化认同归属感的历史性场所，即尚未成为但有潜力成为文化景观遗产的城市文化景观资源应持充分肯定与积极重视的态度[173]；邓春鹤等人以哈尔滨为例，认为对城市文化景观遗产应采取由"点"到"面"的整体性保护模式、"节制性开发"与"品牌化"的保护模式，并重视其申报工作[223]，遗憾的是并未对哈尔滨现有文化景观资源做出较客观合理的价值评估；高莹等人认为，保护"老字号"的老文化品牌对于提升城市文化景观品质很有效果，将老字号蕴藏的文化元素转译到景观实体要素也可拓展城市文化景观遗产的深度[106]；陈宇飞提出，在城市化时代城市文化景观遗产需要重新定位自身价值与意义，重视其审美与生态价值，一旦无法适应现有城市环境就会成为新文化发展的阻碍[103]，这样的说法有些极端，因为成为城市文化景观遗产的历史文化资源都有其独特的长时性历史发展观念，有良好的地域文化背景，能够在很大程度上适应时代的变迁，即使因文化过时而故步自封、因循守旧，最多是与新兴文化分庭抗礼，与文化景观遗产本身以及其所倡导的文化种类关系不大，关键还是在于对文化的宣扬与引导。

国外城市文化景观遗产研究可谓五花八门。在欧洲，过去人们更为在乎城市遗产的经济功能及其在现代社会多种多样的利用方式，但这同时也对文化景观遗产的品质造成了损害，如今其与农业、旅游、文教类的结合更多，人们的需求要与城市文化景观遗产本身的规模相对应，同时鼓励更多的互动和深入的理解[269]。在城市遗产的损耗方面，Xiaoling Zhang等以杭州西湖这样典型的城市文化景观遗产为例研究其保护与开放利用二者间的平衡，认为在城市中，文化景观遗产越受关注和利用，其损失也就越来越大，因此在城市中对文化景观遗产的最佳保存式利用方法是将大部分区域开放给公众的同时充分挖掘利用小部分区域的商业价值，这样可以在很大程度上实现财政收入与公民满意度的平衡[267]；城市不受控制的增长所固有的一个主要问题是对脆弱文化以及生态遗产的威胁，由于环境损耗和景观退化等因素这种威胁可能升级为永久性不可逆转的破坏[270]。文化景观遗产的跨文化比较研究中，多种针对受众的研究观点被一一列出：相似、相关的文化种类带给城市景观的远比不同文化氛围带来的多，也更受关注；有和没有人造物在景观中给人带来的体验是完全不同的；不同文化背景的人对文化景观的看法是不同的，关注点与侧重点都不一样；不同的价值体系可能在不同的文化中普遍存在于高价值景观的其他美学和功利属性之上[264]；景观美取决于人们赋予景观的特征含义，也就是说在某种意义上，景观审美是被学习的能力，随着熟悉度的不同，所能观测出的景观美感程度也不同[272]。Anna Tengberg等用时间与空间矩阵的方法衡量城市景观价值，将景观价值与产业经济利益挂钩，描述出直接与非直接的驱动因子[273]；Carruthers Jane对遗址类城市文化景观遗产碑文所涉及的当代和历史问题进行了深入研究，认为遗址的价值不是不言而喻的，而是文化建构的，将文化驱动力视作城市文化景观遗产的关键[288]；John Pendlebury等人对世界遗产在城市中所面临的真实性问题提出了质疑，认为许多评判原则在动态与异构的城市系统背景下都会不自主地发生变化[287]，也就是说城市文化景观遗产存在着许多城市环境下的自主性原则；Christopher Tweed等提出，小型城市景观的文化要素也是不能忽视的，无论是保护物还是保护区似乎都忽视了对如街道图案等小型甚至无形城市文化遗产的保护与利用，但正是这些特征赋予了一个城市独特的个性，并提供了一种归属感，而这种归属感正是文化认同的核心[286]，为城市文化景观遗产文化元素的景观化表达提供了理论依据。Sirisrisak T.等人对城市中文化景观的分类中表明，只有城市历史性景观与工业/现代景观可以被算作城市文化景观[289]，这是以片面的静态眼光与停留在历史阶段中的不变眼光看待城市文化景观遗产，忽视了城市文化景观与文化景观遗产独特的动态景观要素；城市景观因为街道、交通以及行人参与等景观构成要素的存在而体现出了易于常态的动态特征，以"动"与"静"双方面的丰富属性展现出城市文化景观"文化溯源"与"时代流动"特点，如果建筑为景观模块而主"静"，那么街道就是景观条带而主"动"，动静两相宜中组成了城市文化景观丰富的各种截面。

2.3 景观文化研究述评

2.3.1 文化景观与城市文化

全球化时代文化是综合国力竞争的重要影响因素，也是国家争夺发展制高点和话语权的关键所在，近代以前中国一直是世界强国之一，中华民族的优秀文化也向来是世界各国向往与学习的对象，中国文化曾多次对西方产生过重大影响。但在工业革命之后，机械生产的标准化产品对传统手工业形成强烈冲击，在这股洪流面前，中国崇尚自然和谐、以"天人合一"为道的手工产品似乎失去了竞争力。并且由于鸦片战争之后中国国力式微，中国文化也在世界舞台上显得黯淡，尤其是近年来一味地盲从西方的设计道路，我国越来越缺乏设计创新的能力，甚至出现了"世界设计，中国制造"的局面。文化与设计创新的能力不仅仅是关乎一个行业的兴衰，更是关乎国家综合国力的强弱。城市因其广袤的范围与相对发达程度在当今世界扮演着越来越重要的地位，《美国大城市的生与死》里简·雅各布斯尖锐地提出，从20世纪开始弥漫于西方城市建设理念中的以物质空间为主导的规划设计方法论无法从解决城市问题、实现居民需求的现实角度出发来规划设计城市，而是一味追求营造城市的相对立形态，用所谓的"田园城市"理论来构建不切实际的城市环境，以期达到理论中城市的幻想形态，误认为一套理论、一个优美的城市图案和空间设计就可以解决任何在城市中发生的实践问题，城市规划过程被认为是一个纯技术的过程[47]；芒福德城市有机生态系统的理念也认为，应摒弃冰冷的图纸作业，而是科学性地引入社会调查方法，让城市文化更多地参与到城市决策中来，这可以被视为城市景观文化元素提取以及审美偏好研究的理论基础。实际上，把历史追溯和逻辑分析结合起来，可得出"城市本质是文化"的基本命题，一方面，它浓缩了人类思想史上关于城市的理性思考和探索的精华，个体生命在城市空间中生存的价值与意义，构成了一个审判和评价城市发展的最高尺度；另一方面，城市的文化本质正逐渐成为当代世界城市化的主流和大趋势[81]，发展至今的城市文化类型早已不是能用"经济型""审美型"等简单的名词概括得了的，而是更为复杂全面的概念。

自从大城市与特大城市所暴露出来的城市问题备受关注之后，对城市生活质量的重视就成为了非常现实的问题，为了达成优化城市环境、提升城市品质的目的，城市景观与城市文化分别以直接而见效显著与间接而收益长远的两种模式改善着城市发展的方向。在城市文化研究层面，这样的表现是城市文化发展研究从美国式向欧洲式的转变，国内国外都是如此；而国内以《杭州宣言》作为拐点标志着中国城市文化发展的转型，从追求高速发展的粗犷模式"向内转"而追求创新与生态环境的和谐发展。得益于这样的发展态势，传统学科在新时代背景下也迎来了转型与升级，西方环境美学与中国生态美学开始复苏并重新步向繁荣，经济学幸福指数对于文化、人性化的追求也逐渐显现[79]。这些新时代的城市发展现象都可以通过将城市文化发展融合于城市景观建设之中、为城市景观注入文化元素、把城市景观要素打入文化氛围萦绕的城市精神环境里来实现。

将文化与景观完美融合的文化景观早已悄然出现在各大城市之中而响彻宇内，法国巴黎的卢浮宫、凡尔赛宫，国内北京颐和园、南京中山陵、上海豫园等，都不仅仅是拥有着悠久的历史，而是把在聚居于城市中人们的生活点滴都以文化记录的形式保存于既定的城市景观之中，并随着城市与时代的发展不断更新自身内容。而随着世界的连通，世界城市的特质性要求也使许多独一无二的城市文化景观愈发突显出它们的魅力，对于所在区域而言，它们毋庸置疑地都是前人为城市留下的宝贵遗产，是否能命名为"文化景观遗产"只是有没有录入名录而已，保护文化景观遗产、发展文化景观遗产、让文化景观遗产为城市所用已成为最为热门而一举多得的城市文化事件，其载体便是城市景观，发展城市文化景观已成大势所趋。2010年上海世博会与2015年米兰世博会上展出的各国主题馆绝大多数都将最具国家文化特色的元素符号运用到了建筑景观之中，辅之以馆侧的景观小品、植被点缀与馆内的各式小景，充分向世界展示了各个国家的文化形象，2010年中国馆集合中国元素和时代精神与多视角设计理念的独栋地标建筑的鼎式景观甚至使世博园成为了上海城市景观的重要一隅，2015米兰中国馆"乘风破浪"的建筑造型与照壁进深的庭院设计理念让崛起的中国文化展现出了屹立于世界之巅的大气，而米兰世博会一条大道横轴、场馆分置两边的布置规划更是契合了城市街道景观的精髓。2014年竣工的北京日出东方凯宾斯基酒店以生态和谐理念探寻中国本土设计，以"天人合一"的思想为设计理念创造出与山水共生的独特建筑形态（匡晓明，2015年）；民国时期中国环境艺术设计在新时代的文化意义（汪建松，2017年）；对海棠公社住宅、苏州独墅湖别墅等中国当代建筑及景观中东方文化的探索（韩文强，2016年；琚宾，2013年；方振宁，2011年）都是城市文化与景观设计结合趋势的学术研究体现。

从景观学理论视角出发，凯文·林奇提出的"城市意象"[49]理念与城市景观理念最为接近。抽象层面上，"城市意象"概念类似于人们对城市的印象，强调画面感与感官要素，是活跃于人们脑海中的城市文化形象，这与现代景观学景观形象概念是一致的；具象层面上，"城市感知"意象要素的物质形态囊括了城市的道路、边界、区域、节点和标志物物种关键性要素，也覆盖了城市景观的主要方面，其对点状标志物的强调与地标景观的思想不谋而合。简·雅各布斯提出

"街道伦理"的观念，认为聚集而亲密的社会模式才是城市应有的文化氛围[47]；芦原义信也在《街道的美学》中运用格式塔心理学原理分析了多个国家的街道与广场空间构成，结合人的活动和心理、生理需求阐述了街道构成、高宽比等美学原则[50]，强调了街道等城市公共空间对人文交流的重要性，突出了其美学价值和社会生活价值。这样的城市景观空间分析原理正是在城市景观环境设计中逐渐加入文化要素，从而生成依附于城市场所空间之上城市文脉的基础。在精神层面作用于人类意识形态的城市文化与在物质存在中确实可控的城市构筑物因为人类感知的文化思想与兼顾现实和精神双重属性的景观意象在城市领域产生了交融。景观作为城市景象的设计与创造，在审美意义上经历了微妙的变化，第一个变化来源于文艺复兴时期对乡村土地的贪欲，即景观作为城市的延伸；其二则来源于工业革命中后期对城市的恐惧和憎恶，即景观作为对工业城市的对抗[157]。从西方城市审美理念来看，外有城郭、内里有序的几何图式景观是早期城市的理想景观模式，而现代主义引人烦扰之后人性化、艺术化、个性化的后现代城市景观充满无限人文主义可能，甚至巴洛克式、哥特式等饱含文化意味的古典、半古典景观装饰风格都得以二次复兴。

在一定意义上，城市本身即可被视为是一种文化现象。城市植根于人类社会一定时期的价值信念、伦理道德、风俗习惯以及意识形态等文化土壤之中，同时城市又是特定文化的表现形式以及文明人类的自然生息地，因此城市从一开始就是物质文明与精神文明的结合，是人类文化的集中体现，代表和外显人类社会的发展进程[326]。城市景观形态与城市文化内涵是相辅相成地向前发展的，人类生产并累积起城市的物质基础，过程即为文化活动，结果就是城市景观形态，景观意象通过感官映入人类思想，再通过意识形态与思维过程形成新的文化，重新指导人类文化活动。因此城市景观的物质形态是人类城市社会文化的最终结果，城市文化的精神层面内涵则是一切物质存在的最终归宿，这是一个不断平衡、协调并循环的过程（图5）。

2.3.2 文化景观与地域文化

文化景观的概念是文化与景观双重概念结合而生的全新产物，而因为景观物质存在的空间限制，脱胎于"地景"地理地貌概念、以自然景观为基础的文化景观因其地域载体的表象外显性也有着鲜明的地域特点，因此地域文化对景观的影响不可谓不大。即使随着科技的日新月异，许多代表性景观构成物可以"长途跋涉"地出现在千万里之外，稍稍打破地域性限制的壁垒，但萦绕于其间饱含生活习惯与智慧的文化风俗却不是容易迁徙的。

文化景观先驱索尔是基于文化地理学概念提出了文化景观的理念，强调区域

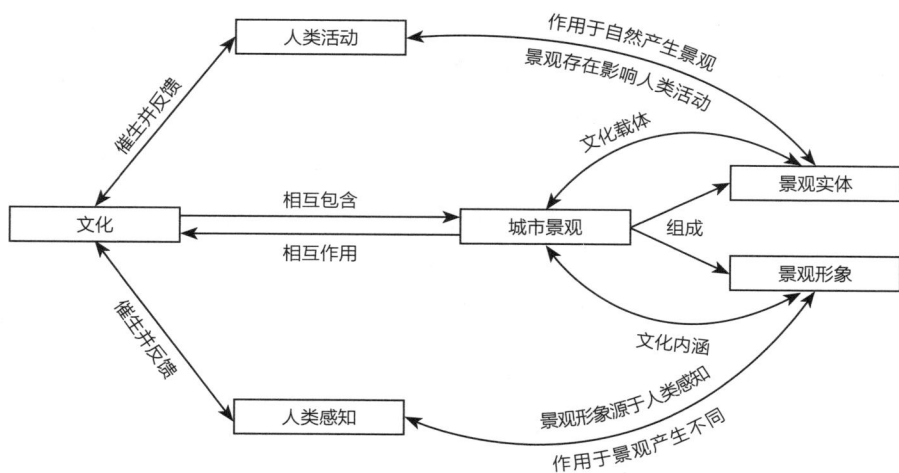

图5　"文化—景观"循环共生关系图

差异影响下不同地域范围内地理景观的差异性原理，因此地域差异、地域文化差异可以被视为文化景观的基本属性。但也正因如此，地域文化很大程度上被默认为文化景观的本身属性而不受重视，地域烙印本身在文化景观中特点也太过于鲜明，从地理学角度解释文化景观的研究固然较多，真正较为全面地从地域文化角度研究文化景观构成要素的却是少数，即使名为《基于地域的文化景观保护》的博士论文[324]也只是以"保护区"概念为地域空间界限，阐释了从文化景观本体保护到保护区再到区间保护扩展的扩大化文化景观保护发展历程，是基于"地域"而非"地域文化"，纵使其中细水长流般将地域景观见解散布于各个章节之中，但依然未能构成地域文化角度的文化景观分析。

我国现代人文地理学奠基人李旭旦认为，"文化景观是地球表面文化现象的复合体，它反映了一个地区的地理特征"。文化景观形成与发展和地区的自然环境、发展历史息息相关，具有典型的区域特征，它们存在于连续的时空中，由于这样的区域特征，文化景观遗产保护由局部点状斑块向区域性文脉整体保护发生转变[110]的同时也印证了文化景观遗产受地域文化笼罩并辐射区域的特点。从文化的基本概念出发，张凤琦认为，地域文化是特定区域内人们行为模式的总和，其内涵分为物质层面、哲学层面和制度层面，由特定区域的地理环境、人们的生产方式和社会生活方式以及历史文化传统决定[108]，略显冗余，地域文化不能简单地以文化层面认知，而应与景观相结合，注重物质存在与精神实质、自然环境与人文活动、行为反应与思维感想的多组并列、两相兼顾。在传统地方性认知中大多存在以建筑为传统地域文化景观的核心，忽视传统地域景观在土地利用、水资源利用方式和居住模式上的独特地域文化特征，因而也就容易忽视对周边与生活空间紧密联系的生产空间的景观延续[111]；传统地域文化景观可被分解为地方性环境、地方性知识和地方性物质空间3个方面，并以建筑与聚落、土地利用肌理、水利用方式、地方性群落文化和居住模式5个方面为核心环节[109]。王纪武认为，地域文化是随着城市化进程而逐步受到学界重视和研究的一种文化形态[326]，这样的说法关注到了城市发展对传播发扬地域文化所起到的积极作用，但部分否定了地域文化在乡村的极端影响力，不尽正确。

陈娟等人提出，景观的地域性是指在一定的时空范围内，某一地域内的景观因受其所在地域的自然条件、地域文化、历史背景等因素的特定关联而表现出来的有别于其他地域的特性，包含了自然环境与地区文脉两个方面[124]。地域文化景观反映该地域文化体系的地理单元特征，同时遗产性文化景观揭示传统文化在空间上传承与形制叠加的人文地理性。有学者认为，地域文化发展中表现出较强的形态上的稳定性、历史发展上的传承性和文化外观上的独特性[121]。如果说差异性是地域文化成立的基础，那么动态发展过程可以被视为主要特征之一，在强调区域交流的现在，不断变化的现代文化活动也会在成为"曾经"的过程中形成独特的新地域文化，当代的地域文化与现代社会发展是与时俱进的，以差异为基础、重视相互交流与新文化种类的生存状态是地域文化立足的根本，也是以地域文化为核心的地域文化景观不断演进的关键。

在硕、博士论文中，研究者们通常倾向于从与地域文化相关的经典理论流派入手分析地域文化与景观的相互关系。吴良镛提出，"所谓地域，既是一个独立的文化单元，也是一个经济载体，更是一个人文区域，每一个区域每一个城市都存在着深层次的文化差异……"。杨鑫、陈娟与王理阅等人认为，地域性不同于添加了政治与霸权因素的地域主义或地区主义，是人生存的自然环境与生俱来的特性；他们都总结了芒福德、弗兰普顿等学者研究的地域主义批判思想及其对景观地域文化研究的意义[336, 338, 339]。张川、王理阅从地域文化与场所精神的关系角度探讨了优秀地域文化对催生场所精神的重要作用，张川认为地域文化主要反映在对自然环境的利用以及对传统建筑的借鉴方面[337, 338]；季蕾也认为景观的地域文化体现在对自然的尊重[341]；王理阅从景观小品的色彩、造型、材料、符号等方面探讨了地域文化精神在景观小品中的展现[338]；郭希彦则总结归纳了地域文化景观的设计流程，通过对地域文化素材的收集、整理和提炼将其转换为设计符号运用到景观设计中[335]。

从某种意义上来说，文化景观与文化景观遗产虽然是属于全人类的财富而无国界的，但文化景观都是有其清晰地域属性的。地域文化可以被认为是迎合地域环境特色而适应生活的范围内所有人类活动的总和，地域文化景观作为地域文化的载体，不仅表现在其形态的难以复制，也表现在其生成原理的地域特点与维持运营上的难易程度差别，虽因珍稀程度、文化价值、指导纪念意义等普世价值的多寡而存在是否名列"文化景观遗产"名录的分水岭，但对于每一个确定的地区来说，地域文化所包含的文化体系、地域环境与不同人类群体共同作用产生的文化遗存景观，在无论是物质特性、功能补足，还是地域文化精神、景观审美导向等方面都无可取代。对于景观来说，文化的地域性有多少种，景观就在其排列组合的基础上至少有多少种体现形态。

2.3.3　景观中的文化DNA

在无论是新闻、报纸、期刊还是学术研究中，"文化DNA"都不是一个令人陌生的名词，多用于指代有显著价值而代代相传的传统文化精髓。相关研究视核心概念的不同可分为"文化DNA"与"文化基因"两类。

文化DNA研究方面，刘振平认为非物质文化遗产就是民族精神的DNA[232]，在定义上将两个概念等同了起来，略显狭窄但在媒体使用上十分常见，如"东方设计是对中国传统美学的回望和提纯，诸如天人合一、小中见大、舍形取神、空灵、含蓄、隽雅、雄浑、静中寓动、大巧若拙、逸格等中国气质，是其东方设计应有的DNA，传统符号和古典意象也成为其灵感来源之一"[360]，"四种校园文化精神构成了厦大个性校园文化 DNA"[356]等。李岳坤在其硕士论文中将传统图案、传统思想作为"文化DNA"应用于景观设计之中，探讨了现代城市景观中传统文化DNA转译为景观要素的可能性[333]，但对传统文化DNA本身的解释较为笼统，理论性探索略有欠缺。在企业文化方面，周晖和彭星闾将企业家、企业机制、技术和文化假定为企业DNA的四个碱基，从文化提高了企业的代理效率与技术效率的角度得出企业文化应是企业DNA的组成部分的论断[230]；颜爱民在此基础上生物学原理为基准，建立起了企业文化的文化DNA模型，对国外将基因等生物学上与DNA相关的理论引入到经济学、企业管理等领域，认为DNA对将企业文化这种抽象的管理思想转化为具体形象化的"文化基因"意义重大，并从遗传和变异等角度探讨了企业文化DNA的发展，有较强的跨领域结合借鉴意义[230, 231]。

文化与景观基因研究方面，刘沛林研究团队在20世纪90年代提出了"景观基因"概念，其基本观点是，景观基因在不同区域的聚落文化景观中发挥着区别于其他文化景观的作用，地域文化景观以此为单位而遗传和变异，在文化景观的形成与识别等过程中起决定作用。结合景观信息传播与景观基因理论建立起了景观基因、景观信息元、景观信息点、景观信息廊道共同构成的景观信息链框架[112]；以古城镇为研究对象构建起"胞—链—形"的景观基因结构，分别对应古城镇景观要素的景观基本单元、景观联接通道和景观整体形态，并以图示直观表达其相关内容[114]；以客家族文化景观为例，根据景观基因理念，借助聚落形态学的方法与地学原则，从民居特征、布局形态、主体性公共建筑、参照性环境因子、客家装饰、建筑脸面、建筑色彩、墙头造型等方面识别出客家传统聚落的景观基因特征，对景观基因的原则、分类、表现、识别加以阐释[113]；申秀英等人也从原则、内外因、方式、特性等方面探索传统聚落景观基因的表现形式，寻找传统聚落景观基因的识别方法，讨论传统聚落景观基因的提取方式，建立了基因图谱[115, 116]；以景观基因为核心，在各式分类研究中不断完善景观基因的系统理论。王兴中等人基于景观基因理论，尝试将聚落与聚落周边环境的古代文化布置习惯生物化、基因化[119]，构建起了较为完整的古代文化基因图解，有较强的理论与实践指导意义，但关注重点较为偏重在建筑的范畴，除古风水与古建筑互动的文化基因外对于聚落形态、土地利用类型的另外两块内容略显不足。

2.4 景观审美研究述评

2.4.1 中西方文化审美差异、人与自然关系的探讨

曾担任国家文物局局长的单霁翔在其著作《走进文化景观的世界》一书中提出，文化景观可以被认为是人类与自然因持续性交互影响创造出的延续性关联状态，反映了人类与自然和谐进化的历程[1]，因此文化景观概念的提出标志着文化遗产保护的重大发展。

诚然，以"延续性关联状态"来形容文化景观这一刻画了自然与人类双重印记的文化遗产种类是十分贴切的。然而，文化景观是否能够代表人类与自然和谐进化的历程，甚至人类与自然间是否一直是和谐共处的关系，自古以来就一直存在着多种疑问。

由于地域环境与文化氛围的不同，在不同环境下成长的人会有特定的固有印象，在某种程度上这印象与文化素养是相等同的。在我国，最广为人知的自然观念莫过于儒家、心学等共同倡导的"天人合一"理念，在绝大部分时间、绝大部分领域"天人合一"思想都被视为是对我国文化中对人与自然关系最好的概括，这也被许多中国文化元素的代表作品所不断证明着，追求户主居住环境与自然环境良好契合而不断出口的苏州园林、世界自然遗产的不断申报成功、日益受欢迎的城市绿地等无疑都能体现出"天人合一"的思想精髓；但讽刺的是，近年来一

味追求经济发展的粗放式发展模式却极大地破坏了我国的自然环境。

相反的，欧美典型西方文化对于"人权""人本"的强调以及对人类技艺的自豪感总给人一种强调人力、"人定胜天"的印象。法国巴黎凡尔赛宫方正的建筑设计与规整修剪的几何式对称园林令人感慨皇家园林的大气恢宏与人力转圜，意大利米兰的米兰大教堂高耸入云直插天际的哥特式尖顶令人望而生畏，甚至美国国家公园管理署对文化景观"历史遗址景观""历史设计的景观""历史乡土景观""人种史景观"的几大分类也充分表明了人类在景观设计活动中的主观能动性（图6见文后彩插）。就像我国古代对于木结构的青睐、西方建筑对于石材的情有独钟，材质选取的不同在一定程度上体现了文化的差异，石材的坚固使建筑结构宏大方正，材质的光滑与冰冽、宗教建筑的高度部分体现了古代西方"神权至上"的高高在上的宗教思想，木材质的高可塑性与结构多变则体现着东方文化的亲民性，也不像巴洛克石材的被过分雕琢而保持着树木参天直立的基本形态。

但实际上，世间的事物都有其多面性，再为冷冽的石材也有精致的浮雕与多种多样的装饰物为其增添人情味，我国古代的皇家大立柱也足够庄严肃穆。历史的洪流早已向人们展示了一切可能发生的变化，设计史上出现过的艺术与手工艺运动、国际风格、功能与形式的争论等多个里程碑式事件充分说明了设计发展过程中人们对设计思想的不断反思与进步；而破坏环境、滥用资源的问题在发达国家的发展史中也并不鲜见，党的十八大以来发展精神文明、生态文明的思想逐渐主流也说明了我国复兴之路正稳步迈进。中国艺术理想追求的是人与自然、与天地的"心理和谐"，而西方则表现在对各要素之间的"形式和谐"的追求，中西方的艺术差异是从环境背景—艺术想象—艺术理想三个方面层层进深。西方文化产业的影响、消费社会带来的景观商品化和后现代主义对感官美学的推崇引发人们视觉范式转变，具体表现在视觉关注结构上从重内容向重形式，视觉行为形态上由理性静观向感性动观，视觉审美品位上由追求意象美向冲击美的转变三方面。

由我国古代开始，对人与自然的复杂关系学者们就从没有停止过求索探寻，其中所映射出的思想内涵值得文化景观领域借鉴，刨除最广为人知而老生常谈的"天人合一"之外，春秋战国时期两位著名的思想家荀子与庄子的自然观对文化景观研究很有启发意义（图7）。

荀子是公认的继孔、孟之后的又一位儒学大师，但与许多文献中将其思想与早期儒家思想等同相反，正如他所倡导的"性恶论"与"性善论"的对立一般，荀子对孔、孟"死生有命，富贵在天"的"天人合一"唯心主义"天命论"提出了较为尖锐的批判[17]，更为难得的是，荀子有选择性地吸收了其他流派学说的思想，做到了在视角、理论上的推陈出新，至于是否是去芜存菁就仁者见仁智者见智了。

总体趋势分析

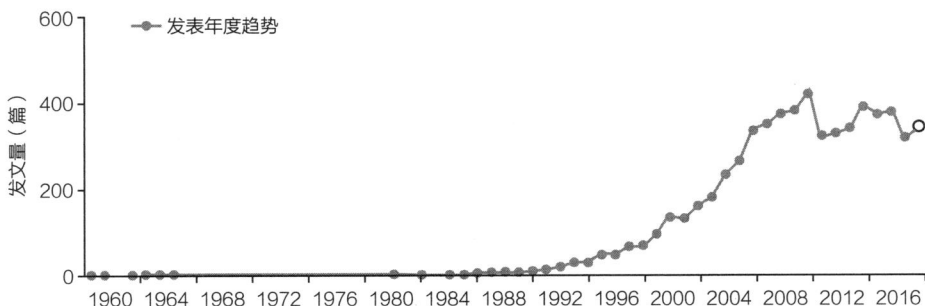

数据来源：文献总数：6033篇；检索条件：(主题=天人合一 或者 题名=天人合一)(模糊匹配)，专辑导航：全部；
数据库：文献 跨库检索

图7 以"天人合一"为主题的文献检索结果
（来源：中国知网）

　　荀子的自然观念大致可以被概括为"天行有常""天人之分"与"治乱非天也"三个方面。"天行有常，不为尧存，不为桀亡"[①]是说，自然界的天之道有自身的运行规律，并不因为尧舜一般贤明的人类帝王而存在，也不为桀纣一般昏庸的君主而覆灭；"天地合而万物生，阴阳接而变化起"是说，天与地一同组成了世界，配合生成了世间万物，"阴"与"阳"这象征着万物两面性的元素相接而使得各种变化得以产生。这使人们相信，荀子所持有的是较为朴素的唯物主义自然观念[91]，认为"天"就是客观存在的自然界，"不为而成，不求而得，夫是之谓天职"，这些生成与变化没有意义与目的，自然地遵循自身的规则与功能，荀子"天行有常"的自然观念是中国思想史上较早地与"天命神学"所相对立的唯物主义客观思想，对人们认识自然有极其重大的意义。

　　"天人之分"一直是荀子思想中充满争议的内容，从字面上来看，荀子强调的"天人之分"与儒家经典天人关系论"天人合一"是存在着巨大分歧的。然而，随着研究的深入，对古代思想的解读也出现了越来越多不同的声音，陈业新提出了对"天人合一"思想的重新思考，认为"天人合一"论与"人与自然的和谐"没有必然关系[95]；晁福林也提出，"荀子天论思想中的'天人之分'指的是天与人各自的职分、名分，并不含有'天人相分'之义"[89]。实际上，荀子"天人之分"的思想只是从承认客观规律性的角度出发，清楚地认识到了自然界和人类社会各自的规律与清晰的界限。"强本而节用，则天不能贫"，加强自身的技艺和本钱，那么上天也不能使他贫穷，说明天不能左右富贵；"养备而动时，则天不能病"，好好休养、做好储备、因时而动，那么上天也不能令人生病，说明天不能左右疾病；如此种种，不一而足。"天有其时、地有其财、人有其治"体现

① 本节中有关荀子的文言文原文均引自中华书局2015版《荀子》，详见参考文献[17]。

了荀子自然观一切理念的基础是天人之分，天有时节之变，地有财富之丰，人有治世之能，只是单纯地强调自然与人类相对独立的"分"这一客观事实，但同时也以"舍其所以参而愿其所参，则惑矣""圣人备齐天养，顺其天政，养其天情"等内容说明了人与自然的紧密联系与互相适应，这与儒家经典著作《论语·颜渊》中的"生死有命，富贵在天"形成了鲜明的对比，也突出体现在了"天能生物，不能辨物，地能载人，不能治人"等内容中，因此荀子认为，万物生与人类起是自然规律所致，但治理万物和管理人类的则是有为之人，即人类自己，在"先有鸡还是先有蛋"的问题上阐明了天即自然的功能，在"谁是万物主宰"的话题上隐晦却霸气地体现出了人类在自然界独一无二的地位，实际上隐隐透出了"人定胜天"理论的雏形。

"治乱非天也"思想的产生十分自然。荀子首先认为，"星之队，木之鸣，是天地之变，阴阳之化，物之罕至者也，怪之可也，而畏之非也"，自然界中的变化即便少见，觉得奇怪是可以的，害怕则是不对的，这里所透露出的不仅仅是不用畏惧自然，更多的应该是鼓励人们对自然条件加以利用。荀子虽然承认自然界的存在不以人的主观意志为转移，却并不认为人类无力改变自然，这一点与庄子延续了道家特色的"清静无为"思想是有本质区别的。"大天而思之，孰与用物畜而制之？从天而颂之，孰与制天命而用之？"与其一味尊崇上天而远观敬慕，与其顺应天意歌功颂德，又何如控制它、掌握它、使用它、改变它呢！

从某种意义上来说，这种敢于发现自然规律而充分合理利用它的思想正是现今文物保护界所较为缺乏的声音，在上述荀子的自然观基础上分析景观与文化景观是大有可为的。就"景观"一词"景色以观之"本身的含义而言，自然景观始终是景观的重要组成部分，在城市中也仍然如此，它代表着人们对于美好生活环境的向往；文化景观中，因为人为而产生文化，但文化活动产生的景观是以自然为基础演化而来的，自然是相对客观而遵循自我规律的，因此掌握人们适应并合理利用自然景观的规律对景观学研究有莫大的意义。

而庄子的自然观延续、强化并突出了道家思想中无为而消极的特色，《庄子》秋水篇中的"无以人灭天、无以故灭命、无以得殉名"[1]是该思想的集中体现，不应该简单地以人类的意志来毁灭事物的天然性，不应该以事件的偶然来毁灭事物的自然规律，不应该为了一时的得失而牺牲长远的清名；原文中，上下文的大意为，一切事物都会自发地、自然地产生变化，任何无谓的人为改变都是不必要的。如果相对较为客观公正地评述这句话，这更多的是一种提醒与训诫，本意是警醒世人谨做选择、慎于改变，倡导以不变应万变的中庸之道，也符合庄子的道家代表性思想。但问题在于，消极与无为从来不是，也不可能是人类社会不断进

① 本节中有关庄子的文言文原文均引自中华书局香港有限公司2015版《庄子补正》，详见参考文献[18]。

步的动力，这种思想在很大程度上会限制住了人类的创造性与自我突破，远到古代南宋的偏安一隅，近到清朝闭关锁国，实际到遗产破坏的不作为与遗产盲目保护，未经深度解读的无为思想都有百害而无一利。虽然道家一贯对"无为"概念秉持"并非消极避世，而是经过学习与思考，顺应时势而不改变自然趋势"的解读，但不可否认，绝大部分人、绝大部分领域对中庸、无为的理解很容易仅限于字面意义所表现出的消极思想。

历史早已证明，文化景观的诞生与演进是一个漫长的过程，在此过程中，虽然不可避免地出现了如《庄子·马蹄篇》中所述一般，"及至伯乐，曰：我善治马。烧之，剔之，刻之，雒之""马之死者十二三矣"，代表人类错误选择的文化景观不胜枚举，然而正是在不断地探索中，关于文化景观的知识才能不断累积，正如迪士尼公司创始人华特·迪士尼所说，"我们赖以生存和教导我们后代的东西，我们的传统和理想、我们的准则和标准，它们是存续还是湮灭取决于我们思想与情感交流的自由度"，唯有实践出真知，对与文化景观的探索不应因畏惧而停滞不前。"昨日山中之木以不材得终其天年，今主人之雁，以不材死""周将处乎材与不材之间"，文化景观遗产保护与利用的度是十分重要的，但如果始终"无为"，人们与自然互不相犯，许多经典的文化景观将不复存在，即使这样泾渭分明、相映成趣的画面也算是一副独特的文化景观，但如此而行，促进人类社会发展的文化活动也必然受阻。那么还是回到秋水篇所述，"可以言论者，物之粗也，可以意致者，物之精也。""为物赋予人情"正是文化景观遗产的精髓，即使文化所创造的景观很多，赋之以情而突出者稀，对文化景观与文化景观遗产的不懈造就、对其所蕴含文化精髓的不懈探索才是人类创造文化景观应遵循的"道"。

2.4.2　景观审美思想与审美测量

2.4.2.1　景观审美思想

当景观学成为一门新兴学科之后，其与风景园林藕断丝连的关系以及自身的艺术成分就决定了景观审美的重要地位。在景观审美思想方面，国内的研究文献分别从三个方面提供了对景观审美的不同解读。第一个方面是从景观或其审美思想的基础含义出发谈景观审美，正如李泽厚在著作《美的历程》中对我国古典文化艺术活动及生成作品"有意味形式"的分析一般[41]，通过对景观基础属性、景观文化内涵的分析我们可以得到一种美的客观规律；俞孔坚从四个层面探讨的景观含义中，第一个层面就是将景观作为视觉审美的对象，从景观的栖居地含义、景观所体现的人与人和人与自然的关系以及景观内在人的生活体验角度出发，系统地解析了景观"外在人眼中的景象"的审美含义；周武忠则以景观学科的基础构成视角，认为应该从农学（Agriculture）、建筑学（Architecture）、艺术学

（Art）的"3A"构成体系出发研究景观学的历史理论基础与未来发展方向，景观艺术批评与审美研究自然是其中重要的组成部分[171, 291]；还有学者以某种景观类型为研究对象剖析其审美要素，如陈鑫峰对森林景观形态美层次自然美、社会美和艺术美，认识层次形式美和意境美，欣赏对象层次的细部美、个体美、林分美和整体格局美，观赏对象俯视景美、仰视景美、平视景美和侧视景美，观赏空间距离层次内景美、近景美、中景美和远景美的剖析，虽各种层次分类略有重叠而稍显杂乱，但为景观审美研究的多视角、多领域研究提供了思路[155]；赵爱华也认为园林植物景观审美有形式美与意境美之分[166]，构景要素与拟人化的意境美对营造典型的景观美感帮助较大。王保忠等人关于景观资源美学理论的评价较为全面，阐述了审美心理学机制和审美途径，讨论了景观审美的国外重要理论，研究了景观评价方法的四大学派两大阵营，认为在未来的景观审美理论与实践发展中，关注生态、注重量化、重视文化会是主要的发展趋势[160]。

第二个方面是与规划相结合研究景观审美，在景观规划中，对审美领域的重视远远不如环境质量，但实际上景观审美在规划中的比重直接影响了民众对景观的观感，我国独特的景观资源、文化传统和政治制度使相应的景观审美理念也自成特色，有着良好的民众基础[159]。森林景观规划中的森林景观审美依然是研究中的一个重要方面，森林美学思想的萌芽可以追溯到18世纪初的德国，以英式园林艺术为开端使得巴洛克时代园林和景观建设中偏好的和常用的地貌形式和造型逐渐被自然形式所取代，风景式园林的自然审美倾向引起了人们对森林美的注意[165]，园林景观因为其本身园林"第二自然"的属性，亲近自然、模仿自然是景观规划中的审美常态，其中的一些规划内容充分体现了景观审美的作用。

第三个方面的研究更为具体，多与产业或实际应用相结合研究景观审美的实用性。彭华认为，旅游地的开发应从文化与景观审美的角度将文化与景观结合起来，注重自然景观的科学内涵发掘与自然景观的美学内涵发掘[153]，将文化与自然两个维度相结合分析旅游文化景观审美，旅游开发应当注意审美的需要，发掘有助于审美的要素并予以审美引导。农业景观中，对农业景观的审美是存在功利性的[163]，生产性因为农业的基本属性所以尤为突出，由此而来的农业景观功能性审美具有较强的倾向性，功能与审美虽然一直是设计界上讨论较多的问题，但是其实界限不是那么清楚，因功能性而产生的表现美也不在少数，会引发人们对功能审美是否矫枉过正的思考。

国外研究中，景观审美研究基于如柏拉图主义、康德学说、移情论、格式塔学派、马克思美学理论、Appleton理论等重要理论发展出了专家学派、心理物理学派、认知学派、经验学派、景观环境科学及景园文化四大学派两大阵营的研究格局[160]，更偏重于对两个主流评判方法的研究，即专家评判法与公众调查法，前者依赖专家基于专业素养的偏客观评判，后者的理论基础是实验心理学，以景观中的刺激物引起受众反馈并进行量化测量，主要的三种研究模式是心理物理模式、认知模式及实验模式[159]。在审美偏好方面，Takahiko Masuda等人[321]从文化心理学的角度，通过跨文化比较与实证研究的方法，比较了东亚文化人群与北美文化人群的审美偏好、认知、动机与情感模式，发现并讨论了审美偏好的文化差异，尤其是在设计、艺术与广告作品中的不同，该研究成果同时对以往主流心理学秉持的"人类心智具有普遍性"的观点进行了质疑与批判。

2.4.2.2　景观偏好研究

景观偏好研究由来已久，且研究理论体系发展至今较为成熟，现已涉及与实践结合的多个方面。其最早可追溯至20世纪七八十年代对"景观感知"（Landscape Perception）研究的理念转变，从早期Appleton（1975年）、RS Ulrich（1977年）、Zube，Sell and Taylor（1982年）、Daniel and Vining（1983年）等学者的研究及其后续发展演绎中可以梳理出清晰的理论演变过程，即景观感知—价值判断—景观偏好，以历经多年研究、较为成系统的景观感知理论为基础评价景观，再转变至研究人类主体的景观偏好，景观感知理论的多维度特性决定了景观偏好研究的多方向、多样化发展。其中，RS Ulrich提出的观点"人类对景观所持有的强烈的感知和信息偏见，影响了人们对风景的审美喜好"以及包含了复杂性、焦点性等几个变量的人与环境互动模型[265]，Zube等人提出的评价景观感知价值的四种范式[266]等理论都为景观偏好研究奠定了扎实的理论基础。

在近年来的景观偏好（Landscape Preference）研究中，研究方向与内容愈发呈现出多专业、多角度、多领域的发展态势，与新技术手段的结合也成为研究亮点之一。中文文献有两类较为典型的研究内容：对国外相关研究发展的总结与再扩展，以及基于国外理论的实证研究。以10年内国外相关研究为基础，设计学用户体验研究为视角，作为景观受众研究的重要部分，齐童等学者就视觉景观质量评价、视觉影响评价、视觉景观偏好3个方面阐释了相关理论的含义、观点与研究主题、技术和方法，认为主、客体，即人与景观两个角度是视觉景观偏好研究的关键，人的自然与文化属性、景观特征显著地影响了景观偏好，景观偏好也显著地影响了景观设计行为[235]，这实际上是受众研究更好地服务于景观设计的出发点；陈云文等人也积极尝试将国外基于景观知觉或景观感知的景观偏好理论引入国内，并以栽植空间为应用领域探讨景观偏好理论的实践作用[236]；学者陈宇同样从主客观的角度对六种景观评价方法进行了评述，认为就景观偏好而言，心理物理模式评价方法最严格、可靠性最好，但通过景观价值评价研究景观偏好时选择方法还是要综合考虑信度、效度、评价目的、评价资源等多个方面[237]。实证研究方面，使用因子分析法与瑟思顿态度比较评价模型（TCJM）的南京夫子庙历史文化街区景观偏好游后感知实证研究具有相当的科学性与代表性，其中夫子庙儒学文教类文化景观要素的分解量化为本文的后续研究提供了成果案例[238]；以世界自然遗产地武陵源风景区为研究对象的景观偏好实证研究认为，个人、集体主义与游客景观偏好不存在显著相关性，而不确定性规避、年龄和景观偏好三者之间则有显著相关性[239]，但这样的结论并不能有力地说明游客文化差异对景观偏好的影响。

英文文献相对于中文文献在复杂程度、视角广度、研究深度上都有明显的优势。按研究主题与形式的不同可分为三类，第一类着重于研究景观偏好本质属性，更多地将景观选择与人类情感联系起来，既有理论研究也关注景观偏好的实际体现；第二类可被称为"实验景观偏好学"，关注景观偏好体验过程的量化研究，探讨影响因子与指标的确定；第三类则是致力于发掘特质性景观中的特殊偏好区别以达到特定的研究目的，有的注重分析景观类型，有的是与产业结合，农业是其中重点关注目标。

第一类中，环境价值取向、个体心理与行为反应、文化差异、信息表征等因素对景观偏好的影响是研究热点[292-296]，其中人与景观的互动过程、"新生态观念"影响下的景观偏好与"真实景观偏好"的差异引人深思[297, 298]。人们愿意参与到园艺活动等景观改造过程的事实说明，与景观呈现紧密相连状态的人类活动是文化景观的重要存在意义之一，这也是人类参与到景观形成过程中的潜在意愿与景观希望人类参与的潜在需求，双向选择的文化改变过程是景观文化内涵的重要构成部分，与"反映变化""渴望变化""智慧改变"的三个层次相呼应；另一方面，人们对景观类型的偏好相对于直接的景观偏好涵盖更为广泛，同时也更加准确，但在很大程度上并不具备统一性与现实意义，因为理想化的景观愿景与生活化的需求是两码事。例如，人们十分向往风景秀丽的原始自然景观，但实际生活中还是需要水、电、网络等更加高科技的现代要素；此外，景观信息表征在景观偏好研究中的重要性远超其受重视程度，但实际上景观偏好研究的起源就是景观感知研究，研究应重视景观偏好对信息提供的敏感性，不能被发现的景观内容无法左右偏好，由可视化技术、感知依据等来指导决策更加科学。

第二类研究有着明显的数据量化倾向，对感知自然度指标、视觉尺度指标、基于地图的景观结构指标、景观视觉审美品质[299-302]等单个变量的量化研究从影响因子的角度论证了不同要素对景观偏好选择的作用；从社交媒体应用、剂量—响应曲线应用、偏好矩阵建立、景观轮廓分形维数观测[303-306]等其他领域方法或是新技术角度探寻景观偏好研究方法的改善也使景观偏好专业研究更加细分而科学，有相当的现实意义。

第三类景观偏好研究更注重实际应用价值，通常着眼于特定环境下景观偏好对景观设计实践的指导意义，研究的实际问题导向十分明显。例如，旅游活动中游客的景观偏好对旅游景点景观设计十分重要，在农业旅游景观中，树立农业景观特点的设计行为，以及田园旅游业与农业产业的结合程度，即设施与休闲娱乐游憩行为在场地、设施的重合度对现有及潜在农业旅游游客更具吸引力[307]，这仍然说明了农业特质性景观在客体性、游客素养在主体性上对景观偏好的积极影响，以景观偏好指导景观设计要素的发现与改善可显著提升景观质量；在多山地中海区域这一特型景观环境下也是如此，联合分析（CA）和条件估值（CV）两种陈述性偏好方法揭示了景观设施良好公共特性的必要性，植被类型、乡村建筑密度与坡度这三个景观属性对景观偏好影响较大，此研究验证了农业活动等人类活动所产生景观的多功能性，其中产业与景观的联动力会直接对支付购买意愿产生影响[308]，因此维持农业景观、农业文化指导下的农业活动等对乡村景观的可持续发展很有意义。针对欧洲土地景观以及美国西南部沙地景观的研究表明，陈述性偏好研究方法的流行说明，景观偏好分析一般来说都是有其特殊性的，在一定程度上抑制了跨案例比较和规模化地扩展[309]；但同时，景观偏好并不是不可以改变的，会由于所处地环境要素、景观整体类型而发生改变，与文化之间的关联也是调查研究的基础分析之一，情感反应是判断的一大标准[310]。

可以发现，景观偏好研究发展至今，实验性、验证性的研究已占据绝对主流，即便学者们意识到在景观偏好研究中，"景观美学是一个经常被忽视的话题"[301]，仍然很少有文化审美理论层面的探讨，诸如偏好反映审美，审美左右偏好等思想可以在许多文章中捕捉一二，但缺乏针对性的表达。这是因为这些理论在景观偏好理论研究开始时有大量的基础论述工作已经被前人完成，从景观感知到景观偏好研究的转变过程就包含了许多相似内容。但是在国内这部分的探索与演绎其实是相对薄弱的，尤其是结合了新领域之后，这将成为本论文中重点论述的内容。

2.4.2.3 景观审美测量

在审美测量方面，如上节所述，国外研究以心理物理认知的实验模式为主，重视景观与受众的互动和数据采集、分析过程，通过实证分析来验证或总结出人们关注的景观审美偏好，国内研究大多以国外研究方法为基础，或是总结研究方法的利弊与使用范围，或是针对某项景观进行实证分析。张哲等人就园林植物景观概述了多种评价方法的异同，分析了AHP法、SBE法、PPI法、BIB-LCJ法以及

SD法在使用领域、适用景观类型上的差异以及各自的特点[170]；王雁等人对森林景观的几种常用审美测量方法进行了简单介绍，主要从数学和经验两方面介绍了SBE法和LCJ法的区别，认为它们是森林景观评价中应用最多并且公认最有效的两种方法[156]。宋力等人针对城市公园景观使用美景度评估法、平均值法与成对比较法进行了美景度代表值的统计[151]，除美景度评估法公认较为有效外另外两种方法的研究意义不够明显，得出的也仅为"公众对于不同评价样本的审美偏好是有差别的""三种方法对结果影响不大"等较为常规而价值不高的结论，反而是专门使用美景度评估法得出的结论"不同背景人群在自然景观美学评价方面具有普遍的一致性"更有研究意义。在前人对景观审美评测的研究基础上，从景观与人互动的角度许多学者做出了拓展性评价因子研究，陈鑫峰等人针对京西山区森林内景观进行了评判者与反应尺度的研究，不同群体在审美尺度上存在差异，专家评判的稳定性比公众要高，7分制的审美评判尺度更符合人们对事物的审美要求[154]；但新球则认为，森林景观的现行审美评价因子都能发挥一定的作用，但并不是所有的评价因子组合都具有美感，许多因子的组合甚至具有相反的作用，对因子选择与搭配有借鉴意义[164]；谢凝高等把自然景观的形象美概括为雄、奇、险、秀、幽、奥、旷这7种类型，以云南特有的石林景观为研究对象，探讨了石林景观的景观要素与空间结构，分析了密林景观、疏林景观、孤柱景观和石芽景观四种不同景观类型在整体景观美感度中的权重值，并以密林景观为例列出评价因子[169]；俞孔坚等将专家与公众分为两个不同的阵营研究其景观审美差异[167]，让人正确意识到了不同人群在景观评价中因素养不同而会产生别样看法，提出应正视差异，虽然"避实就虚"与"去异求同"的对策建议有鲜明的专家倾向性，但也不失为景观审美与设计中的实用做法。

各种审美测量方法在文化景观领域的使用有待进一步研究证明，文化景观牵涉的文化因子种类较多较复杂，目前的使用需要加入限定条件，相对而言，SBE美景度评价法更适合评价文化景观的观感是否优美，体现在景观设计与搭配的质量如何，PPI人体生理心理指标测试法则更适合精准而客观地反映受众在文化景观环境中的生理与心理反应，在足够的反馈分析后适用于文化景观的进一步改善。

2.5　文化景观设计研究述评

2.5.1　文化与设计国际研究概述

在国际设计学界，设计与文化相关的研究中涉及了三个方面：①设计活动的文化性实质；②设计活动与文化内容之间的承载关系；③设计实现与现象的文化界面。在②和③中，对于设计活动如何表征文化内容已有所讨论，相对而言，产品语义学方面的研究与实践更早，如Handa（1999年）建筑师安藤忠雄致力于呈现建筑本身的传达意境，进而引发人们的心灵共鸣。林崇宏（2001年）认为工业设计在研究通过设计传播文化内容、引发用户的文化思考方面是以产品语意学和人机交互的途径，达到此相似的目标的。再如Krippendorff和Butter（1984年）将产品语义学加以了明确定义，确认了其将产品视为一种符号系统，从操作与运用的情境着眼，研究产品造型的象征特质（symbolic qualities），并且将其应用于产品设计方面的研究领域特征。这些文化表征内容的设计转化为文化景观设计中的文化语言表述提供了可能。

文化活动的开展直接催生了文化景观的形成，在发展设计活动与文化内容之间的承载关系以及设计实现与现象的文化界面文化载体特征的研究领域过程中，Leong和Clark（2003年）提出的可承载文化内容的产品理念促进了文化整合设计观的形成；Lee（2004年）提出跨文化设计研究的方法学架构，探讨文化变数与设计特征；在Leong和Clark的基础上，Lin（2007年）通过研究台湾原住民文化特质与现代产品再现之间的关系建立起设计产品与文化内容的现代化纽带；另外，Moalosi与Popovic以及Hickling-Hudson（2007年）则探析了文化背景下社会文化要素对设计者与受众间通过产品所产生的互动关系。

在设计人类学研究领域，欧美国家在"后"学氛围中出现了对来源于其他民族手工业时代的文化样式之可能价值的研究活动，如以德国艺术大学设计系Sammer为代表的学者深入探究了亚、非地区蕴藏于用水器具中的生活方式和设计思想，并积极寻求改善当代用水产品效率的新设计思路；又如以德国汉学家傅玛丽为代表的学者对中国人的用手习惯表现出了异乎寻常的研究兴趣，并尝试将其运用于当代设计之中。在这些研究当中，设计行为与人类文化之间的多元关系得到了实证研究的支持。

在文化与设计活动的互动关系研究所涉及的研究方法上，国际研究呈现出多样化特征。质性研究方法依然是主流，但是许多基于实验心理学的方法如词语联想、图片刺激、眼动追踪以及基于脑电实验与技术的神经认知研究方法也开始被用于研究文化内容的设计建构（设计端）与文化认知（用户端）效果的测量，引起广泛关注。另外，随着互联网技术的发展和社交网络的繁荣，基于用户生成内容（UGC）数据挖掘技术也开始进入设计定位阶段的文化特征抽取方面的研究与实践，为成器活动中器物文化特征的定义提供了新的途径。尤其是自2015年以来，以用户行为大数据、计算机算法和人工智能算法的快速发展，基于机器学习等技术研究用户偏好与设计表示之间关系的分类、聚类、预测方面的研究与实践方兴未艾，越来越多的研究文献出现在与互联网消费行为相关的领域，为设计研究提供了全新的路径。文化计算作为研究群体性文化互动的基于计算的方法也开始进入面向大规模定制化设计开发研究领域，但基本上都用于进行群体文化属性的定位，在向具体的器物文化属性转化方面尚无研究成果。在研究方法上，更是非常欠缺系统完整的方法体系以支持新兴技术对设计活动形成显著影响的背景下设计研究自身的响应、调试与主动。

2.5.2　文化景观设计异同

文化景观是景观被赋予"人化"特征后的特征型景观类型，代表着特定人类群体在特质性群体文化的影响下于其聚居活动区域空间范围内改变的适应了与该文化种类相契合人类活动的有人文特点的自然景观。因为文化种类、内容、内涵等方面的多样性，文化景观的形式与内容也千变万化，研究文化景观的目的就是要研究其创造形式与背后所蕴藏的文化讯息，文化景观设计的目的也是如此，是为了探索文化历史，汲取表达人类适应环境、改造环境的理念方式并将其信息传递出来，指导改造自然景观、将其向人文景观转化。文化景观设计的基础是自然景观元素，关键在于对自然景观元素与人文要素的重新组合，精髓是以人类的文化意志有意、有序地塑造改变自然环境，设计过程中所透露的功能性导向以及文化审美含义往往意味深远。

21世纪初，日本设计大师原研哉提出"设计再认识"（Re-design）概念，重新审视已经存在的日常用品的设计，并强调"我们观看世界的视角与感受世界的方法可能有千万种，只要能够下意识地将这些角度和感受方法运用到日常生活中，就是设计"，他也始终将这样的设计思想贯彻在他的"大道至简"的设计风格中。特别是在我国，因为道家美学的影响，"清心寡欲，朴素纯真"的自然崇拜美学观念逐渐成为了审美主流，而华丽、奢侈的风格逐渐没落[175]。然而，纵使在其他设计领域中，这种"少即是多"的审美设计思想占据了主流，文化景观设计由于所传递文化讯息的复杂性却并不如是，在工业设计史中，包豪斯设计诞生之前，装饰主义十分盛行，复杂的装饰图案远远大于产品本身，而包豪斯形式追随功能的设计将设计风格变得极其简约，不仅满足了工业化生产，也唤起了民众对简约美学的诉求，我们可以说巴洛克式设计是一种过度设计，但不可否认的事实是，巴洛克风格所创造的文化景观因其繁复纹样传递出来的种种文化信息总能给人留下深刻的影响，可以说文化景观是一个特例，某种意义上其文化含义的设计价值要大于实用功能性而自成一种文化功能风格。

彭华提出，"自然景观的附会文化是指那些本不是自然所固有，而是人的意志所赋予自然的一种文化现象，即人类将自然事物作为某种精神理念或情感的载体，从而使自然人格化、理性化或神化"[153]，这里的"自然"概念替换为"景观"概念更为贴切，因而产生的也正是充满人文魅力的文化景观，有人本位理念蕴藏其中。然而若以文化景观遗产的"关联性"概念理解，这样的附会文化实际上文化景观中的人文景观还是有所差异，指的是自然景观的文化附加价值，只是在人类眼中自然景观的一种文化价值，可以理解为人类早期认识自然、感受自然、解释自然的一种方式，自然崇拜、风水学说、宗教象征景观等都是典型例子，即使没有人文修饰，泰山依然是"一览众山小"的封禅祭天之地。"人文景观是一方文化的历史沉淀，是人类文明创造的物质文化与精神文化的直接表现"，"人文景观旅游区的魅力在于它的民族性、艺术性、神秘性、特殊性和传统性"[153]，可以认为，文化景观的形象是文化景观资源的本体素质及其媒介条件与服务环节的开发在受众心目中所产生的综合认知印象，这是文化景观设计的着眼点。

景观文化由四部分内容组成，第一是外在物质表露的"形"，是景观文化物化的体现；第二是景观的"意"，是景观直接依托的内在文化体现；第三是景观的"背景文化"，受社会背景制约；第四是景观的阅读文化，是受众对其的理解[161]。这样四个层次所组成的景观文化牵涉甚广，设计时极难面面俱到地体现，关键在于完善景观内部的文化生态体系并建立外在表现的文化联系。沈福煦认为，景观与风景、园林有本质的区别，风景、园林、建筑之类只是对象物，景观则是"景"与"观"结合起来，成了视觉对象物，所以并不是纯客观的，这样的说法在现今显然是不成立的，从文化景观设计的角度出发，广义层面来看许多事物都可算作有"景"与"观"两个方面。中国景观文化的基本结构和内容，包含了文化结构与景观类型、地理特征与人文特征，景观形态的深层哲理，景观与社会文化的关系，景观的艺术文化性四个方面；景观不但具有地理分布结构特征，更有可以用美学上人文性审美心理来考察的文化类型，可概述为比德、畅神、言志、缘情[168]，景观文化与景观审美在设计上是有其共通性的。

在特定类型的区域景观设计中，文化景观也扮演着重要的地位，如高校老校区的校园环境景观设计应该是延续历史文脉、反"空心化"、重视群体空间设计并人性化的[145]；湿地景观在设计上应该最大限度地还原风景原貌，为现有的环境现状进行分级、分层次规划设计，并把整个设计过程置于长期的历史角度来看待，设计师的文化设计行为在湿地保护中应当起到引领和规范人类行为的领航作用。

2.5.3　东方文化设计

文化景观设计的鲜明特点是注重景观中的文化设计，作为有鲜明地区特征的文化设计流派，东方设计流派拓展了以东方文化为基础的文化景观设计思路。根据季羡林先生的文化生态理念界定，东方文化是代表着东方世界思维模式与意识形态的区别于西方文化的文化类型，而东方设计就是根源于东方文化与东方哲学而建立的设计模式与设计理念。作为一种基于物质文化类型的设计系统，东方设计具有"天人合一"的表现人与自然互动关系的基本观念，得益于东方传统文化中在造物实践、审美意趣、艺术批评等方面积累的宝贵经验，以东方文化为核心的东方设计学可谓立意高远，而如何在现代社会不断的设计实践中体悟东方文化元素的影响与驱动作用，并将所感所得浓缩于设计方法理论之中则是东方文化设计理念得以发展前行、在世界设计活动造成反响的关键。

在东方设计的哲学理念方面，可以归纳为四类设计思想：禅意文化设计哲学、慢设计理念、适度设计理念、以人为本设计哲学。禅意文化设计哲学强调设计的日常化、生活化[180]，主张采用纯色调、朴素的材料，简约的造型满足产品使用者的情感诉求[179]。慢设计理念，是从生活品质和生活美学角度出发，讲究对环境的慢生活体验[176]，从传统思想的角度出发，慢设计体现的正是东方道家老庄哲学"无为之美"的改良版理念，以舒缓宜人的景观环境氛围设计提升生活品质。适度设计理念是要求在空间与器物的美学平衡中探索东方之生活状态，防止过度消费[177]。以人为本设计哲学，是将中国古代用于治国安邦的以人为本理念应用到设计领域中，重视产品使用者的需求，以提高产品实用性和使用价值的设计哲学[178]。

王昕认为，东方设计秉承儒家思想文脉，兼容道家和佛教思想，关注人与物、境、礼、德、情之间的关系，在长期生产生活实践中形成中国特有的设计造物观，儒家思想是东方设计历史最久、覆盖面最广、影响力最大的思想内核[189]。同时他在东方设计的基础上提出了"东方智造"的理念，它承袭中国"天人合一"的哲学精髓和"道内器外"的传统造物观，核心目的是以具有东方智慧的设计服务于全人类[188]。周武忠则从设计学的专业来诠释东方文化，认为以中国为代表的东方设计正在崛起，融入中国元素的设计作品往往有不俗的市场表现，伴随着"大设计时代"的到来，设计在人类生活中的作用和影响无处不在，美好生活需要好的环境、好的产品，更需要好的有文化底蕴的设计[290]。

正如赵农提出的贯穿中国艺术设计史"制器尚象、备物致用"的设计思想[181]，置器造物是中国传统工艺美术设计出现的初衷，"备物致用"体现了其一贯的功能性审美思考；但随着艺术设计史的发展，"尚象"与"化形"风潮兴起，对设计物外形美观的追求与对图像表达意味的青睐使设计作品在满足日常功能的基础上逐渐具备了文化底蕴。文化景观遗产类型的出现正是对类似这样发展轨迹的人类活动产物的肯定，同时也是对类似设计生产过程的突出强化，在人类社会价值体系中，文化景观是经由长时间刻意的文化活动而逐渐从形成到累积成规模的，也经历了从最初的功能性定位到以自身存在印证文化意义越来越多元化的文化功能，是符合东方文化艺术设计观念与发展趋势的事物，非常适合与东方文化相结合发挥其独特的功效。在文化景观发展过程中，不可避免地会出现文化失忆、生态错位、经济浪费、功能残缺、审美缺失等现代景观设计问题，将西方科学的理念加上中国尊重自然、强调整体性的传统哲学思想，更有益于中国现代景观设计，艺术生态错位问题的处理[212]。

2.5.4 文化景观设计转化

文化景观设计的重要过程是将文化内容包涵于景观之中再表达出来。涉及产品语义学和符号学方面的文献对设计元素转化有指导意义，即借助器物与用户之间的交互界面传播器物属性与行为相关信息的研究，如杨慧珠（2006年）的"设计文化新体现——产品语义研究"，等等。国内关于设计与文化表征的研究，深入探讨如何将文化要素应用于当代产品设计，开发强调文化价值的产品，正在成为当前创意设计活动亟待解决的关键议题。近年设计领域对于文化产品的探讨、研究和论述正逐步深入：我国学者李砚祖（2007年）曾对设计的"民族化"与全球化视野展开论述；徐飚（2007年）对于设计与文化之间关系研究新视角的取向与洞悉；何明泉等（1996年）曾从设计信息传达沟通的角度探讨文化信息的表征，解析设计中的文化要素，提出文化商品设计的要点与建议；林汉裕等（2005年）指出，应该妥善运用汉字并尝试将形和义的特性融入到设计中，让产品造型更具意义性等。另外，在设计学领域之外，如在传播学领域，关于文化传播和跨文化传播的研究近年来日益引发关注，不过在以设计行为与现象为对象的文化传播方面的研究较为鲜见。将文化景观视为一种艺术化的设计产品或是用于传播文化讯息的媒介载体有助于实现将设计产品符号语义转化以及传播学文化传播过程的相关研究成果应用于景观设计行为之中。

一些艺术原理颇具启发意义。西方设计话语体系来源于希腊，恩刚对西方艺术创作中透视原理的形成进行了考证，他认为从古希腊时期到中世纪时期是透视理论的早期萌芽时期，阿格查克斯（Agatharcus）作为当时的古希腊舞台美术家，运用"透视缩减法"布置舞台背景。在文艺复兴时期，基本理论得以形成，在文艺复兴以后的17世纪~19世纪，透视理论逐渐得以普及，我们现在所掌握的透视基本方法及其依据的全部原理是18世纪英国建筑家、几何学家布鲁克·泰勒1715年著书，后由柯尔比在1754年和福尼尔在1761年著文阐明的《论线透视》中确立的[182]。俞孔坚提出的"景观与外部系统的关系""景观内部各元素之间的水平生态过程""景观元素内部的结构与功能的关系""生命与环境之间互动关系""人类与环境间的关系"5个层次景观系统生态关系揭示了景观内外部各成分间的相互交流机制，也对文化景观的设计具有指导意义[157]。

艺术设计语言是在日常语言的基础上，艺术设计人员运用艺术手法刻画形象、传达思想、表现情感，融铸成富有形象性和视觉感染力的艺术作品[183]。在景观设计领域，凯瑟琳·斯塔夫森的设计对场地充满感情，秉持设计源于场地，力求用作品延续场地的文脉。她的设计语言强调视觉、照明和听觉设计的融合，营造多维的感官体验；利用阳光、风、雨水等自然元素强调场所精神[184]。胡燕在其博士论文中使用东方设计语言分析了后工业景观的设计元素、设计方法和使用环境，构建后工业景观科学的语汇—语法—语境的研究体系[327]。

在常见文化元素方面，图案与色彩是最为常见的连接文化与设计的"双料元素"。图案在人类生活初期就已出现，传统纹样因寓意美好而被广为应用，尤以在染织、地毯、陶瓷、雕刻、建筑、服装、首饰等工艺美术用品和喜庆场合应用更为广泛[185]。由靳埭强先生所设计的中国银行标志标识就巧妙地运用了中国古代的铜钱货币形式，设计凸显了中国文化和银行的特质，造型简明、大方，易于识别[186]；邰杰等的研究为探索中国古代传统版刻插图园林图像应用与当代景观设计结合提供了可能，文章解析了中国造园传统、追求图绘经典精神，四大版刻插图中的园林图像可被视为专业/业余造园匠师的图纸样稿，现实中的许多设计抑或直接模仿借鉴了书中插图的视觉形态，成为了"没有建筑师的无名建筑"[187]。但是，在使用传统符号创作作品时也要避免急功近利的生产模式，由于设计者与消费者都缺乏对传统文化的深入了解，造就了同质化、千篇一律的设计文本，表面化、符号化问题严重，实中的虚假繁荣的假象，掩盖了文化上的实质性缺失[190]。色彩在中国有着悠久的传承历史，同时作为一种极富表现力的设计元素，在现代商业设计中起着重要的作用。传统色彩不仅仅是一种审美规则，其通过与社会结构、民族心理等因素的联系，形成了具有象征性和隐喻性的色彩文化[191]。在色彩创造、运用过程中，各民族不断丰富和发展着自己的色彩理论，从而产生了具有民族个性特征的色彩文化。例如回族绿色、白色、黑色的民族"三原色"，结合具有东方神韵的蓝色、黄色、红色等共同形成了回族色彩体系，并在建筑、服饰等方面都展现出了这样的色彩认同[192]。张立川的服装作品保留了苗族传统服饰的色彩体系，在黑色与深蓝色渐变的主色调基础上，加入了流行的橙色点缀，尽量保持原汁原味的天然美感[193]。在我国传统绘画领域，色彩本身具有着重要的文化价值与不同的文化表征，如《周礼》之《考工记》中言："画缋之事，杂五色：东方谓之青，南方谓之赤，西方谓之白，北方谓之黑，天谓之玄，地谓之黄"，不同的色彩具有不同的观念功能，是艺术创作中十分重要的表现元素[194]。在对我国传统城市色彩的研究中发现，不同于西方色彩体系表达的是物质二维表面的性质，中国传统色彩体系介于形而上与形而下之间，是表达天人合一的有效手段。它是通过隐喻、暗示，在每个人的内心建立色彩与时空、自然、人等的联系[195]。具有本土文化的色彩系统也是导视系统中可识别性和形成系统性的重要因素，提供文化价值、审美价值和经济效益[196]。

研究类似于语言语法的设计语言句法，是为了对设计语言表达规则有所探索，以何种思想为主导，将微观的设计元素有机地融合在一起，创造出新的设计物。在对现代产品的设计反思中发现，对于使用对象、消费对象的审美趣味伦理等级的分析是非常重要的，伦理与等级是中国方式之下比较隐晦的方式，至今案例不多，主要原因在于伦理与等级的方式提取出后难以与产品设计建立直接的联系[197]。在建筑设计中，设计句法表现在对传统风水布局的尊重，同时传统人文思想，如儒家的"忠、孝、节、义""仁、义、礼、智、信"，道家的"人法地，地法天，天法道，道法自然"，禅宗的"清、静、朴、拙"等，也折射到建筑设计风格和室内意境的创造中[198]。在景观设计中，我国古典园林在自然审美追求的哲学观念支配下，以主体的情感追求选取审美对象，把主体情感体验赋予客体之中，从而澄怀味道、达意畅神。这种心灵外物化和外物心灵化而后得到的是情景交融的审美趣味[199]。在平面设计中，我国传统设计方法强调直抒胸臆的表现形式，运用构造自由时空的方法表现复杂的故事情节，善于运用具有象征意义和阴阳观的表现形式，注重所创造的形象的外轮廓线所形成的空白形状是否具有一定的美观性，整体画面空白的大小、集散是否和谐美观[200]。

第三章 基于地域文化的文化 DNA 传承理论研究

3.1 文化景观遗产的地域文化差别

从联合国教科文组织启动"世界遗产名录"保护项目开始,"稀缺性""普世价值"等与珍稀度、异质性相关的条件就被坚定不移地作为遗产资源筛选准则的重要内容被一丝不苟地执行着,随着遗产名录知名度的提升与遗产保护活动的不断推进,人们对世界著名遗产的接受程度与保护意识也在不断提升。纵观遗产保护文献资料,在遗产保护领域似乎有一个大家心照不宣而毋需多言的现象是,在当量地域范围内的同类型遗产有且仅有一项,也就是说,在一个确定的地域范围内因遗产资源的稀缺性、异质性只存在一项文化遗产、自然遗产、双重遗产或是文化景观遗产。实际上,这是一个笔者提出的似是而非的伪命题,因为在《操作指南》中并没有相关的地域性互斥评判准则,而这个所谓的"确定的范围"也无法实际划定,但如果将其条件放宽至一定的模糊程度,并佐之以名录事实现象来解析,将其适用于国家单位则有一定的存在意义,每个名录相关国的同类型资源和遗产鲜见类似,遗产资源与资源间的核心价值也有所不同。以文化景观遗产名录国为例,拥有多项文化景观遗产的国家仅有中国(五项)、法国(八项)、意大利(七项)、英联邦(英国与北爱尔兰,五项),这五个国家都是世界大国,疆域辽阔,其他国家大多只有一至两项上榜,在总遗产名录中以超过四十项入选而排名靠前的西班牙在文化景观遗产方面也仅有三项,这固然有文化景观遗产评定起步较晚的因素在内,但从资源的分布以及遗产的具体类型与核心价值来判断也似乎与地域范围有所相关。以我国为例,浙江省杭州西湖、山西省忻州市五台山、江西省九江市庐山、云南省红河州哈尼梯田、广西崇左市左江花山岩画五项在地理位置上可谓四散东西,要知道,我国的一个省份在面积上相当于一个中等国家的大小;而以概况类型而论,西湖属于城市人文自然景观、五台山属佛教名胜、庐山是雄奇险秀名山、哈尼梯田以稻作景观为核心、花山岩画则以艺术造诣见长;这五项文化景观遗产无论是在文化内涵、表现形式、价值标准还是保护类型上都有所区别,而其地域差别又是那么明显,正如官网"文化景观遗产"专题活动扉页的引言一般,"There exist a great variety of Landscapes that are representative of the different regions of the world"[367]，世界上存在着众多能够代表其所在不同区域特点的各式各样的景观，那么是否会有适用于文化景观遗产资源乃至其他世界遗产资源类型的隐性地域准则（图8见文后彩插）？

研究由联合国教科文组织官方提供的各式文化景观遗产地资料可以发现，除如遗产珍稀性方面等共性特点外，文化景观遗产地之间的差别可以称得上是有天壤之别[101, 102]。追根究底，文化景观间差别的产生是因为其核心文化大有区别，也因此由之驱动而经年累月形成、呈现出的一整套记录人与环境互动信息的地表景色与人类生活行为的结合体才会在彼此不同的时空条件下向着不同的方向不断演进，这一点可经由以下三个典型案例的分析内容得以诠释。

3.1.1　新西兰汤加里罗国家公园研究

在UNESCO修改了世界遗产评判标准、明确提出了关于"文化景观"遗产类型的描述内容后，新西兰的汤加里罗国家公园（Tongariro National Park）是第一处被列入世界文化景观遗产名录的文化景观地。大约在公元800年间，作为新西兰本土的开拓者，毛利人在这片广阔却人迹罕至的岛屿国家土地上开始了他们独特的群居生活，毛利战舞、原始而绿色的服饰以及颜色绚丽的彩绘可以称得上是他们独特的"形象名片"。位于国家公园中心地带的山体群对于可以被称为新西兰"本地土著"的毛利人来说具有独特的文化与宗教意义，象征着毛利人社会与其生存所在外界环境间的精神联系。如今的汤加里罗国家公园内有活火山、死火山等稀缺自然景观资源和非常美丽的自然风景，以及多样化不同层次的生态系统。

值得注意的是，汤加里罗国家公园在1990年就已经以第19项文化与自然双遗产的形式入选了世界遗产名录，到1993年则是根据修改的条款重新被划定加入文化景观遗产，这样的变更历程看似怪异却又十分合理，在1990年的第一次认定中，汤加里罗国家公园兼具满足文化与自然双遗产评判标准的普世价值，而当属于文化遗产的文化景观遗产类型重新被定义后，其中"关联性景观"分类对于自然景观附加人文价值的认可实际上囊括了汤加里罗自然遗产的特点。严格来说，汤加里罗国家公园作为第一个入选名录的文化景观地，其实可以算得上是一个特例，其整体范围达约40万公顷，涵盖的无论自然或是人文景观种类都较为庞杂，光稀缺资源火山就有15座左右，从资源种类、广度等多样性属性来看都可谓极为丰富，如果单论其自身条件，以"文化景观遗产"的概念来限制它是不太合适的。然而，公园范围内"毛利人的原始栖息地环境"是打动教科文组织的重要原因之一，其所符合的评判标准中，标准（vi）——"直截了当地与居住条件、事件、思想、信仰，有显著普世价值的艺术与文化作品相关"充分体现了对于这一点的重视，而标准（ⅶ）——"包含有最高级自然现象或是有着别处所不及的自然之美与审美价值"表现了对其自然资源价值的肯定，标准（ⅷ）——"作为地球历史的主要阶段的杰出代表，包括对生命、对正在发生的改变地形的地理进程、对显著地貌以及其他地形学特点的记录"[367]则能够说明教科文组织在文化景观遗产类型探索过程中的原初阶段对于地形地貌的特别强调，这是地理学的重大特点，也是地域范围特征的重要体现。最后的这点至关重要，虽然汤加里罗国家公园范围远超一般文化景观地，但在其文化类型与内涵方面却是在地域范围内达成了高度统一，可以认为，毛利人在这样一个大范围地域内的活动传承下来的生活文化以及对地形地貌的改变是此处能够入选文化景观遗产名录的核心内容。

教科文组织在汤加里罗国家公园的专项案例研究中给出了对其评定的关键词是"不断上升的关注度""逐步增强的保护意识""财政支持""管理提升"与"旅游治理"[368]，"不断上升的关注度"是事实，但也有些过于乐观，坐拥"第一块招牌"的汤加里罗国家公园在知名度、特色或是旅游热度上甚至还不如许多知名文化景观景点；"逐步增强的保护意识"具体表现在对范围内现代滑雪场与住房建设的禁止，虽有所成效但对于现代保护工作而言并不突出；后三个关键词从财政支持、管理的角度以及现代旅游业火热的背景提出了一定对遗产保护并利用的见解；这些关键词从遗产保护的普适与宏观管理角度来看无可厚非，然而专项遗产有专项存在的意义。纵观研究专题，教科文组织似乎并没有意识到可以从文化的角度来对现代遗产保护利用工作做文章，这些关注点实际上并没有突出汤加里罗国家公园作为文化景观的最大特点。从文化研究的角度来看，文化景观遗产的内涵精髓在于人类活动对自然环境的改变，汤加里罗国家公园作为文化景观遗产地的特殊点在于其毛利生活文化与环境的相适应性以及毛利人生活与周边自然融为一体的美景，毛利人视汤加里罗火山为圣地，对毛利人来说这里生存环境与生活文化的延续才是最为重要的，因此应该提出对于毛利文化、火山文化的强调以及公园内文化种类的保护，以特殊文化类型为核心凸显其作为文化景观遗产地的本元特色（图9见文后彩插）。

从地域文化的角度来分析汤加里罗国家公园的文化景观价值应结合公园地域范围内最具有代表性的人类群体——毛利人自身以及与其自然环境争斗并共存的实际情况对资源加以归类，并突出其文化特色。从汤加里罗国家公园的遗产保护官方资料中可以看出，教科文组织以及本地保护组织实际上想要强调该区域内优越的自然环境与本土毛利人之间的深刻关系，这是其保护工作的初衷，但执行情况却不尽如人意。目前除官方资料外，与汤加里罗国家公园结合最为紧密的是旅游资源与旅游文化，突出的更多是如汤加里罗（Tongariro）、瑙鲁赫伊

（Ngauruhoe）、鲁阿佩胡（Ruapehu）等知名火山本身的壮丽自然奇景以及如著名的"汤加里罗北区环道（Tongariro Northern Circuit）"与沿途步道小屋等人造旅游项目，或是如历史悠久的汤加里罗湾景城堡（Bayview Chateau Tongariro）等豪华旅游设施，诚然这些都是旅游文化中的重要环节，但旅游文化与文化旅游并不能混为一谈，在文化元素，不仅仅是文化旅游元素的挖掘上，目前的一切显然不够引起人们对新西兰地域本土毛利文化的足够兴趣。众所周知，因为历史背景与文化氛围的不同，唤起不同人群间的文化认同感本身就存在着一定的难度[167]，但起码可以从文治教化的角度，以新鲜感、未知性与较为系统的文化内容传达使人们接受这里的特殊文化种类。例如，汤加里罗公园里栖息着新西兰特有的国鸟"几维"鸟，它是新西兰的象征，国徽和硬币均用它作为标记，园内还种植有从中国移植的猕猴桃，取名"几维果"，是新西兰一种重要的出口商品。一方面，这些都是大洋洲新西兰国家文化的体现点，但从相关旅游纪念品开发与品牌知名度来看却并不突出，且其与国家公园文化景观遗产角度最具代表性的毛利文化缺乏联系；另一方面，虽然园内的一些特有文化展示、仪式活动与旅游行程是世界上屈指可数的毛利文化展示地，但无论是宣传力度、展示规模或是文化内容含量都只能算差强人意，完全可以以毛利特殊文化与地域文化的相关性为切入点扩充相关文化内涵，使整个国家公园除自然风光与优美景色外更增添一份景观的本土文化魅力。

3.1.2　中国云南红河哈尼梯田文化景观研究

　　云南省哈尼族人传承千年、享誉世界的哈尼梯田农业稻作文化景观（Cultural Landscape of Honghe Hani Rice Terraces）分布于云南红河南岸的元阳、红河、金平、绿春4县的崇山峻岭中，面积约18万公顷，已有1300多年的耕种历史，养育着哈尼族等10个民族约126万人口。几乎所有人都会因为一幅幅美丽多彩的梯田画面而对此心生向往，但让人们流连忘返的这里除美丽的梯田景观外也饱含文化之美。

　　哈尼梯田是以农业遗产促进地方建设最美乡村的典型案例，同时也充满着将遗产真正应用扩展至更广义乡村文化与乡村产业的宝贵实践经验。人类聚落形成的初衷就是为了以半封闭的群居行为来抵御来自外部自然的各种危害。当地文化景观遗产中的人居建筑遗产蕴含着构筑住所遮风挡雨的古老智慧，对形式、材料、纹样的运用也充满了地域文化色彩，对后世乡村建筑的风格有指导作用；遗产中农具的多种多样，不仅展示了我国传统造物置器技艺的高超，也对现代化农具、农器的大生产提供了范本，使生产效率不断优化，以避免灾荒、旱涝等自然灾害的侵袭；如此案例不胜枚举。此外，农耕文明本身长时期所形成的美丽景观画卷也左右着乡村审美，而同时兼顾其农业之外的其他功能性作用，梯田不仅是各大摄影师的宠儿，为人们奉献出一幅幅秀美的劳作与山地稻田美景，也保证了崇山峻岭中来之不易的粮食储备，其对山体水土的围护与保持还充分起到了固土缓坡的功效，大大削减了雨水侵蚀下山体滑坡、泥石流等灾害的出现可能，保障了人民群众的生命财产安全。哈尼梯田将农耕文明"依山傍水、因地制宜"的生存智慧与在农耕基础上发展衍生出的功用型农具、农器文化以及功能性大体量农居、农所文化结合展现得淋漓尽致。

2010年云南红河哈尼梯田以"哈尼稻作梯田系统"入选全球重要农业遗产名录，2013年则分别以"云南红河哈尼稻作梯田系统"与"红河哈尼梯田文化景观"入选中国重要农业文化遗产名录以及世界文化景观遗产名录，看似相近的名称却因遗产名录类型的不同而大有差异，这得益于哈尼族人与当地政府对传统生活方式的完美保护与良好呈现，其精髓在于对以山间农业耕作为核心的一整套农作生活方式、价值体系、文化命脉的扩展保存。如今的云南红河哈尼梯田，森林在上、村寨居中、梯田在下，而水系贯穿其中，是它的生态农业结构体系；依山围土造田，最高垂直跨度1500米、最大坡度75°，最大田块2828平方米，最小田块仅1平方米[378]，田块间垂直感强烈、层次分明，是它的山地农耕景观；"三犁三耙""夏秋种稻、冬春涵水"是它的稻作农业管理体系，哈尼族创造发明了"木刻分水"和水沟冲肥，利用发达的沟渠网络将水源进行合理分配，构建了多套微循环再利用系统，稻草喂牛，牛粪晒干做燃料，燃料用完做肥料，同时为梯田提供充足肥料，肥料养育稻谷；以哈尼族"寨神林"崇拜为核心的森林保护体系，使这里的自然生态系统保存良好，良好的自然生态又为梯田提供着丰富水源，哈尼人珍惜土地资源，房前屋后的空地用来种菜，路边的墙缝也会成为菜地，屋旁沟箐凡是有水的地方就会用来养鱼，鱼在池塘下面，池塘上面养浮萍，浮萍喂猪，猪粪喂鱼；鱼长大后又被放回梯田。这种充分利用并遵循自然的劳作传统，不仅创造了哈尼民族丰富灿烂的梯田文化，还集中展现了天人相合的思想文化内涵，而这个内涵是以稻作为生千百年的哈尼族人所认同的，也是中华民族所认同的，云南红河哈尼梯田稻作农业生活景观以古老的农业遗产为基础，充分发掘其文化价值内涵，从遗产文化方面出发，以真正意义上具有地域灵魂的地域标志性文化影响到当地人民的文化性格与红河乡村区域的发展走向，依托价值观念的统一逐步唤醒了当地居民、中华民族乃至世界人民的认同感，使人们自发地投入到建设哈尼族、中国同时也是世界的"最美乡村"工作中去，将对乡村生活美好的希冀与对文化遗产的发展愿景以地域农业文化景观的具体形式呈现在世人眼前（图10见文后彩插）。

3.1.3　罗马帝国边界研究

　　"罗马帝国"的名号即使在其消亡近2000年的现代世界都可谓家喻户晓，其在欧洲发展史上的地位不可谓不影响深远。历史上残存的罗马帝国遗址众多，而在其历史边界线上锁遗留的残余物也组成了一道别样的"界限"景观，在公元2世纪，从英国北部大西洋海岸绵延5000多公里，穿过欧洲到黑海、从黑海到红海、再到北非和大西洋海岸的"罗马之墙"，也就是罗马帝国的边界线（Frontiers of the Roman Empire），在很大程度上代表了罗马帝国的宏伟疆土。今天的罗马之墙遗址包括建筑围墙、沟渠、堡垒、瞭望塔和平民定居点的遗迹，理所当然的，"罗马帝国边界"也被作为一项遗产列入了世界遗产名录。

　　作为为数不多的跨国类遗产，被英国与德国所共有的"罗马帝国边界"遗产在遗产类型与内容上都有些特殊：1987年该遗产的主体部分，位属英国但与德国共有的哈德良长城（Hadrians Wall）入选世界文化遗产名录，并长期以该形态为人们所熟知，至2005年与2008年，考虑到该项遗产围绕"罗马帝国边界"名称与主题的完整性与关联性，UNESCO又分别将同样英德共有的从德国西北部到东南部多瑙河全长550公里的德国"上日耳曼—雷蒂安边墙"（Limes Germanicus）以及英国长达60公里的防御工事"安东尼长城"（The Antonine Wall）增补至该项遗产内容之中；虽然一直以来本项遗产都明确被划分至"文化遗产"这一类型之中，但与我国的长城类似，关于此类拥有良好景观视野并得到普遍被接受的高度景观美学评价的遗产究竟是属于文化遗产还是应该顺应新标准被列入文化景观遗产一直都存在着争议。此处将其作为与其他文化景观遗产案例相对比的依据有三，其一是该项遗产内容中所饱含的人类活动与优美自然环境的相互作用关系与景观体现；其二是上文中所论述的文化遗产与文化景观遗产之间"包含于"而充满延展的保护理念递进逻辑关系；其三是因为在各种官方与非官方文献中人们所表现出来的对于其文化景观属性的高度关注[60]。考虑到遗产内容的知名度、入选名录时间长短、作为文化景观的典型性以及在业界的认可程度，本案例以哈德良长城为主要分析对象。

　　118公里长的哈德良长城位于英国的不列颠岛上，修建于古罗马皇帝哈德良（公元117～138年）占领不列颠之后，这个时期属于承继百年战争扩张疆域之后而亟待维持帝国内部稳定的阶段，因此哈德良长城的建设初衷是拒外敌以安内土，从建成后到弃守，它一直是古罗马帝国的西北边界。哈德良长城包括城墙、瞭望塔、里堡和城堡等，与安东尼长城、上日耳曼—雷蒂安边墙共同组成了古罗马长城体系，完整地代表了古罗马帝国时代的戍边系统，说明了古罗马帝国的防御技术和地缘政治战略，也是西方边疆城墙的典型代表，充分体现了古代西方区域军事工事的组织构成情况。正因为该长城组合突出的代表性、内容与文化的高度相关性、景观资源在类型上的相同，同时也因区域历史背景原因，虽然牵涉两个国家的资源从属问题，UNESCO仍然将其增补并视为同一项文化景观遗产资源以共同保护利用，并在管理工作上形成了高效、科学而统一的管理机制，其中付出的努力值得肯定。

从文化内涵方面分析，古罗马帝国的遗留文化景观"罗马帝国边界"是跨越国家界限但没有文化壁垒的文化景观遗产典范之一，正如长城之于我国一般，它是一种代表着历史上同时期最为强盛国家政权的文化象征，在欧洲乃至西方历史上都有重要的地位，对于这样一个绵延过千年的大帝国来说，与之相关的文化内涵也有着相当的多样性与多面性，而对于本身由于人类军事活动应运而生的"罗马之墙"来说，其浓重的人文色彩与饱含的文化信息使其作为文化景观极高的鉴赏价值。首先，罗马之墙的存在代表着广阔的疆域也即古罗马帝国权力的象征，在文化与历史认同度上这样一个充满骄傲的历史片段表现出了欧洲人对王权历史的肯定与追忆，对历史上在世界范围内处于领先地位大帝国时代的认可，多多少少反映出了些许帝国主义思想的影子，类似于我国"南蛮""外族"等有些歧视意义的概念，在罗马人看来，长城以南，是受罗马教化的"文明人"，长城以北则是"野蛮人"；其次，其明显的军事战争功用清楚地呈现了从古至今人类热衷于内部争斗的近乎本性，以古代军事技艺与工具的形式存在至今，相较于普遍比较容易被接受的教化意义似乎更多的是唤醒人们对于自身权利与更多资源的争斗心；再者，长城建筑形式的足量长度使得其堆砌建设难度、选材用料难度以及满足卫戍功能的节点设计都是当代版本教科书级别的杰作，其遗址与有纪念意义的线性节点或是新建的博物馆类纪念设施都是古罗马帝国文化的体现；最后，其本身的存在充满着复杂而矛盾的意义，曾经不可一世的古罗马帝国好似随着长城的饱受自然侵蚀与人为破坏般已成一抔黄土，而人们可能也常常忘却，即使是在哈德良时期这一罗马帝国最为强盛的时间段，哈德良长城的建设也是源自帝国的无力北进，似乎北不列颠的异邦人是无法征服的，这既是庞大帝国西北端的永久性的屏障与罗马政权的象征，也是其无法更进一步的铁证，算是提醒人们战争暴力手段在根源上的无力。因此，联合国教科文组织对此项文化景观资源的承认、增补与肯定极大地丰富了"罗马帝国边界"遗产的文化形象，也扩充了人们对于古罗马帝国文化遗产体系的认知。

从文化景观关联性的角度分析，保留、保护甚至修复与重建"罗马之墙"文化景观有多方面的关联性文化意义。在建筑风格上，高约5米宽约3米的城墙以泥土草料与石块为主，辅之以木栅，城墙内外两侧皆挖有壕沟，以垫高的土堆与马道连接城墙，长城每隔一"罗马里"单位建有一座里堡，里堡间有功能与烽火台类似的塔楼，其传达敌情报警的机制与我国长城烽火台等大致相同，现存遗址遗迹较为真实地记录了这一古代作战警卫方式。随着城墙的建设完毕这里引来了大量军队士兵的驻扎，天南海北的军人们开始生活在这里，其宗教信仰、文化习俗的交织使得此处成为多种文化、宗教、语言的交汇处，形成了活动场所、宗教庙宇等居住祭祀景观，同时军队的驻扎保证了周边安全，随之而来的大量工匠、商贩以及军队亲属使集市与小型城镇类景观逐渐兴起，这一独特的地域性人类聚居文化景观形成的起点正是罗马之墙。另一不知该遗憾还是庆幸的景观点在于，历史上在罗马之墙处并未曾发生过太大的战事，这使得城墙、堡垒等在得以完好保存的基础上也有些身为军事要塞的缺失，但其在世间尚存的军事类遗迹中也算独树一帜（图11见文后彩插）。

罗马之墙是古罗马帝国的西北边界，代表着帝国庞大的疆域领土范围之所及，也身为帝国堡垒而意味着"边界"所在，象征着领土内外的差别与隔离，也许在古罗马人的价值观下，城墙外都是"贱民""野蛮人"，城墙内才是有着"身份认证"的国民，那么这样一道划分族群冷冰冰的"界限之墙"为什么有如此高的保留价值呢？究其所以，城墙与其周边景观背后所蕴含的地域性、历史性文化内容才是核心。古罗马帝国时期是欧洲历史上的一个辉煌时期，但同时也是个残酷而充满争斗的时期，虽然人类发展史就是人类与自然、与自己不断抗争的争斗史，但战争与霸权政治依然是古罗马最鲜明的标签，古罗马帝国依靠武力征战统一四方、不断扩大疆域，也因层出不穷的王国内斗而虚耗国力，因为奴隶、贵族与等级公民的存在而秩序井然，也因人与人的阶级不平等而矛盾爆发导致动乱甚至最终灭亡，整个古罗马帝国的存亡史就是一部鲜明的军事战争与帝国斗争史，随之所产生的政策制度、法律法规、语言文化、宗教信仰等多方面文化与宫殿园林、市政街道、市集居所、卫戍城墙等文化景观交相呼应，再佐以辽阔草原、平静湖水、繁茂森林、万古高山等自然风景，以文化与自然交织的文化景观形式将古罗马所覆盖多个欧洲国家的生存抗争文化代代传递下来，以历史地域概念模糊国家行政范围，以文化的区别与统一拉近欧洲各国距离，利于铭记统一或相近的历史文化，利于外交融合。正所谓"逝者如斯夫，不舍昼夜"（孔子·《论语》），古罗马的一切都已随风而逝，但让人铭记的是漫漫历史，是帝国的地域文化，通过受保护的地域性文化景观遗产形式再现出来，让人触景生情，这是文化景观遗产最重要的作用，也是其传递核心文化信息的一般模式。

3.1.4 地域文化差别小结

就上述实例分析而言，三处文化景观遗产地风格迥异、特点各不相同，汤加里罗国家公园体量庞大、自然景观秀美、毛利精神凸显；哈尼梯田人造景观壮丽、层次分明而体系完整；罗马帝国边界虽历经千年但仍屹立不倒，藩篱景观排布秩序井然而未至残垣断壁。文化景观遗产资源的共性可以教科文组织的评判标准总结，都是代表着人与自然抗争共生而体现生存智慧、进化之道的伟大演进发展景观。但其差异，在上述分析内容基础之上，无法简单地以资源地突出的自然或人文条件来简单划分，有遗产地以自然环境著称，更多遗产地据人文景观出类拔萃；而份属同样基础资源类型的文化景观地也会有截然不同的发展方向，同为山地景观，庐山、五台山、哈尼群山、汤加里罗群山所孕育出的文化景观大相径庭，固然有其本身属性与环境的差异，但文化景观表现形式的根本差别却非源于此，由不同人群在不同地域范围内因地制宜而产生的文化驱动力才是文化景观发展传承的内核。汤加里罗国家公园首先入选文化景观遗产名录得益于其鲜明的土著文化，宏伟而壮观的火山群山景观非因本身矗立出众，而在于其对于新西兰本土地域内的原著居民毛利人的神圣象征才广为流传，将其放大至宏观视角，在世界上多个历史悠久的地区都有典型性的地域本土文化与其相关景观以遗址、遗迹或持续运营等形式流传保存至今，对于仍然生活于该地域而饱受文化洗礼的人们而言，由本土文化驱动的代表性地标文化景观非常容易引起共鸣；红河哈尼梯田成名已久，在初见即引发人们惊叹的山地层次性水稻梯田宛若镜面的美景背后，照出的是传承万年、人类赖以生存而最具代表性的农耕文化，对于第一大产业——农业而言，种植耕作与食物供给息息相关，置于任何地区都是如此，易于传达的绝非美景本身，而是美景与文明相结合所体现的生存智慧；罗马帝国边界更是古罗马帝国文化曾经存在并影响至今的明证，以战争与国境文化中最具代表性的带状城墙形式呈现霸权文化的兴起与衰落，因地域差别所导致的文化差别而在如城郭、里堡、器具等细节上体现差异。因此，文化景观产生差异的根本原因在于其核心文化内涵的差别，所有的展现内容肉食围绕着核心文化、文化内涵来显现的，具体差别在不同的文化景观表现形式、在古往今来中运用了怎样的景观设计和展示手法将文化内容信息以什么样的渠道和什么载体来传达出来，因而虽然文化景观遗产强调的是人文与自然的共同作用，但在潜意识下人文要素始终在其中起到了决定性的作用（表6）。

文化景观遗产案例地域文化对比　　　　　　　　　表6

名称	国别	地区	类型	特点	核心文化	文化景观表现形式	地域文化扩展
汤加里罗国家公园	新西兰	北岛	关联性景观类	自然景观为主	本土文化	群山景观	毛利土著文化
红河哈尼梯田	中国	云南省红河州	人造类、有机进化类	绵延至今，生态系统稳定	农耕文化	山水田园	哈尼耕作文化
罗马帝国边界	英国/德国	大西洋沿岸北部	遗址类	跨国类遗产三处景观实体	战争文化	建筑壁垒、居所市集	古罗马帝国霸权文化

3.2　城市文化景观遗产的地域文化特征

3.2.1　城市地域文化的重要性

城市的发展与人类社会的生存、生活与生产方式有关，在最基本的狩猎时代之后，农业生产与石器制造的兴起使得人们存留下的剩余作物能够满足一定人口的生存需要，并逐渐形成良性循环在适宜进行人类活动的区域累积起更多的人口，开始形成城市的雏形。随着早期人类聚居点的不断演进以及城市聚集过程[5]的发生，多种多样的城市慢慢形成。在西方观念中，古代城市的形成原因多种多样，公共政治因素、宗教权威因素、经济贸易因素以及防护、储存等功能因素不一而足；在中国传统文化中，城市可以被拆解为"城"与"市"两个概念，前者意为城池、城墙、城郭，后者则是市集、市场，如《管子·度地》与《易经·系辞下》之说，"内为之城，外为之廓""日中为市，致天下之民，聚天下之货，交易而退，各得其所"，代表着我国古代城市最为核心的城池防御与市集贸易功能，但严格地说，这些具备基本功能的人类聚落都不是真正意义上的城市，相对城镇和村庄而言，城市是具有更大范围与更多人口的聚落，人口的高度集中以及其衍生出的文化、经济、政治。

古代城市的设立固然是以突出的基本功能为首要目标，但这并不代表着对城市文化、城市景观的忽视。英国考古学家柴尔德从考古学的角度提出了城市形成的十项标准[75]，其中第十项是以地域政治经济体为评判标准，地域范围内的政治与经济要素适用于城市形成的范畴，而地域政治与经济要素本身所形成的地域文化，乃至其所催生形成的服务于政治、经济等相关领域的建筑、设施景观，加上随时间流逝而价值不断上升的历史性城市景观也在城市形成与建设过程中占据了重要的地位；日本学者狩野千秋将古代城市形成的标准归纳为七个方面[75]，第四块是大型纪念性建筑物的出现，大型纪念性建筑物是城市人文景观的代表种类；

我国大量经典典籍中对于古代城市景观形制也皆有据可考,《周礼·考工记》中即有关于城市格局"方九里,旁三门""经涂九轨,九经九纬""左祖右社,面朝后市"等一系列的理论内容,充分说明了我国古代城市受文化环境影响而刻意设计布置城市景观格局的事实。虽然关于城市的起源与形成未有定论,防御说、集市说、社会分工说、地利说等众说纷纭,但无可否认的是任何城市形成过程中起决定作用的主因与其逐渐发展的城市范围乃至地域范围内的文化种类,都对城市景观的定型、立意以及未来发展方向起到了至关重要的作用,刘易斯·芒福德在其经典名著《城市发展史》中说道:"城市不只是建筑物的群集,它更是各种密切相关并经常相互影响的各种功能的复合体——它不单是权力的集中,更是文化的归极。"[5]如果说在过去许多世代里,一些名都大邑,如巴比伦、雅典、巴格达、北京、巴黎和伦敦,都曾经成功地主导过他们各自国家民族历史的话,那首先是因为这些大都城都始终能够成功地代表各自的民族历史文化,并将其绝大部分留传给后世[78]。在旅游业、信息产业等发展迅速,文创产业大行其道的现在,这样的城市文化中心论调尤为适用,城市文化在历经了各个发展时代之后已经渐趋成熟,包括经济在内的各项内容都大受文化影响,文化已经不单单是城市产业实体后面的思想,而是切身地在为城市产生着长远的利益,在景观方面的影响更是举足轻重。城市在不断地进步中既变得越来越专业化,也更加兼容并蓄而包罗万象,那么在这样一个城市在发展大方向不断趋全趋同的时代,每座城市能让你记住什么?人力有时有穷,我们对许多城市的第一印象都是道听途说,无论是早年的口耳相传还是随着信息社会的到来可以看到的许多相关资料,呈现在人们面前最直观最鲜明的就是城市景观,起码是城市景观的一隅,而且往往是城市景观中最具有代表性的一面,可以称之为地域标志的突出景观,北京的长城故宫、巴黎的埃菲尔铁塔、西安与凤凰的古城、巴比伦的空中花园,都是以景观的形式作为其地域文化中最负盛名的文化元素在人们的记忆中划下浓墨重彩的一笔,而即便是在匈牙利佩奇这样我国意义上的小城市所有到访过的人们都会毫不犹豫地将存在两千年之久的佩奇古城当作是城市中最令人印象深刻的地方,在已形成的城市文化景观背后其传承千百年所有文化流光的合集是城市之魂,而使其能够为人所见、为人所触、为人所闻、为人所感的景观就是城市之基,景观是文化最完美的载体之一,文化因景观永具活力,因其大量人口集中集聚、人类活动极其频繁的特点而在城市中体现得尤为淋漓尽致。

早期城市区别于乡村的三个主要标准中,第二项是聚落的空间结构、布局和功能分区[76]。早期乡村居民的生产和生活单一,聚落建筑与布局简单,无法形成功能分区,城市是人口、手工业生产、商品交换、社会财富、房屋建筑、公共设施高度集中的场所，为适应复杂的政治、经济、文化生活的需要，必须要求有按一定功能分区进行规划、建设的结构布局，从而形成了明显区别于乡村的城市型景观。早期的城市景观因为与乡村景观的巨大差别是让人过目不忘的，大型聚落、成片建筑物以及建筑间的点缀式绿地等都与乡村景观大相径庭，即便随着城市景观的不断拓展与可复制性其同质化越来越严重，这样的建设初衷与基本需求是不会改变的，城市底蕴、城市名片等现在经常提及的文化软实力越来越重要，欧美等大城市的发展路径早已说明了城市独特文化内容的无可替代性。我国近年来的城镇化发展道路也充分证明了文化软实力的重要性，"北上广"等一线城市最吸引人们的早已不全是发达的经济，《中国城市文化竞争力研究报告（2016年）》《中国城市群发展指数报告》中的数据调查与研究分析都表明，城市的文化实力越来越能左右人们的选择[45, 46]。

国际城市景观保护纲领性文件《维也纳保护具有历史意义的城市景观备忘录》将"历史性城市景观"划分为城市景观中较为重要的一种景观类型，文件认为，"历史性城市景观指自然和生态环境内任何建筑群、结构和开放空间的整体组合，其中包括考古遗址和古生物遗址，在经过一段时期之后，这些景观构成了人类城市居住环境的一部分"，字里行间中都透露出了城市景观的历史发展观念与文化属性，更在定义的第十二条中评价道"历史性城市景观由于其文化价值观获得了独特的普遍意义"[31]，强调了以建筑结构为主要景观基本单位的历史性城市景观与其组合式空间因人文色彩被赋予文化价值的突出景观地位。文化与景观的关系是相互的，文化不仅通过景观来反映，而且还改变着景观[107]，这样的改变不仅是简单地体现在视觉上的外形改造、触感上的材料更换或是层次化的组合等方面，而是从附加价值与引申意义的角度赋予了景观新的内涵，使同样的景观形式以景观语言具备更多内容。文化景观逐渐为人所意识到的多重价值正在于此，文化景观不仅反映了特定地域范围内一定历史时期中人们所创造出的物质价值，更反映了这个历史过程中文化景观形成时所同时蕴含的那些精神价值、伦理价值和美学价值等[107]，有形特点与无形特质兼备。文化景观形成的过程中，地域文化与地域景观相互影响、相互反馈，在复杂的文化景观体系内部，不同时期的人们承续景观遗产、改变景观面貌、构筑新的景观，不断赋予景观不同的附加价值，景观因人类活动而有价值，文化使景观的内涵更加深刻，特定景观又丰富了地域文化体系，文化与景观在特定时空概念下的反馈环中相互作用。因此对于城市来说，城市发展文化脉络中极为重要的组成部分——地域文化要素与客观景观存在的结合使能透露出较多文化审美与地域价值观念信息的地方性意识形态通过长时性的文化景观载体得到了很好的保存，如历史性城市文化景观等城市景观资源在延续地域性城市文脉上可发挥的作用无可估量。

3.2.2　城市文化景观遗产的地域性

　　世界遗产中心用于评判世界遗产普适性价值的第二条准则是，"在世界上某一文化地域范围内的一段时间内，在建筑或技术、纪念艺术、城市规划或景观设计方面展示了重要人类价值观念的交互"[363]。在这普遍适用于文化遗产的价值准则中，其时空定语"在某一文化地域范围内"依然突出了一定地域范围内文化种类的有限性对文化遗产的影响，说明地域文化不同类型与内涵的存在对重要人类价值观念通过文化遗产载体外显的限制与引导。文化景观遗产中，自然景观与人文景观的存在同样重要[355]，虽然一种普遍被接受的价值偏向观念强化了人文景观在文化景观中的主导作用，即人力改变自然环境而形成的人文景观更能体现文化景观的人类痕迹与价值观念，这也是文化景观遗产更贴近文化遗产而区别于自然遗产的最大特点。但不可否认的是，文化景观中的自然景观是其发展的基础与改变的雏形，某种程度上可以将文化景观的内涵理解为人类用什么样的方式如何将自然景观改变为适宜生存的人文景观，人文景观与自然景观的对比更能体现人类作用的差异，实际上是已经改变的自然景观与尚未改变的自然景观的差别，体现了人类活动在景观变化与生成过程中的决定性作用，城市景观就是大量人口大规模集中改变自然景观的体现，改造后的人文景观占据绝对主导作用。因此，由于地景在范围内的规律性、地域范围内气候等条件的固定性，地域内人们的生活方式及由之形成的文化特性是相对固定的，在地域地理环境限制下所产生的地域文化自然而然地为文化景观打上了区别于他处的地域烙印，地域文化以及由其溯源的人类适应环境的文化景观关联性是文化景观的基本属性。

　　地域文化的基本特点从景观形成与发展的基础上决定了景观的发展方向与演变历程，但这样的定式在城市环境中一度随着新技术所带来的巨大变革而在一定程度上被打破了。最为明显的变化是时空限制的突破，新技术、新材料的使用让人类建筑在很大程度上突破了形体的限制，楼越盖越高、人造空间越用越多，马上打破了城市景观中"人造"与"自然"的平衡；同时在过去由于技术不够成熟无法得见的许多古老景观元素在信息时代被重新运用，打破了时间枷锁得以重见天日；这样数见不鲜的案例在时间与空间上的叠加造成了城市景观的无限可能，任何地域某个时期的代表性景观符号可被运用于世界上的许多城市，地域文化的壁垒越来越模糊，文化景观的地域属性似乎要被人淡忘。然而出于易于复制推广、简单易行、经济适用等功能性考量，人们开始在城市景观上不断重复"复制粘贴"，只为以最少的投入获取最为直观的短时既得利益，于是城市景观设计史上臭名昭著的"国际风格"出现了，每个城市看起来都一样，"千城一面"的问题被发现并不断提及，人们这才逐渐意识到地域文化区别的复杂性与难以替代性，文化从来不是短时间内用一些代表元素就能轻易复制的内容，在固定区域生活几十数百年、浸淫一代又一代的人们对地域文化的理解与对地域景观的塑造远胜他人，因为文化审美的存在城市居民在对地域文化景观始终心向往之的同时总是对单调冰冷的现代城市景观缺乏认同感，理性分辨的文化城市时代终于开始回归本源，在我国国力不断强盛、国际影响力逐年上升的现今，拥有国际辨识度的我国传统地域文化有很好的发展契机，应该在城市景观中充分发挥作用，展示城市的文化底蕴。

文化景观遗产类型的出现在1992年以后，在全球化逐渐深入的背景下这一时期是当之无愧的现代城市发展黄金时期，地域文化的继承与发展、城市文化景观的基础夯实与推陈出新都有着良好的培育环境，根据核心地域文化的内在自生或是舶来他生，城市文化景观遗产可被划分为两种主要类型：

3.2.2.1　舶来他生型城市文化景观遗产：葡萄牙辛特拉文化景观

辛特拉是葡萄牙首都里斯本本部的一座小镇，按照西方城市的标准，辛特拉算是不折不扣的山地小城市。辛特拉文化景观以被山地自然景观所包被的欧洲浪漫主义建筑景观闻名于世，14世纪约翰一世的辛特拉行宫，19世纪费尔南多二世改造的集哥特式、埃及式、摩尔式和文艺复兴时期建筑特点于一身的佩拉宫，统一分布于道路一侧的欧式别墅，以及融合了本地及外地植被种类的穿插于建筑群中的花园、公园景观，共同形成了辛特拉城翠绿掩映下美轮美奂的古典花园别墅文化景观。其出众的文化景观价值既体现在对哥特式、埃及、摩尔和文艺复兴元素的复合使用以及对本土与外来物种的良好结合上，又表现于连绵不断的多时期欧洲浪漫主义花园式建筑明确的景观设计方面，还在于其对诸如墨西哥柏树、花岗岩岩石覆盖的考古遗迹、宫殿与公园等多重景观元素别具匠心的组合运用以及持续维持与进化工作，这些内容都引领了整个欧洲景观建筑的发展（图12见文后彩插）。

辛特拉文化景观最令人动容之处在于各式各样风格不一的建筑与人造物与高低色泽不相统一的本地或外来物种的紧密结合，其包被覆盖式的建筑周边植物景观看似遮天蔽日但又恰到好处地留出了建筑物的延伸空间，保证了别墅住宅的私密性却并未遮蔽阳光等环境接触，建筑物、居所与小型院落式花园、大型森林式公园结合有疏有密，整体山地景观看似绵绵不绝但宫殿、城堡等不同时期的地标景观又主次分明清晰可见，主要花园别墅居住建筑物的同侧而建使偏人文的餐厅、市集、使馆等现代城市建筑景观与偏自然的古典浪漫主义山地带状文化景观宛如黑白分明的两片景观面被环山公路划分得一清二楚。可以说，在逐渐形成自身风格的那个年代，辛特拉文化景观在妥善处理人、人造物、园林景观与自然环境间复杂关系时以不同过渡方式所营造出的多层次性共存景观是绝对超前于当代而具备引领文化景观发展方向作用的，其在探讨人类建筑与植物如何共存、强调人与环境和谐共处关系上的探寻与把握让人为之欣喜而振奋，如吸取东方园林优点的城墙与静态植物盆景的结合、阁楼与建筑外围外来树种高大树冠藩篱的相映成趣、建筑外立面点缀景观墙、覆土高台连接绿道等独出机杼的景观设计理念十分先进，外来元素的融入契合度较高。

在辛特拉文化景观中随处可见"舶来文化"，难得的是本土文化与它们的结合，多元文化兼容并蓄又包容统一，最终演化形成了辛特拉文化景观中独特的地域文化，无论是辛特拉城市景观中还是山地景观内，文化种类不一的自然景观与人文景观都能做到和谐共处。皇宫正面可以容纳大量人流的城市广场是多条弯曲街道的汇聚点，随着街道的发散次级广场也分布于其中，多道方便人们行走的阶梯沿路排布，这种网格状的城市街道分布形式显然不是葡萄牙城市的特点，却十分适合辛特拉山地起伏、蜿蜒曲折的地形地势；皇宫、修道院、花园别墅的不同建筑形式，多种多样的建筑风格与纹饰种类统一于欧洲风格之下，花丛掩映、极其亲近自然的建筑及周边景观设计带有浪漫乡村的景观设计手法，与城市建筑和硬质铺装截然不同而充满新奇；多种外来文化以建筑、植被、小品甚至元素符号的形式占据同一地域的不同区块，于各种文化风格的影响下在奇花异草与精雕细琢的建筑之间和平相处。

辛特拉文化景观是典型的以舶来文化融入本土文化的文化景观案例，该结合过程也并不是一帆风顺的。要知道，仅仅雷加莱拉庄园（Quinta da Regaleira）就融合了超过3000种外来树种，整个山地城市景观如此庞大规模的舶来文化元素极易与当地文化产生冲突，1995年入选世界遗产名录前后，辛特拉当地现代城市设施的建设与对文化景观遗产的旅游开发就引发了当地居民的投诉以及世界遗产中心的重新认识，教科文组织的做法是派出监测团重新审视作为世界遗产的文化景观价值，将道路景观系统、古迹与植被保育问题、管理机构设置、基础设施系统、旅游与城市建筑等新兴产业的控制以及生态循环系统建立等问题纳入了考察调研的范围，并于2001年提出了辛特拉文化景观恢复方案报告，对包括个人纪念碑、花园建筑、公园、森林等进行保存式恢复，建议制定动态保护方案、设计缓冲区域，以独立的文化景观咨询委员会与社区团体协作来保证各项措施的落实。从这个例子中可以看出，辛特拉当地文化景观的形成是建立在汲取、吸纳甚至早期抄袭外来文化内容的基础上的，但其对于异质文化与本土文化内容的融合十分关注，并最终促进了地域文化的再生与发展。正因为辛特拉文化景观的地域文化有很大一部分是建立在吸取外来文化元素的基础上，一开始好奇与新鲜感充斥于当地的城堡、花园文化景观之中，但建筑与景观是服务于它们的使用者即当地城市居民的，不能因为注重山地景观的层次感、外来景观的珍奇程度而忽略了生活的舒适性，新奇感过去之后，每日频繁接触使用的体验观感是最重要的。如前文所述，它将阿拉伯橡胶树、桉树、松树等外来树种与栓皮栎、蓝桉、圣栎等本地植物以相似搭配或是强烈对比等手法培植在一起供给植物景观，以错落有致的植物层次提供观赏、遮阴、行道指向等多样化的功能；结合巴洛克式繁复的装饰纹样与意大利充满异国韵味的狭窄街道增添城市文化符号的万种风情；效仿东方私人园林的生活方式依山傍水营造花园，但在园中根据本土欧洲风格建设城堡与别墅。加上城市皇宫的奢华、低矮平房的闲适、商业店面的群居热闹，根据地势与山体流向分块布置不同类型不同风格的人文文化景观，以整体的杂乱、分区的有秩、单点的奇诡突出配合一眼无法尽收眼底的弯曲山路地形和别墅花园形成独特的辛特拉城市萨拉山地地域文化景观，很好地将需求功能性与观赏审美性结合融入日常生活，渐渐为人所接受而不断增幅当地地域文化氛围，文化与景观互相交融互相演进，类似DNA双螺旋的缠绕，城市景观不断演进成就地域文化，地域文化促成并丰富了景观内涵，把握到了人与景观和谐共生、城市景观类自然而亲近自然又适宜居住的第三自然[2, 3]精髓。

3.2.2.2　内发自生型城市文化景观遗产：杭州西湖文化景观

　　杭州西湖是以自然山水与丰富人文景观名噪中外的文化景观地，入选文化景观遗产时，世界遗产中心的评价中说道，"西湖自公元9世纪以来，就一直激励着著名的诗人、学者和艺术家""西湖新增的大量景观设施改善了杭州的城市景观""西湖在影响了中国其他地区园林设计的同时也影响了日本和韩国几个世纪的景观史，对改善景观的文化传统做出了独特的见证，创造了一系列反映人类与自然的理想化融合的远景"[367]，突出强调了西湖景观对中国乃至东亚包括园林景观文化在内的传统文化的卓越影响力，肯定了对于杭州城市景观改善的积极作用，也客观地将西湖文化景观评价为人文与自然景观最趋于平衡的理想化融合景观地。

　　西湖文化景观总面积为3322.88公顷，以湖光山色为主要看点，由"三面云山一面城"的城湖空间特征、"两堤三岛"景观格局、"西湖十景"题名景观、西湖文化史迹和环湖绿地公园景观6大景观要素组成，其"始终处于中国人审美体验、审美活动的中心位置，不断地影响着中国人的生活、思绪和艺术活动"[135]，这与我国传统文化中最具代表性的山水自然审美文化相关，也秉承了最经典的"天人合一"思想，在10个多世纪的持续演变中日臻完善，极为清晰地展现了中国景观的美学思想，对世界园林景观设计影响深远[375]（图13见文后彩插）。

　　杭州西湖文化景观遗产是典型的自生型城市文化景观遗产，由地域精神文化内涵衍生出山水景观格局并依托本地环境不断进行本土化发展。历史上西湖的景观更新改造过程多是出于对城市山水文化的执着以及环境系统功能的修复，如较为出名的白居易、苏轼、杨孟瑛主持的西湖环境整治工作，在改善西湖水质的同时也留下了许多传世名篇，为后世的人文景观建设留下了基础与依据，都代表着人与环境寻求文化景观平衡的良性循环，体现了杭州地区自古已有的地域景观文化情怀；改革开放以来，我国城市飞速发展的二、三产业都在不同程度上对西湖的文化景观产生了伤害，其中自然景观的保护条件尤为恶劣，但杭州城市传承至今的西湖山水文化情怀始终保存着西湖文化景观，在这样的背景下，申遗成为了西湖文化与西湖景观重获新生的保护契机，十数年来西湖环湖景观带与龙井八景、飞来峰等大量当地历史上曾大放异彩的人文景观得以重建，在维持自然与人文景观平衡的基础上，以史为凭、以文为据的西湖系列文化景观风貌体系得以建立，为西湖文化景观的景观再生与文脉传扬奠定了基础。西湖文化景观不断演进的景观与文化体系也为杭州带来了不容忽视的影响，其城市湿地景观的存在为城市与城市居民提供了无可替代的湿地水文环境与生态服务功能，改善城市人居环境，以自身的复合生态系统为生态保育、物种多样性等生态系统稳定性做出了突出贡献；其所提供的文化景观场所促进了城市文化旅游、文化教育、休闲娱乐活动的开展；西湖文化景观所展现的文化种类是由杭州本地千百年的传统文化演变而来，能够在很大程度上弥补现代城市景观文化失忆[212]的问题；"返湖于民"思想[375]的落实使西湖文化景观的申遗等改善工作与市民生活紧密联结了起来，使老百姓的生活在更加丰富多彩的同时能学习到许多自然保护与传统文化知识，唤醒城市居民的场所记忆与文化精神。

　　以水文山貌为主体、季相变化丰富的植物造景为景观设计手段，亭、台、楼、阁、廊、榭、桥、汀等景观建筑与小品点缀其中，空间划分疏密有致的大型园林景观借真山真水、历史文化、神话传说，把山外有山、湖中有湖、景外有景、园中有园的风光点缀得淋漓尽致[375]。自唐代起，由于得天独厚的本地环境优势，历代文学艺术娇子都在西湖留下了无数颂扬名篇，西湖自然景观与人文景观的深度结合也一直被认定为最能代表我国传统文化自然观念、体现人与自然完美融合的经典景观，正如诸多文化学者所描述的一样，西湖极为清晰地展现了中国景观的文化美学理想，其核心文化景观要素表现了东方景观设计自南宋以来讲求"诗情画意"的艺术风格，是最能体现中国传统文化核心价值观的文化景观审美实体，环境所衍生的地域文化与文化促成的景观唇齿相依，为城市带来了不可估量的正面影响。

以上两例代表着不同城市文化类型的城市文化景观遗产的对比表明，无论类型、特点如何，融入城市景观环境体系的文化景观遗产在自身长时间、跨时代的成长与自我完善过程中，随人类活动范围扩大、与自然环境交流的深入，景观要素、覆盖范围的增多与扩大往往伴随着文化活动与内容的"滚雪球"效应越来越丰富多彩，在这样景观因文化而存留、文化因景观而显现的往复过程中，人类群体在城市环境背景下生存时在建立生活居所与宜居环境中取得平衡所体现的规律性文化内涵也得到了长足的扩展。文化景观遗产的独有遗产类型与评判标准都决定了其深厚的历史文化底蕴，从这个角度来看，文化景观遗产是一个区域内人类文化的高度体现，在长时间与客观环境的作用选择下，其在城市环境中的集聚程度、发展深度更称得上是"浓缩的精华"，而得益于信息传播技术的进步，这样代表着一整套生活方式与生存智慧的文化内容集合可以在一定程度上打破时间束缚，随着人类活动对自然环境的改造、对人文环境的持续性更新忠实记录下人类文化不断进化演变的得失经验。故而文化景观遗产是最能体现城市地域文化的景观类型，其景观要素组合所暗含的文化规则、景观元素体现的文化内涵是自身与所处城市文化环境发展历时性的直观体现，在潜移默化中或直接或间接地辐射影响着周边环境，若能提取其中的核心文化内容并在城市文化景观设计中正确引导，对决定城市文脉传承的城市景观环境与城市文化环境的营造都有深远的意义。

3.3 文化景观"文化DNA"理论研究

3.3.1 基于生物遗传理论的文化基因类比

各国城市景观的不同之处在于符合传统地域特色审美意趣的不同文化元素的景观化体现，从城市景观这样直观地展示城市生活方式、城市文化氛围的渠道人们可以结合自身知识与感知尝试理解并融入城市的地域文化氛围。我国古代城市建设追求天人合一、自然和谐，这样的思想在历经粗放式城市发展方式，转为追求生态宜居型现代化城市之后逐渐回归了本源；西方大都市在发展过程中从生到死再到重获新生，"规整、经济活力、辐射力、全球影响力"似乎是不会改变的标签。每座小城市都会向大城市发展，每座大城市既有容纳适应万物的包容性，也有独领风骚专美于前的气质特殊性，这其中城市文脉在保持城市特性、传承城市精神、延续城市发展等方面都起到了不可替代的作用。正如语言、文字在人际交流与文化传播中不可替代的媒介作用一般，城市文脉的景观化保存与继承过程中，不同文化种类、文化元素的信息传递、景观表达，文化内容通过城市景观的长时延续性与更替变化性一代代保留传达下来，其传播演化机理与生物遗传学说是否有类似之处，既然生物DNA的理念已经耳熟能详，我们现今经常提及却鲜有定义的"文化DNA"概念在文脉传承方面是否有规可依、有迹可循？

将生物学中孟德尔、沃森、克里克等专家提出的生物遗传的基因与DNA概念引入文化景观领域是因为文化景观遗产中文化元素的代际传承与基因遗传有异曲同工之妙。基因也称为遗传因子，在生物学领域中的定义是产生一条多肽链或功能RNA所需的全部核苷酸序列；DNA即脱氧核糖核酸，是一种长链聚合物，是染色体的主要组成成分与主要遗传物质；带有遗传讯息的DNA片段称为基因，可以认为基因与DNA是被包含于的关系。基因支持着生命的基本构造和性能，储存着生命的种族、血型、孕育、生长、凋亡等全部信息，文化景观中文化内涵的核心地位虽不如"基因即全部"般占据了文化景观的所有内容，但其作为内在驱动因素促成文化景观形成、演化与变迁的作用与基因类似。基因有自我复制与产生突变的特点，文化景观中文化基因的作用一般无二，首先保证现存文化景观的核心文化信息得以以景观形态保留、复制并传达延续，保持文化景观的基本特征并区别于其他景观；受景观长时持续性的影响，所处环境会不断产生变化，活跃于景观地的人类活动为适应环境会在初始形态基础上发生变化，近似于基因遗传的正常变异，偶尔出现的颠覆地域文化范畴的新文化价值观念则与基因突变相仿，有的变化不为人们所喜而像一些遗传病被摒弃、被治愈般渐渐湮灭，有的突变则存留于文化景观核心文化内涵之中，并转化为实体景观与原有景观融为一体，演化融合为新的文化景观。生物遗传过程中环境与遗传的互相依赖性正如文化景观中人类活动产生文化并形成文化景观所体现的环境与景观文化遗传的互动性，文化基因决定了文化景观的存续、形态以及未来发展可能，文化内涵、文化基因左右着文化景观的一切，文化基因与基因同样肩负着传达重要信息的根本属性，它们是决定生命或景观是否健康的内在因素（表7）。

基因与文化基因对比　　　　　　　　　　　表7

名称	DNA对应关系	遗传作用	遗传过程	物质存在性	表达方式
基因	被包含于	绝对核心	选择、复制与变异	带有遗传信息的脱氧核糖核酸（DNA）片段	遗传规律
文化基因	模糊而相近	内在驱动	选择、复制、传播、变异	无	语言、符号、行为等多种表征方式

　　基因与文化基因有多个相符的特性，但同时也存在着许多差异。一个无法忽视的问题是，科学家们发现了基因与DNA结构，基因与DNA是有其客观物质存在性的，而文化景观中的文化基因、文化DNA等基于此生物遗产理论所模拟的相似概念与文化、思想、理念的主观意识形态相一致，虽然可以通过景观语言、景观图画加以表述，但其本身并不是客观存在的，因此而来的诸如染色体上固定位置等差异自不用多言，但如此模拟的出发点是为了阐明文化元素在文化景观乃至城市文脉的传承过程中所不可替代的作用，本意是将实体化景观背后的虚拟文化链条补全，完善文化DNA的定位、赋形、修复技术，使地域文化元素通过景观设计手段展现出来。

　　基因的一大特性是自我复制，要使后代表现出与亲代相同的性状，相较而言突变毕竟只是少数，而应用于文化景观，这个问题就值得商榷了。人们的审美是十分矛盾的，一方面会因为文化背景、生活环境等因素而不自主地对熟悉的景观环境产生不可抑制的适应感与好感，一方面却又厌恶一成不变的城市景观环境，厌恶单调的高楼大厦与充斥滚滚车流的街道。城市文化景观文化基因与文化DNA所起的作用与生物基因是不同的，在复制基本要素的同时也追求创新的活力，如"建筑+绿地"、城市公园、城市广场等城市景观中最常见的景观要素只是在形式上予以保留，人们无时不刻地谋划着全新的景观表达形式，在设计城市景观时每个城市地域文化基因中所蕴含的内涵也会不断与新时期的新元素相结合，以崭新的面貌、熟悉或陌生的景观形式展现于前，类似于生物进化论的核心内容，复杂文化基因模组的复制与组合既使决定性的文化内容在城市景观中得以保留，又通过频繁的变异与突变不断适应环境，并非简单的"传宗接代"，而是推陈出新。也因此，相较而言更倾向于以"文化DNA"而非"文化基因"来表述文化景观中文化元素的景观化表达：基因是基本遗传单位，更重视复制而非创新，与DNA为被包含于的关系，而除去带有遗传讯息被称为"基因"的DNA片段，DNA的其他片段也积极地参与了生物遗传过程，有的直接以自身构造发挥作用，有的则参与调控遗传信息的表现，这显然更加适用于文化景观领域，每一处文化景观地，尤其是文化景观遗产地的形成都非十数年而为之，其中所包含的文化信息如恒河沙数，很难人为估量它们的长时性实际价值，精华与糟粕也许有对比标准，但我们没法简单定性哪些是"有用的"文化种类，哪些是"无用的"文化种类，"文化DNA"的统称更为全面，利于在景观设计中充分挖掘地域文化潜力。所谓"垃圾DNA"的相关研究也佐证了这一观点：美国科学家的一项研究发现[369]，生物越复杂，其携带的所起作用暂不明确的所谓"垃圾DNA"就越多，也似乎就越重要，恰恰正是这些没有编码的"无用"DNA帮助高等生物进化出了复杂的机体。极端地说，我们并不能直接定义文化中的"糟粕"，如果"存在即合理"，那么每一样文化内容的形成都有其原因与用处，只是不同时代背景下不同地域环境的不同价值观决定了对其的取舍，封建制度森严的等级观念在如今被废除、被唾弃，但无可否认的是它的出现相对于奴隶社会的落后生产力是人类社会的一次重大进步，所以文化景观中现世价值尚不明确的"垃圾文化DNA"有发挥巨大作用的语境与可能，而以"文化DNA"而非"文化基因"来作为统称是更为恰当的。

3.3.2　文化模因论

对于文化这样一个饱含人类色彩名词的理解，英国著名演化生物学家、英国皇家科学院院士、牛津大学教授理查德·道金斯（Richard Dawkins）认为，文化是进化而来的，相对于人类基因，模因（Meme）是文化的复制因子，也受到变异和选择的影响。独立学者凯特·迪斯汀（Kate Distin）在此理论基础之上所著《自私的模因》一书，拓展并强化了模因理论（Memetics），首次呈现了一个完全成熟的、可行的"文化DNA"的概念。无需针对该理论中模因是否存在、模因的机制、自私模因的唯心主义看法等颇具争议的观点高谈阔论，姑且以模因论的基本观点为基础论调，探讨文化景观中文化DNA的生成机制与传递原理，并以此指导城市景观设计中文化元素的景观化设计表达。

模因论是用新达尔文进化论的观点来解释文化进化规律的新理论。迪斯汀的模因视角认为，达尔文进化论的某些内容可以解释人类思维和文化的出现过程，在其中起关键作用的进化选择单位是模因，模因与社会文化有关，文化是社会上被传播的信息整体，是由想法、概念和技能构成的整个范畴[96]。文化是进化而来的，是文化信息变异的人工制品和行为表达，而作为文化信息单位的模因则为文化进化提供了一种机制，它具有特殊的属性，因为它们存在于表征内容当中，模因是一种特殊的表征，它所携带的信息和相关联的表征可以联系起来并以可传递的方式得以复制保存，模因通过各种复制的方式来保存它们的基本形式或核心内容，这些基本形式和核心内容就是模因的元表征，它们是我们思维整体中的一些信息组成部分。迪斯汀探讨了文化领域中类似于遗传学中DNA的因素，指出保存文化信息的是模因，它就是文化中的DNA，在任何形式的进化中，进化的内容基本上都是信息，文化进化类似于生物进化，文化中DNA的对等物正好就是信息的"表征内容"，文化DNA或模因的表征内容所涉及的正是模因的选择、复制和变异的内容，唯有具备明确内容的、可复制的元信息表征内容才能充当模因[96]。

平心而论，模因理论是有一点晦涩难明的，何自然教授关于模因论的概括言简意赅、切中要害，但仍然有一些容易引起误会的注解。文化DNA的模因理论与生物遗传的基因与DNA理论相模拟，模因对应的是基因，文化DNA对应的是基因的载体DNA，因此虽然强调了并非所有的表征内容都能充当模因这一点，模因仍然不能被视为等同于文化DNA，而同样应该是被包含于的关系，这一点在迪斯汀著作的第三章中也有说明[4]，但可能由于翻译差异或是本身内容的表达不清有些模糊。愚以为，信息表征系统并非"模因"中的DNA而是"模因论"中的文化DNA形式，即文化DNA以模仿DNA双螺旋的物理存在形式而指代信息表征系统，"文化DNA"的一般意义指代信息表征内容，信息表征内容中意义明确、可被复制的才是模因，模因中信息基本形式和信息核心内容成为模因内容的元表征。例如，语言是文化的一种典型表征系统，语言表达的内容含义即为"文化DNA"的表征内容，并不是所有的语言都能够成为模因而被复制和传达的，只有可以被理解、可以被复制，能够将其中所蕴含的意义明确地传达给其他人的才可被称为语言所表达文化内容，即此种"文化DNA"中的模因，这些模因所代表的特定内容信息中的基本形式和核心内容就是这种文化想要传递表达的元表征内容，可以应用于各个领域的不同方面，并可结合新的语境不断传承发扬，文化DNA的景观语言表达正是基于这样的理论基础。文化景观文脉传承中广义的"文化DNA"概念包括了与DNA结构类似的文化景观语言形式以及景观文化、地域文化的表征内容，狭义的"文化DNA"概念更像是被筛选、提纯过的文化内容，在某种程度上与模因相类似，文化景观领域任何地方使用文化DNA都是以传承和复制为出发点的，不同点在于对适应环境、文化创新的常态化渴求而非类似变异或突变的小概率事件，强调的是它的可继承性、附加价值和不断进化的特点。

模因论中，文化指的是社会上传播的信息整体，这样的定义与"自私的模因"这样的说法有些过于撇清人作为主体在文化活动中起的作用而过于"客观"得冷冰冰了。以传播学的视角来看，景观文化信息的不断传播与继承过程中，文化DNA所携带的文化信息表征内容是主要手段与传播媒介，但文化从来都不是单一层面的词语，景观文化与氛围本身是因人类的主观判断和评价而产生价值的，这种人类情感上的感觉、共鸣等多种复杂人类心理活动本身是不需要传播来体现自我存在意义的，不仅要考虑到并非每个人的文化判断都能够准确地化为信息传播，如对自身文化自我存在的肯定、自我价值的认可等自我意识也是文化存在的重要意义，这一过程往往是人类潜意识中就存在的，比如少数在现代依然坚持冰原生活习性的爱斯基摩人，在更好生活条件的选择面前他们仍旧坚守着自我价值中更为珍贵的种族文化生活习性。因此文化景观的"文化DNA"应该囊括进文化情感、自我意识与信息反馈等主观价值（表8）。

基于文化模因论的文化景观"文化DNA"基本概念　　　表8

概念	释义
模因	文化基因
DNA	基因的载体，定位保存着基因
文化DNA	模因的载体，非定位保存着模因
文化模因论中的文化DNA形式	信息表征系统
文化模因论中的文化DNA内容、意义	信息表征内容
文化模因论中的"模因"	可被复制与传达的文化内容
模因的元表征	可被复制与传达文化内容的基本形式和核心内容
广义的文化DNA	文化景观中的所有文化内容与表征形式
狭义的文化DNA	近似于模因

3.4　基于地域文化DNA传承的城市文化景观设计理论

3.4.1　文化DNA的遗传特性

文化模因论的雏形来源于达尔文进化理论，其基本要素是复制、变异和选择，在一些关键的因素都能够满足时，也同样适用于景观文化。一个不可避免的争议是，"复制、模仿"等词语通常会被人们不可抑制地与"抄袭"这个词联系在一起，这在景观设计中是设计师尽力想规避的问题，同时这也是许多研究者认为模因论的遗传复制学说不能很好解释人类创造性活动所带来文化进化的立足点。然而正如上文所论述的文化景观文化DNA理论相对于文化模因论的扩展，相较于遗传学原理中基因的普遍复制，文化DNA的代际传递除去原本保留的思想精华外更多的是常态化的适应环境与自我更新，而且人类自身的情感心理活动与加诸于行动之上的信息反馈也应被囊括在内，共同计入景观文化DNA的表征内容。对于复制与模仿所持的态度虽应严肃但大可不必矫枉过正，俗语云"熟读唐诗三百首，不会作诗也会吟"，对于文化景观遗产中所蕴含的先人精练的文化讯息，一开始的复制刻画与模仿学习是必由之路，在经过成百上千次的推演模拟与实践应用后方能触类旁通，始于模仿、变于思考、证于应用、终于传达，是文化景观通过文化DNA的载体传承文化信息、结合环境条件融合形成新景观体系、继续传达新文化信息从而延续文脉的一般过程。

"三人成虎""丁公凿井""以讹传讹"是人们耳熟能详、生活中也经常出现的信息传播过程中出现偏差、错漏的现象，与决定人类延续的遗传过程不同，这样的情况在文化DNA的复制、模仿、变异、传递过程中由于文化内容的不确定性、易误读性而时常发生，毕竟相对于遗传基因，文化内容被人解读而转化的思想无时空限制而更易使用，这也是模因论中坚持使用有"能够被复制"前提的模因来约束文化进化理论的原因。文化内容信息能够被传递的前提是能够被解释描述，文化DNA需要传承就必须得以被理解，传达过程中会出现不同程度的损耗，思维方式的不同、价值观念的不同以及因生活环境不同而造成的我们时常提及的文化环境差异会使"不理解"现象大幅增加，信息传递的传达方与被传达方都可以向理解与被理解的方向做出努力，即通过不断地增加信息接触量与相关背景信息的理解程度来提升自身素养，而从适应环境的角度出发，文化DNA的自我筛选与淘汰也必然会朝向更易被理解、被传达的方向进化，与此同时，记录文化种类特定基本形式与核心内容的元表征能力是其能否获得传播的重要因素。因此，文化景观遗产中文化DNA的景观设计表达过程需要分析文化DNA中所蕴含文化信息的组成结构，尽量简易化、高效化地处理文化信息而使其元素化、范式化，并能够通过景观手段将其具象化为景观要素，反之亦然，这个过程是可以双向转化的。

基因的变异有两种方式，突变与重组，这也同样适用于文化DNA。不同文化要素重新组合而产生全新的文化种类、文化内容十分常见也很好理解，但突变并非毫无限制地突然变化，而是在不干扰进化过程与方向的前提下，以完全取决于环境选择的改进趋势进化，是有语境限制的"非完全随机"行为[4]。文化DNA的突变语境中，时代变化及因此而带来的历史背景变更、科技进步与审美改变是最为常见的会改变文化DNA中所含不同信息内容特点、活性以及内涵的影响因素，但文化DNA的元表征内容，即文化信息的基本形式与核心内容却是很难以变化的，因为其在既是最易于被复制、传达的同时也是一类文化信息最易区分于其他类型的关键所在，一旦元表征内容发生突变，是否还将其视于原先的文化种类就十分值得商榷了。某种程度上，文化DNA突变与重组的发生都是基于其所处环境的改变，因为生成文化的人类活动的内在动因是通过适应并改变环境从而使人类生活更加舒适，这样的适应与改变会造成文化景观这一文化直接体现物的变迁，进而形成改变后的新景观文化，完成文化信息与文化DNA的遗传新生过程，因地域环境不同所产生的不同地域文化对文化景观的形成与变迁过程中文化DNA的突变与重组起到了至关重要的作用。如图14所示，在世界上11个不同的气候区域中最早出现的人类建筑雏形，在材料、样式、功能性等方面都大不相同，冻土寒带气候中，由于气候环境的恶劣，方便拆卸、便于迁徙的膜式张拉结构成为早期主要房舍形式；大陆性气候带里，经济节约的泥土与木质材料成为首选，结构上厚实而隔热的外墙是适应气候环境的主要特点。正是地域自然环境的

Climate Zones

- 11 climate zones

- Suitalble to non-suitable zones for human living

- People from different continents and cultural background developed independent from each other very similar architectural solutions (optimal solutions regarding resources, construction and operation expenses)...

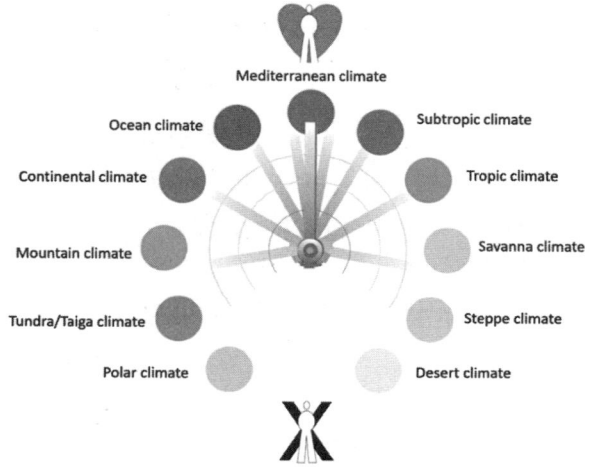

Mediterranean climate

Ocean climate

Subtropic climate

Continental climate

Tropic climate

Mountain climate

Savanna climate

Tundra/Taiga climate

Steppe climate

Polar climate

Desert climate

Tundra/taiga – arctic climate zone

Vernacular building culture

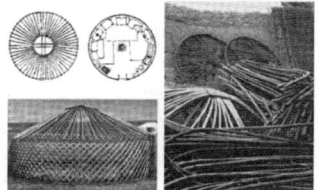

- Prefabricated technology
- Lightweigt structures
- Transportable technology
- Travelling structures
- Available materials: animal-skin, felt
- Earth pit
- Russia, Mongolia, Afghanistan

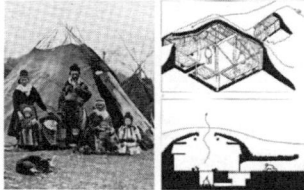

Continental climate zone

Vernacular building culture

- Russia, Belarus, Canada
- Earth structures (80% construction cost saving)
- Earth geometry
- Available materials: wood, earth
- Thick external walls, thermal mass or wood isolation walls
- Approx. 8-15 K cooler than exterior in summer
- Approx. 10 K warmer than exterior in winter

图14 不同地理气候对文化景观的影响（来源：佩奇大学城市景观与建筑节能中心）

客观条件催生了这些人类文化行为的诞生，并随之演化成为族群赖以生存、一脉相承的文化内容，这些因地制宜、物竞天择的核心文化内涵通过复制、传播与变异很好地被现代建筑能源学说继承并发扬开来，依然发挥着巨大的作用，结果导向的人类活动为了更好适应环境和取悦自己而催发了文化突变与重组的选择，也促成了对应景观的形成。文化DNA的形成、进化与突变和基因遗传相似的另外一点在于，虽然进化的大方向上是适应环境的选择过程，但其形成与突变有时并不是那么"合理"，如遗传病的存在一样，一些文化种类的存在令人难以理解而啧啧称奇，区别可能仅仅在于遗传病是几乎所有人类都深恶痛绝而任何文化的存在都起码有一部分人的理解与支持，其稀缺性与排他性本身就有相当的价值，也算是从侧面印证了文化DNA的地域属性，不同地域内的文化DNA因环境不同而进化与突变的程度不相统一。

一种乐观的想法似乎"优化"了文化DNA的错误突变：相对于遗传病，文化DNA的错误进化会因为不能够适应环境而被淘汰，即使发生错误突变，在表现型上也会受到制约而减小损失，例如建筑师们为了追求建筑外形的出众有时会画出反重力或承重不科学的草图，但会因为材料应用与结构计算的不合理而不会被付诸实践。实际上，文化DNA的错误突变会通过影响人们的意识形态而左右人类活动，一旦形成气候，即使最后因为实践的后果证明错误而纠正或被放弃，这一过程中所造成的影响是不可估量的，因为受众是以地域为范围的群体来计算的，如果一座中心城市的景观因地域文化因子选取的不慎而未能清楚表达正确的地域文化价值观，城市形象所受到的影响显然是难以令城市居民接受的。这同时也引发了关于人类对于文化变异适合度是否存在主观倾向性，或者叫"内在偏爱"[4]的讨论，持肯定观点的人们认为，文化的变异大多产生于所谓的"人为策略"，人有意识的决策决定了文化变异结果的存留于否；反对派们则认为，文化DNA会产生很多种平行进化与变异，只是最终的人为选择产生了所谓"偏爱"的假象罢了。无需讨论两种针锋相对看法的优劣，就文化景观人为设计所引导的文脉传承过程而言，人类的景观活动促成了景观的生成，决策与做法在这一语境下等同于主观决策，必然会有所偏好（图14、表9）。

3.4.2　地域文化与文化DNA所起的重要作用

在我国，一般意义上所说的地域文化是在特定区域内，具有悠久历史和区域特色并一直流传至今的文化传统[126]，所表现的是在这一区域特有的区位环境与居民生活习性的融合，其独特性一是因为当地的地理与气候环境，二是由于在此环境上所形成的与之相适应的文化习俗，两者相辅相成，共同构成了地域文化中自然与人文的两个方面，与文化景观的属性十分契合。地域文化涵盖广

DNA与文化DNA遗传过程特性对比 表9

名称	选择	复制	变异	
			组合与重组	突变
基因与 DNA	生物进化规律	忠实复制记录	严格遵循 一定规律	异常性状 适应环境：保留 不适应环境：淘汰 不适应环境：遗传 病等特殊形态
文化基因与 文化DNA	人类主观意识形 态与时代、环境 背景的共同作用	加工式复制记录 创新式复制记录	遵循一定规律， 但时常打破常规， 规律性非绝对	常规过程 适应环境：保留 不适应环境：淘汰 不适应环境：保留 一段时间后消亡

泛，尤其是对如我国般历史悠久、文化繁盛且地大物博的国家来说，几乎每个地区都能轻易地找到许多具有地方特色的民俗传说与文化事件，它们往往与当地的历史性文化景观结合紧密，且蕴含着深刻的生活智慧与相处之道。然而，也许正因为地域文化的包容万物、内涵丰富，能够展现在世人面前的始终只是其中的一小部分，即便有民间传说、典籍记载乃至众多文化艺术作品的存在，地域文化不断进化演变而影响人类活动、不止于地方居民的人类群体对于地域文化的渴求与理解程度的加深在两个对应的层面始终没有停下前进的脚步，这其中是地域文化价值内涵的现实开发程度与人文需求不匹配的巨大裂口。文化景观作为人类生存环境层面上完美结合了自然造物与人类文化行为、具备了时空复合属性的最直观产物，由于其形成时间跨度较长、物质性存在形态对空间依赖明显的特点，文化景观成为了深入挖掘地域文化内涵、充分展示地域文化要素、凸显地域文化特点最重要的载体与媒介之一，随着景观技术的不断提升成为了诠释地域文化的一种重要手段。

　　城市是地域文化通过景观化手段展现自我的重要舞台，随着全球范围内城市化进程的不断加速，"城市群"概念所体现的城市集聚理念、"区域中心城市""核心都市圈""龙头城市"等概念所体现的大城市圈层理念使地域文化在城市语境中逐渐形成了背景上不断扩展、领域上不断综合、展示形态上不断微缩的发展趋势。背景上的不断扩展是指在信息社会，文化信息的空间壁垒越来越薄弱，跨地域的文化交流不断加深，城市的地域文化已经不再局限于本地，在不改变核心特点的前提下呈现多样化的发展趋势；领域上的不断综合指在技术发展、社会分工细化的基础上，各个行业、专业领域的交叉与融合是大势所趋，地域文化所涉及的内容与牵涉的领域面会越来越广；展示形态的微缩是由于景观技术的不断发展与景观文化的不断被发掘，在同体量单位景观内表达的文化内容相对于以前不可同日而语，我国传统园林文化中讲究的"以小见大"正向城市景观渗透。在这样的条件下，城市的景观舞台对于地域文化来说代表的是一个缩影，以大城市的核心区域为基点有层级地展开，并非给城市景观划分三六九等，而是明确城市的定位和在区域内的影响力，避免本末倒置和区域同质化恶性竞争，从而合理规划设计城市文化景观。景观受地域文化影响，但同时也发挥着引领文化走向的作用，清晰的定位与区域战略化的视角是必须，绝非局限一隅。

对城市景观地域文化DNA存在的肯定与发掘有助于在促进城市景观更新演化与弘扬传统文化精髓的同时深刻认识自身所处的位置，继往方能开来、厚积得以薄发，对地域历史文化的正确认识是文化景观保留城市记忆、拓展城市文化多样性、优化城市文化氛围的必要条件。文化DNA所代表的多种文化体系包含了祖辈遗存下来物质与非物质遗产的所有无形资产，是创造多元化城市景观审美意趣的坚实保障，从马斯洛的需求层级理论来看，第三级社会需求的归属感、第四级为人所尊重的认同感乃至最高层次的自我实现、自我认同都需要对人类精神层面深度的拓展与巩固，对文化DNA的学习、应用与识别有助于精神文明建设，其与文化景观、文化氛围、文化生活的紧密联系对人类活动有重要的指导意义，也是城市人文景观环境区别于自然环境的本质。对文化DNA的研究提取与景观化转化可以有效地传递文化信息、延续景观文脉、营造城市文化氛围，最重要的是，这样的景观设计方法具象化、精准化地体现城市景观文化。

3.4.3 以文化DNA提取为基础的城市文化景观设计思路

以文化模因论为基础理论，旨在挖掘地域文化文化DNA的城市文化景观设计理念在景观规划设计的整体过程中处于前端基础分析阶段，类似于背景与场地条件分析，需要通过对现存文化DNA的相关分析来正确认识城市的地域文化内容。上文已经对文化景观文化DNA的基本概念，复制、传播与变异过程进行了一些讨论，需要明确如何发现其存在并挖掘其内涵，如何分类筛选，将广义的文化DNA过滤到相对狭义的意义明确的、有典型地域价值性的文化模因，确保其可复制性。

基于生命遗传理论的文化DNA发挥作用的过程与生命体的循环类似，应该是一个循环再生并不断强化自我的过程，在时间属性上，这样的循环不断发生延续至今，随着人类社会的发展与人类代际传承沉淀加深；在空间属性上，世界各地不同地域内不断发生着这样的过程，甚至同一地域内的不同空间维度也在同时发生，虽因自然环境的客观条件与人类社会发展程度的不同而情况不尽相同，但整体如滚雪球般不断循环翻滚前进的进程难以中断。对于处在某个时空节点的人们，文化DNA的来源之一便是前人遗留的文化景观遗产，其中的文化信息在经由文化熏陶洗礼而有一定文化基础的人识别分辨之后，再以文化DNA的形式复制、传播并发生变异，类似于DNA代码的破解、转译，并以语言、文字等基础形式加入到社会文化信息传递的一般过程中，其中的一部分最终再重新形成新的文化景观进入下一个循环过程之中。在文化景观文化DNA的小循环之中，文化景观遗产、文化DNA、核心文化内容是三要素，其中间或有转化而成的景观元素等其他要素；而相对于文字、图画类语言符号等学习之后可以直接理解含义的文化表征系统，文化景观需要在学习文字、图画等语言符号的基础上再对相关知识有所领悟方有识别能力，这样获取更高层次文化讯息能力的过程算作加工工序[146]，视加工工序的多少来划分蕴含文化DNA的资源等级，以此来形成文化DNA在社会中发挥效用的一般过程。对于作为地方代表、地域特色鲜明的城市而言，除去任何地方都有的一级文化DNA来源而言，饱含地域文化DNA的文化景观所展示、传递的文化信息内容量级在人文素养不断上升的现代城市同样庞大、直观而特殊，是基础之外尤需重视的文化资源（图15、图16）。

　　"文化是否有主动选择性"的命题存在着很大的争议，与文化DNA的自主性不尽相同，这样的讨论如果承认了如"基因自私"理论般文化DNA的主观能动性，就与秉承"以人为本"核心理念的景观设计乃至设计专业背道而驰，先人们通过改变世界、适应环境的行为形成文化，后人们愿意传播它是因为文化、地域、情感等方面的认同感以及对核心文化理念的信任，归根结底还是为满足自身生活条件的需求以及对自身的取悦，因此在文化景观设计过程中应该由人来发现挖掘文化DNA，尤其是在城市这样充斥人文色彩与人文情怀的环境之中。文化DNA的易发现程度取决于三个基本条件：文化DNA本身的表征内容、文化DNA与地域环境的契合程度、文化DNA与其他文化DNA的适应程度。文化DNA中所包含的文化信息代表着长期形成的文化活动的经验记录，自身表征内容的优劣、凝练及条理清晰与否决定了其受重视程度，受众基础多少与内容表征方式的灵活性决定了它的易于表达性，易于表达性决定了它在多种文化DNA并存环境中的影响权重，这些因素综合组成了表征内容；与地域环境的契合度代表着文化活动的合理性即是否有被学习和模仿的必要，随着地域环境改变的应激能力、适应环境变化的缓冲能力、求新求变的内在发展动力也决定了文化DNA与周边环境的兼容性；文化DNA呈现多种类、多元化、丰富的表达方式已经

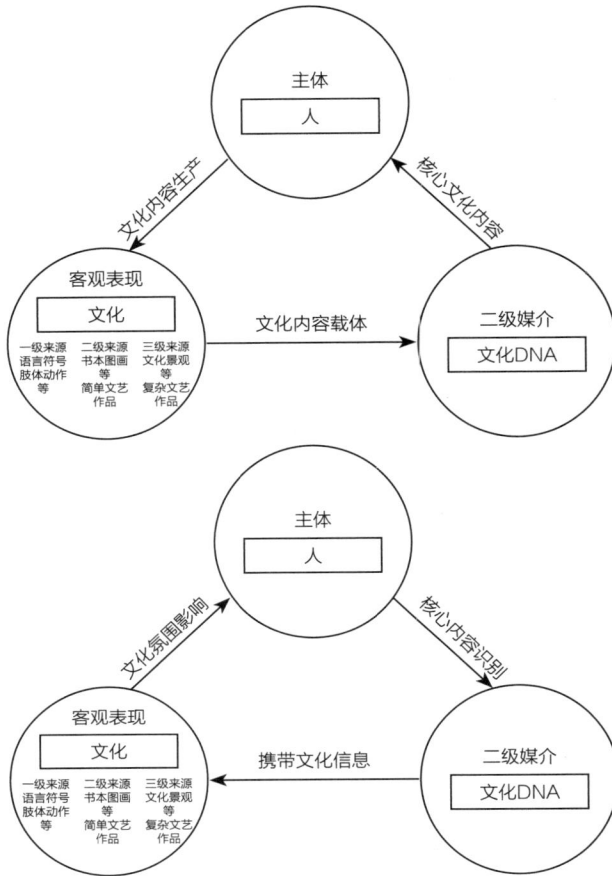

图15　文化DNA作用
机理图

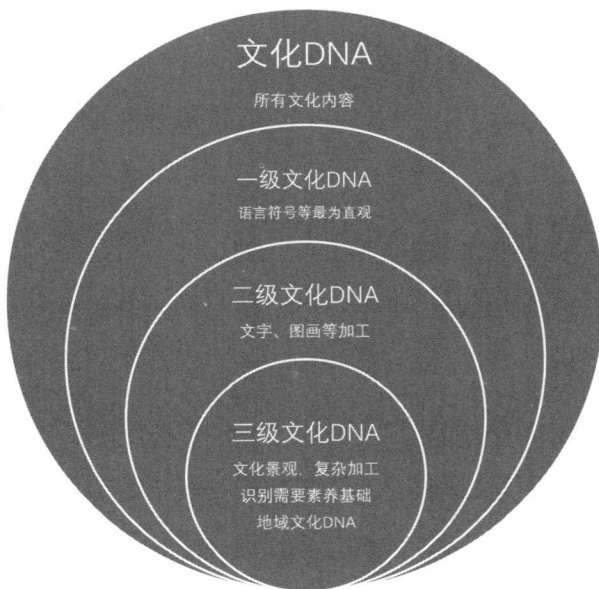

图16　文化DNA种类
关系图

成为大势所趋，在抱团现象、集聚效应愈发明显的今日，单独一种或少量文化DNA发挥的效用远不如多种文化内容的齐头并进，视与其他相似、相近、不同甚至互斥文化DNA能够产生协同效应的能力分为不同等级的适应程度，有高适应性的文化DNA在城市这样的地域文化集聚环境中更容易发挥效用，甚至可以通过与其他文化DNA的结合达到期望之外的效果，定向变异能力决定了其改变自身以适应多种内容的可能，重组能力决定了与其他文化类型的融合共生及创新可能，变异与重组同时也为适应地域环境服务。在全球化背景下，文化交融的概率大大增加，组合性的重要性也被无限放大，相近似文化内容的组合融合变得更为容易，加速了它们的附带传播过程，也为城市景观设计提供了更为广阔的模因库可供选择，但单位空间环境下起主导作用的仍然只能是一项或少量几项地域文化要素，否则组合性会毫无规律与壁垒可言，地域景观差异将被逐渐缩小直至毫无特点。站在组合适应性对立面的是文化DNA一定程度上的排他性，排他性从极端符合的文化类型例子到并非绝对的部分排他种类显现出一定的回旋空间，海纳百川的包容性文化常见，在特定语境下表现出一定自主独立性的文化类型更是比比皆是，应尽量避免如以"地心说"为核心的小众神学迷信文化与以"日心说"为核心的科学文化在文化景观表现上毫无缓冲地直接碰撞而产生极端互斥、自我矛盾等不和谐景观的诞生，为多种文化DNA在景观表达上的并存营造起码能够部分符合所有文化内容出现的景观语境。组合性与排他性在一定程度上说明了文化景观文化DNA既自主又统一的特性（图17）。

文化景观遗产具有可以传承的地域文化遗传因子——文化DNA，视其易发现程度的不同，文化景观文化DNA也有显性和隐性之分。显性文化DNA通常具有指向性、目标性、功能性都非常明确的表征内容，涵盖的内容与日常生活的结合较为紧密，易于为人所知，与地域环境景观的直接表现也较为相关，大多

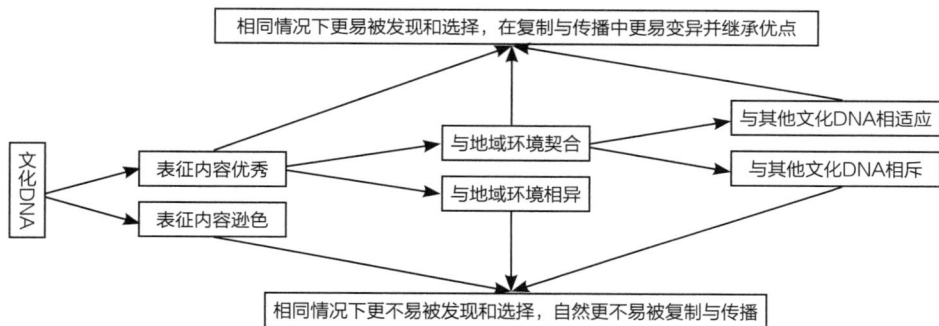

图17 文化DNA易发现程度示意图

数情况下都容易为人所接受而可通过文化景观直接表达，直观、易辨别、融入生活是其典型特征；例如名列"全球重要农业遗产"与"中国重要农业文化遗产"双料遗产名录的浙江青田稻鱼共生系统，其所呈现的水田稻作与稻田养鱼景观是乡村农业生活水稻耕作、养殖业水田而渔的直接体现，所蕴含的我国传统农耕文化与江南"鱼米之乡"传统生活方式的结合十分明显。隐性文化DNA则较难通过简单的常态化景观表达，或因文化与日常生活的脱离而不够显眼，一般还要再结合特殊的环境或是其他文化景观要素表现出来，或是对能够感知其文化存在的人群有较高较深的地域文化背景要求，需要以节庆、策展之类文化事件的文化强化方式"复活"而得以传承，非直观、非日常、难辨别、周期短时性呈现是其典型特征，但大多数地域性隐性文化DNA都有自身独特的特色与语境特点，因此共性特征并不绝对；同样是青田稻鱼共生文化景观，青田鱼灯的"田鱼灯舞"文化活动是田鱼文化与民间艺术结合派生的节庆类民间舞蹈，是只在特定节日通过民间文艺表演展示的表现当地民众对田鱼文化极其推崇态度的文化活动，相对稻作渔业景观不那么明显而介于显性与隐性之间；而当地地处山区、家家邻水、户户有池、人人耕种养鱼的传统习俗与祠堂、道桥、民居等古建筑的结合形成了山、水、田、鱼、农和谐共生的独特农家田水景观，田鱼显于外而建筑内改变自然、山水相宜、以鱼文化符号寓意"年年有余"的美好生活憧憬则是需要深入挖掘的隐性文化DNA。

DNA是一种长链聚合物，由碱基不同的四种脱氧核糖核苷酸组成。文化景观中的地域文化DNA需要被提取、筛选并转化为景观元素，模拟DNA组成结构将一种文化DNA分解成四块内容结构、种类上还是保持着文化种类的多样性有助于内容提取与元素转化，这四块内容结构包括文化的核心思想信息、人类活动表征、形成景观要素以及常用元素符号，共同组成了文化DNA的内容表征系统。核心思想信息代表着该种类文化最精练、凝聚的价值观念和意识形态内容，决定着文化内容的走向和围绕核心信息展开的所有理念，在文化景观设计中起指导作用，直接确定设计风格与取材用料、颜色配比、形态布置等全部设计内容，起确定设计基调的作用；人类活动表征为文化内容影响下的人类文化行为，与景观内容构成、位置确定等息息相关，便于服务于人类生活的城市景观清楚定位、确定服务对象设计功能，旨在设计文化景观前调研分析地域文化行为以构建背景语境；形成景观要素直接与人类活动附带生成的地域文化景观相挂钩，确定实体化景观形态、种类与要素，对设计景观节点、选择景观元素等形态构成过程十分必要，决定景观表征的形式；元素符号则是文化内容表征形同中最有代表性、最具影响力的符号化象征，易于与景观元素或组成要素相互转化，起到以形寓意的辅

助表达作用，使文化元素、文化内容与核心思想更易为人所辨别与理解。这四块
内容结构所涉及的范围较广，包含信息量较大，在同一地域环境中协作互补，从
不同的角度较为立体地构成了文化DNA的主要内容，因地域语境不同或有重合，
适合运用于通过景观载体使无形文化DNA向景观实体有形化转化的过程，以此
四块内容为基本模块开展地域文化DNA的基础分析和提取、筛选工作，将复杂
的文化内容筛选至仅剩此四块基本内容，再以可复制的模因为目标作进一步精
简，确定元表征的基本形式与核心内容，再根据其中文化内容与景观形态、要素
的关系以及审美偏好的选择来进行人为加工与重新组合，确定景观化文化内容并
像景观元素转化，植入于城市文化景观之中（图18）。

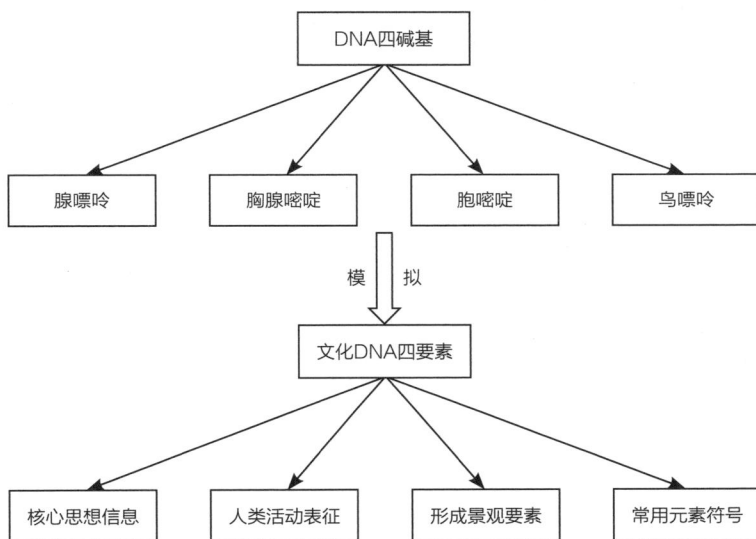

图18 文化DNA四内容要素构成模拟图

　　将文化景观地域文化DNA设计理论应用于本章第一节中的三个典型文化景
观遗产案例中，可初步确定其特质性主要文化DNA的差别，如表10所示。以此
四项主要内容为架构建立起文化DNA基本单元以解析不同文化景观遗产中所表
达的文化内容与内涵，可有效地将其运用于其他相似或相异的景观环境中，便于
明确文化种类、区分同质性文化内容，为景观设计的元素选取、要素布置提供资
源并指明方向。例如，汤加里罗国家公园尊重自然景观的文化DNA就适用于同
样将自然景观重要性置于较高层级的文化景观地，以类似的文化基因提取与内容
模仿过程分析现状并针对性做出变异加工，在此基础上设计围绕自然核心的文化
景观要素与相关活动会更大程度地契合当地地域文化环境（表10）。

典型文化景观遗产案例文化DNA内容构成　　　　　表10

名称	核心文化	文化景观表现形式	地域文化扩展	核心思想信息	人类活动表征	形成景观要素	常用元素符号
汤加里罗国家公园	本土毛利文化	群山景观	毛利土著文化	自然崇拜敬畏自然	拜山毛利战舞人体彩绘	群山景观传统茅草屋舍祭祀活动	条状彩绘符号山形文字"几维"物品
云南红河哈尼梯田	农耕文化	山水田园	哈尼耕作文化	靠山吃山因地制宜生态稳定	山间水田耕作打米收粮	梯次水田传统屋舍传统服饰	水稻大米传统纹样水田耕牛
罗马帝国边界	战争文化	建筑壁垒、居所市集	古罗马帝国霸权文化	权力至上战争外交	卫戍边界市集交易	城墙堡垒栅栏壕沟	罗马数字军队标志

第四章　基于审美偏好的地域文化 DNA 选择研究

通过第二章的文献研究与理论述评、第三章的文化景观地域性描述，基于地域文化DNA理论的城市文化景观设计方法已初具雏形，但文化景观设计时如何充分体现其地域文化特点、文化DNA种类众多该如何选取等问题并没有较为清晰的解答，在现有研究中也缺乏相关内容。城市文化景观设计的实质是传承城市文脉并服务于城市人群的艺术化景观文化处理手段，因此围绕文化元素与受众审美偏好的研究十分必要，审美偏好指导下的文化DNA选择、遗传、变异与景观化转化可在很大程度上保证城市文化景观在地域文化环境中的可融入性。

本章节希冀通过三个侧重点不同的审美偏好实例研究，着重研究解决文化元素对城市文化景观设计审美偏好的影响、不同年龄受众对城市文化景观设计审美偏好的影响、利益相关群体与城市文化景观审美影响因子的研究三个设计问题，以此来探讨审美偏好对文化DNA选择的影响。

第一个实例研究是从专业背景设计师的角度出发，研究在复杂文化景观环境中文化内容与元素的选择。选取上海四个较为知名而充满设计元素的文化景观地为研究对象，以四十二名设计专业背景人员组成调研团队针对四地进行调研，统一提交"图片+文字"确定形式的调研报告，基于语义分析法中图片语义分析的基础理解与语言注解阅读的结合提取文化设计元素关键词，研究不同城市文化元素对文化景观设计审美偏好的影响，从而指导文化DNA选择过程。这四处文化景观地分别是田子坊、新天地、豫园与8号桥，提交完善的调研报告总数为42份，都是以图片或PPT的形式呈现，绝大多数是基于自身理解与观点以设计学的视角实地调研所得。此处选取其中每个地点5份、共20份较有代表性的报告，用以分析不同文化元素在城市文化景观设计节点的审美偏好与设计特性中起到的作用。

第二个实例研究是针对受众的观察与访谈研究，探讨不同年龄的文化景观受众在审美性与功能性方面的审美偏好差异。选择佩奇市市中心位于同一地块却在景观规模、风格、功能性等方面截然不同的新老市场为对比研究对象，以相同时段单位时间内各市场的人流量中年轻人与年长者的人数对比，辅以采访访谈的内容采集形式，研究不同年龄受众对城市文化景观审美上的倾向性以及功能上的选择性，以便于针对性地指导城市文化景观设计中的文化DNA要素选择。

第三个实验研究同样是受众研究，选择最具争议性的第一个被世界遗产中心除名的文化景观遗产——德国德勒斯登易北河谷为研究对象，探索城市文化景观遗产的文化价值评价与审美影响因子设置的合理性，并以不同的利益相关性视角研究利益差别对审美偏好的影响。易北河谷是非常典型的因景观设计不当导致审美评价大幅下降而引发的遗产名录除名案例，研究除名诱因在审美偏好学理上的合理性以及考虑利益相关性问题的不同角度与原因对审美偏好影响因子的发掘、具备特殊因子文化DNA的选择都有重要意义。

4.1 文化元素对城市文化景观设计审美偏好的影响

4.1.1 上海文化景观实例研究背景

在分析之前首先需要明晰被调研对象各自的基本情况：

4.1.1.1 田子坊

"田子坊"街区名称的实际使用是在21世纪初，但其存在时间却颇为源远流长。田子坊街区历史上位于上海原法租界第三次扩张区域内的中央区南端，街区形态成形于20世纪20年代，历经历史变迁逐渐形成了以泰康路为核心，里弄住宅、花园住宅和里弄工厂并存的复合型街区[138]。改革开放之后，由于产业结构调整等实际因素，许多工厂关停，田子坊开始出现大量不规则空置空间，直到千禧年前后，卢湾区政府以政策为驱动，主张着力打造文化艺术型主题街道以彰显城区特色，并以此为契机带动区域文化、经济等多方面发展。

田子坊地区的更新改造经历了厂房改造时期、里弄住宅改造时期以及典范性创意产业园三个阶段[141]。第一阶段主要是文化艺术工作室的入住，奠定了街区的创意产业结构；2000年后第二阶段的住宅改造，地价的不断上升使上海城市居住空间的日渐紧张，田子坊地区原住居民利益与开发商利益难以协调，此阶段经历了由政府与开发商"统一开发"方式向居民"自改自租"的转变，并非一开始便是"自下而上"式的历史街区更新方式[137-139]，这也导致了居住空间混乱、无证经营、商住性质模糊、违章搭建等多种影响城市景观质量与观感的情况发生；第三阶段创意产业园的形式使得田子坊区域的业态趋于多元化，与旅游、产品设计等产业的结合以及在本身文化艺术服务产业的不断延伸让田子坊成为了名副其实的综合性创意产业园区，对其土地与空间的利用也出现了各种途径，但生活节奏与自我更新的加快也催生了如"纯文艺衰退"、日常生活侵扰等实际问题。

今天的田子坊已经远远超出最初里弄工厂的范围，真正以核心街区为基础辐射到了坊里街间和周边一带，改造至今其最大的成就应该算是将石库门这一起始于仿西式私人别墅的建筑形式从私人化转向了市民化、公众化，并逐渐形成了上海独特的建筑名片。在这样的表象背后，是其对于市井文化承载力的展现，虽然20世纪80年代后在政府引导下，田子坊街区的原有工业厂房被大量的创意文化产业企业进驻，但这里仍有许多市民居住，并通过改造和居民自租、补足服务产业等方式与新产业共存，并在范围扩大的同时不断提升着集群影响力，这里是上海传统市井文化的承认点。

田子坊是最能反映我国城市居住与产业功能并重的地方，是城市更新中产业结构转型与生活方式转型的集中体现地区，为城市更新方式从粗放式、大规模向多点并行、渐进式转型提供了借鉴，同时由于核心创意文化产业的存在也是文化驱动力作用于景观的范例，因此如何保持其结构体系的完整、维持宜居环境稳定与产业保持活力的平衡，如何引导其区块内景观要素"杂，而不乱"的审美偏好精髓是其应始终秉持的核心。

4.1.1.2 新天地

新天地是以保护老上海石库门建筑为初衷，结合了上海传统历史文化风貌与西方新都市生活文化，并在发展中不断添加商业、时尚等现代都市元素的城市文化景观点。其基础为近代上海标志性石库门建筑，在保护、重建、改造的基础上为其增添了除居住功能外的餐饮、购物、演艺等现代城市功能，可以将新天地视为集社区居住、商业购物、休闲娱乐、旅游文教的城市综合体。

上海新天地是一个矛盾的综合体，虽起源于老上海文化、为保护石库门老建筑文化而生，但发展到现在的新天地在文化方面却呈现出了较大程度的多元化，且大有愈演愈烈的态势。其中既有上海本地里弄文化与老藏品的交相辉映，也吸纳了西方建筑的艺术风格以及西方城市强调交流、注重交互的空间建设，更融合了现代城市快节奏的生活方式，酒吧、商场大行其道，形成了独树一帜的新海派文化，其文化类型是似地域文化而非地域文化的。上海这座城市本身开埠较早、文化交融时间较长、"海纳百川"的特质，与地理位置、环境建设以及"国际化大都市"的城市定位都极其相关。对新天地的评价可谓众口难调、褒贬不一，但不可否认的是"新天地模式"为现代城市中传统与现代的结合共生提供了一种绝对可以算得上成功的思路，强调新旧结合的新天地区域在"老"的方面有传统建筑形式、记录岁月足迹的不同类型博物馆、中共一大会址等文化景点，在"新"的方面则有商业中心、酒吧、欧式建筑、城市广场、小型公共空间等多处经过设计的城市景观，虽因如商业闹市与清净居住环境的冲突等原因未能达到完美融合的程度，但就其所呈现出的以石库门建筑为底，仿古与现代多种风格建筑与城市空间景观相映成趣的复杂景观层次，在大部分区域不显杂乱已属难得。

4.1.1.3　豫园

豫园是上海十分出名的有江南园林代表性的私家园林，始建于1956年的明朝嘉靖年间，原属世家大户潘氏私产，其名称按《豫园记》中记载，借"豫"字"欢喜、快乐"之意，"匾曰'豫园'，取愉悦老亲意也"。早期豫园对建筑及其周边景观的处理可谓登峰造极，无论是亭台楼阁、曲径回廊，歇脚小景还是静堂深厅，超过四十处的古代建筑与环绕其中的池、湖、树、石等中国传统园林常见设计元素可谓设计精巧、布局细腻。明代中后期，江南文人造园之风勃兴，上海附近著名私家园林不下数百，而豫园"陆具岭涧洞壑之胜，水极岛滩梁渡之趣"，其景色、布局、规模足与苏州拙政园、太仓弇山园媲美，公认为"东南名园冠"[371]。

如此即使放眼世界都不可多得的珍贵景观地却因鸦片战争与旧社会的混乱动荡受到了无可挽回的破坏，建筑损毁、植物生灵涂炭、水景湮灭、布局破坏，险些毁于一旦。好在自新中国成立后1956年修复工作开始，在市政府、上海民用设计院、同济大学建筑专家以及无数"爱园"人士的努力下，豫园得以重建与妥善保护，大规模的修缮工作持续了五年，于1961年9月对外开放，此后历经无数次延续性修缮与保存式设计，豫园秀丽典雅的名园风貌得以恢复。现豫园占地三十余亩，楼阁参差，山石峥嵘，树木苍翠，以清幽秀丽，玲珑剔透见长，具有小中见大的特点，体现出明清两代江南园林建筑的艺术风格[371]。

各式文物、古建筑和动静结合的人工半自然景观是其主要吸引物，围绕其展开的历史文化氛围则是让人沉浸其中、充分引起共鸣的内在核心。设计豫园的关键在于置身上海大都市而闹中取静，借设计之都的良好氛围突出其环境的设计感，并使许多为人所忽视或艰深难懂的文化内涵以文化景观的形式展现出来。

4.1.1.4　8号桥

"8"这个数字在很多中国人看来都有个"发财"的吉利寓意，以此命名的上海卢湾区特色创意园区"8号桥"也确实如此，经历了历史上作为上海汽车制动器厂为国家生产所创造出的辉煌，在废弃经年、几乎为人所遗忘之后却通过新世纪全新的规划设计之后，这座位于建国中路占地7000多平方米的庞然厂房被改造注入了时尚、创意的元素，成为了沪上时尚创意园区之一，如今已有相当数量的文化创意产业团队入驻于此。总建筑面积逾12000平方米的8号桥以"桥"为名并非是有桥梁横亘其中，更多的是用于凸显其8栋厂房建筑之间设计别出心裁的连接构造，这些类似于天桥的通道优化了8号桥内部的交通流线，营造出了更方便沟通的办公环境；在内涵上，这更意味着多个行业、多种文化的交流汇聚于此，也寓意着过去与现在甚至未来的一脉相承。

8号桥改造最为成功的是其整体建筑形象设计，其中新设计材料、工艺与改造模式的运用使得已保留的旧厂房建筑成为新时代上海城市中亮丽的新鲜景观节点，其中最为关键的是建筑外立面等硬装设计、整体颜色选用以及灰空间的处理。改造后的8号桥区域最令人印象深刻的就是被保留下来原来老厂房中那些厚重的砖墙、纵横的管道和斑驳的地面，无一不显露着工业文明时代的沧桑韵味。颜色与材质的选取上，极富特色的外墙最能体现新旧结合的设计思路，单调的白粉墙被舍弃，现成的原有青砖材料以凹凸相间的砌造方式突出了墙面的纹理感；不锈钢、反光玻璃等新材料的使用则充满了现代感；室内设计方面，未经处理的木条所铺设而成的地板及装饰外墙斑驳有秩，整体鲜亮暖色调的原木及家具装饰在视觉上赋予了这个区域强烈的个性特征。最为出彩的是改造设计中对于介乎室内与室外空间的灰空间[145]的运用，工业厂房部分空间开放、半开放的特性在改造中配合尤为关键的周边环境景观设计，虚实相掩、内外交替，形成了专属于8号桥园区内适合用于交流与休闲的半公共交互空间，在现代办公与产业园区中的地位不可或缺。区别于田子坊的自主自发，8号桥改造工程是在政府引导下的企业行为，经过整体设计的为现代服务企业量身定做的综合园区风格统一，整齐划一。

严格来说，8号桥并不算是充分利用了原址之上的工业文化遗产，因为其整体风格与文化内涵都已随着时代发展与设计改造而发生了转变，其所充分利用的只有一部分的原有建筑硬装及空间，8幢厂房改建的联动办公楼中保留了工业文明时代的沧桑韵味，同时也处处流露出现代文化的气息，文化种类完成了从近现代工业文化向现代时尚文化的转变，从大型工业厂房大规模生产的模式向分割式小而精的多样化作坊模式转变，规划设计力争保持原厂房的整体布局，但外部空间和内部空间则重新进行了更新组合，完成这项举动的具体措施是将原工厂内不适合的危房、隔断等撤去，加入新的元素（或称为种子），使用了钢与玻璃等新材料，旧的厂房布局与新的材料及色彩形成强烈的对比，特殊的背景形成了园区内多个丰富多彩的外部空间及半室外空间，在传统材料上添加新的时尚元素构成多彩的丰富的立面，突出时尚氛围[144]（表11）。

4.1.2　调研结果解析及核心关键词提取

此四地作为上海市出类拔萃的文化景观地，无论是在文化种类的典型性、多元化、变化性等方面，还是在设计艺术学技法的运用以及景观审美偏重方面，抑或是在对于新技术手段的运用上都具备了相当的特质性与设计上的闪光点。以设计学为主要专业与研究兴趣点的各位调研者在调研时也充分注意到了其中的许多方面，以报告中文字与图片在历史文化、艺术审美及科学技术的相关性为基准，调研报告内容有所偏重（表12）：

表11

上海四处文化景观地特征比较

名称	位置	开发模式	形式转变	主要产业类型	城市更新模式	核心文化种类	核心景观关注点
田子坊	黄浦区，以泰康路为核心	政府主导遇阻后的居民半自主开发	石库门里弄、花园住宅、工业厂房——石库门住宅、创意空间、商业门面散落式分布	文化艺术创意设计产业、商业、餐饮服务业	多点交错并行、渐进式更新，自我选择淘汰	海派文化、文艺文化	杂，而不乱
新天地	黄浦区，以太仓路181弄为核心	政府主导，企业开发	石库门——新旧交杂，住宅、景点、商业、博物馆等并存	房地产、商业、休闲娱乐服务业	少量保护，大规模更新、统一开发，严格筛选	海派文化、消费文化	中西结合
豫园	黄浦区，老城厢东北部	政府主导，保护利用	私家园林——半开放景点	旅游业	保存式修缮	古典园林文化	景点交织，闹中取静
8号桥	卢湾区，以建国中路8-10号为核心	政府引导，企业开发	工业厂房——时尚创意空间	文化艺术创意设计产业、餐饮服务业	"旧瓶装新酒"：保存格局，内外空间更新	工业文化、时尚文化	空间布局、新技术运用

上海四处文化景观地调研报告倾向性一览　　　　表12

调研地点	调研者（共42人，选20人）	报告总张数	历史文化相关张数	艺术审美相关张数	科学技术相关张数
田子坊	调研者A	20	4	10	3
	调研者B	14	5	10	2
	调研者C	38	12	19	7
	调研者D	18	2	5	2
	调研者E	28	3	2	4
新天地	调研者F	36	8	13	11
	调研者G	20	10	15	4
	调研者H	24	7	10	6
	调研者I	43	8	18	18
	调研者J	15	6	6	7
豫园	调研者K	21	5	10	11
	调研者L	14	10	8	1
	调研者M	44	12	18	14
	调研者N	21	5	8	4
	调研者O	18	10	13	4
8号桥	调研者P	21	4	9	7
	调研者Q	18	7	8	5
	调研者R	20	10	5	7
	调研者S	13	1	9	5
	调研者T	29	6	15	13

　　而其从景观设计的角度出发对调研场所的关注点有所不同（表13）：

4.1.2.1　田子坊报告解析

　　在田子坊的调研报告中，受田子坊本身艺术气息浓厚特点的影响，除调研者D偏重前人文献研究资料与现状产业、调研者E另辟蹊径结合传播学场景理论进行分析外，大部分调研者都更多地选择从艺术审美的角度来分析其设计内容。遗憾的是，他们虽大多都有陈述田子坊的历史文化发展脉络，却往往浅尝辄止，没能将其与艺术审美、技术发展等分析角度结合起来。

　　在设计元素关注点方面，所有调研者关注最多的就是地图与导识，充分说明了在田子坊复杂的里弄街巷中起引导功能的景观导识系统的重要性。从调研者们

表13

上海四处文化景观地文化、景观元素提取

调研地点	作者	设计元素关注点	景观类型关键词	设计风格样式关键词	文化相关性简述	优势分析	劣势分析	提出建议共性、特性
田子坊	调研者A	视觉景观：LOGO、地图、导识、招牌	建筑、导识	手绘、传统、水墨、怀旧	海派文化、西学东渐	遗产、艺术、文化、摄影、沉浸式	狭窄、低端	无
	调研者B	地图、产业、生活、导识	街道（街巷）、导识	手绘、传统、现代	海派文化、租界文化、工业文化	导识清晰、较为全面	缺乏历史文化、风格驳杂	突出文化特色、形式标准化、科学与完整性
	调研者C	建筑、景观小品、产业、导识	街道（街巷）、建筑、基础设施、节点	传统、现代、工业	海派传统文化、工业文化、旅游文化	文化、交通、服务、氛围	老旧、良莠不齐、空间不足、贵	旅游、文保、产业优化
	调研者D	产业、地图、导识	街道（街巷）、产品、导识	传统	海派传统文化、旅游文化	原生态、文化多元	商业过剩、主体失衡、安全隐患	主体平衡
	调研者E	场景、吸引物	无	无	无	无	无	社区自发的发展、社区和创意经济的融合、艺术融入社区、突出人的因素、因地制宜，保留地区特色

续表

调研地点	作者	设计元素关注点	景观类型关键词	设计风格样式关键词	文化相关性简述	优势分析	劣势分析	提出建议共性、特性
新天地	调研者F	建筑、装饰、地图	建筑、室内	传统、现代、怀旧、商业	海派传统文化、西方建筑文化	无	资金压力、品牌定位、城市局限性	无
	调研者G	建筑、纹饰、地图	建筑、室内、街道（街巷）	传统、现代	海派传统文化、时尚文化	结合传统与现代	不够完善、不成系统	无
	调研者H	建筑、空间布局	建筑、街道（街巷）、产品	传统、现代、商业	海派传统文化、商业文化	文化保留与传承、现代化、国际接轨、重视经济	导识不清、充满活力、缺之系统性	无
	调研者I	空间布局、建筑、周边环境、产业、新媒体	建筑、植被、景观小品、节点	传统、现代、商业	海派传统文化、西方建筑文化、商业文化	中西交融、产业开发、传统保留	无	无
	调研者J	文化、建筑、产业、流线	建筑、街道（街巷）、景观轴线	传统、现代、商业	海派传统文化、商业文化	街道空间比例适宜	无	无

续表

调研地点	作者	设计元素关注点	景观类型关键词	设计风格样式关键词	文化相关性简述	优势分析	劣势分析	提出建议共性、特性
豫园	调研者K	园林、空间布局	建筑、植被、水景、连接物、景观小品	传统	江南私家园林文化	无	旅游过载、导识不明	无
	调研者L	纹饰、景观小品	室内、水景、景观小品	传统、仿古	江南私家园林文化、商业文化	历史记忆、五感结合全面	无	无
	调研者M	园林、建筑、展览	建筑、产品、植被	传统、现代	中国古典园林文化、节庆展览活动文化	园林、历史文化、公共设施排布合理	停车等功能性不足、导识不清晰、产品不足、与周边联动不足	策展、加强联动、加强产品设计、打造品牌
	调研者N	园林、建筑、空间布局	建筑、植被、景观小品、连接物、节点	传统、与时俱进	江南私家园林文化、节庆展览活动文化	景点众多、周边商业繁华	引导性差、服务设施清静	丰富活动、融合创新、游线引导
	调研者O	园林、建筑、产业、纹饰、景观小品	建筑、植被、景观小品	传统、商业	江南私家园林文化、商业文化	无	缺乏地域特色、同质性	打造品牌

续表

调研地点	作者	设计元素关注点	景观类型关键词	设计风格样式关键词	文化相关性简述	优势分析	劣势分析	提出建设共性、特性
8号桥	调研者P	建筑外立面、空间布局、装饰	建筑、室内、连接物	现代、工业	工业文化、时尚文化	定位独特、绿色设计、文化内涵、环境休闲	吸引力与表现不足、硬件条件有待改善、功能分化有冲突、配套活动难以展开	展示新旧文化、明确定位、硬件改造、配套活动
	调研者Q	空间布局、建筑立面	建筑、室内、连接物、节点	现代、工业	工业文化、休闲文化	历史文化、美观、功能	无特色、无吸引物	无
	调研者R	空间布局、建筑材料、工艺技术、功能性	建筑、连接物、室内	现代、工业	工业文化	建筑改造、环境改造、文化创意与产业结合	导识同质化、配套服务设施不足	有个总结是对原有建筑文化的尊重
	调研者S	空间布局、建筑、周边环境	建筑、连接物、室内	现代	无，少有的无文化案例	设计独特、理念创新、以旧换新、废物利用、以桥相连、八达、公共区域、四通、汇聚交融	环境杂乱、交通规划差	无
	调研者T	空间布局、建筑（平面）、产业	建筑、室内	现代、工业	工业文化、旅游文化、创意文化（创意产业）	改造出色、空间人性化、产业全面、整体性强	服务设施不足	无

的报告反馈中可见，其关注点多在于导识标志的美观性及功能性这两个方面，田子坊的实际情况不尽如人意，导识标志多出现"易被遮挡""老旧""信息模糊不清"等情况；景观小品的设计在田子坊如此狭长的街道中是个难题，但其的存在对于地域文化与审美意趣的凸显作用巨大；此外，地图与导识标志与电子信息显示、手机定位等新技术的结合尚处于萌芽阶段，有较大的发展空间。

在景观类型方面，田子坊融合了建筑与交通、公共与私密空间的石库门里弄街巷，当仁不让地成为了主要关注点。就个人意见而言，若规划设计得当，田子坊的老上海里弄街道是完全有潜力、有底蕴、有基础能够和备受推崇的最具备民族风情与强烈感情的拉丁民族南美风情街以及意大利典雅街区[50]相媲美的，这是与"大上海"巍峨高楼、充满现代化气息大都市气氛完全不同的地方，处处透露着地道的老上海古旧气息，如果能够处理好调研者们所洞悉的狭窄街巷的清洁维护瑕疵，不断在石库门建筑的框架下进行有机更新，那么青灰色的砖墙、洒满阳光的阁楼、幽深的窄巷与其中正在晾衣服的慈祥的老人、机灵可爱的孩童与充满灵性的八哥，再加上旗袍佳人与外国游客共赏艺术设计作品的新旧交融感，这里宽高比小于1的街巷会令人忘却局促感而充满接近一切的温馨；对墙面纹饰、店铺门面、景观导识、景观小品的重点设计会使街巷增色不少；随处可见店铺间所呈现的各式各样设计产品也是田子坊吸引游客的别样景观，产品中所蕴含的传统文化元素与现代科学技术的结合能够很好体现城市文化的与时俱进，在用户需求日趋多样化的现代社会有时一样传统产品的商业化再生能够成为很好的亮点，也符合田子坊创意文化艺术产业的定位。

在设计风格样式方面，田子坊更多的是改造而非新建，厂房内部与石库门内部的改动并不外显，因此承载景观内容的更多的是石库门建筑传统老旧的躯壳以及临街门面，传统建筑与街巷元素占据绝对主导地位，间或有现代风格的宣传广告牌、标语导识及产品外包装引人注目，怀旧风格的水墨、手绘地图等也吸引了调研者们的目光。

在文化相关性方面，海派传统文化是主要文化类型，主要体现在江南仪门[359]的运用、弄堂街巷的形式、石库门建筑外立面青砖与传统纹饰、器具与景观小品风格等处，纹饰、器具与景观小品方面可以结合现代材料进行再设计，达到见微知著、以小见大的文化意蕴传播效果；酒吧、咖啡馆等休憩场所以及为数不多用于交流的小型广场类城市开放空间体现了西方现代城市文化的融合；旅游文化表现在方向导识、多语言介绍、背景注解等方面，来往穿梭不停、环顾四周并留影的人潮为其代表，当然，游客们遗留的垃圾与痕迹也可算作其负面影响；虽有工业老厂房的存在，但工业文化在田子坊却并不能够通过改造并用于他途的楼宇表现出来，反而是旅游纪念品、手工艺创作物向人们展示了工业设计的魅力，严格来说，由于工厂化作业地并不为人所见，工业文化的影响在此处微乎其微。

作为一个独特的案例，调研者E引入"场景理论"（The Theory of Scenes）来分析总结田子坊的特点，以"when、who、what、case、how"的五维模块来试图解释城市形态由生产型向消费型转变的背景下，高素质人群的"创意阶层"为城市社区带来更新动力，以特定区域蕴藏在社区、建筑、人口、风俗和群体性活动中的文化与价值观来反映和形塑着人们的空间行为动机与现代生活秩序。田子坊以邻里关系为基础，在基础设施革新的同时针对多样化的人群，以多姿多彩的活动组合来重塑地域文化，以社区自发性的创意经济发展将艺术融入社区，并因地制宜、以人为本地保留地方特色。

鳞次栉比的店铺、多彩的商标广告、璀璨的霓虹灯、前卫的涂鸦赋予田子坊时尚商业气息，置身于其间的设计创意公司以及摄影、绘画等视觉艺术创作门面又让这里充满了创造力，中外文化的交相辉映、日常生活与旅游景点的完美契合以及不断顺应时代的文化发展观共同组成了田子坊独有的文化体系。田子坊的文化体系复杂而多元化，但它的核心文化内涵是属于大众的温和草根文化，其在此基础之上趋于综合的文化形态使田子坊文化有着极强的包容性，而并非旗帜鲜明地面向特定群体。报告中，田子坊的优势集中在沉浸式的文化氛围，这与大家吝啬篇幅地述及文化类型形成了极大反差；偶有提及特质化的文化艺术作品；导识清晰的看法是为个例，颇有可能将导识的存在与是否清楚混为一谈。劣势主要体现为两块内容，一是空间狭窄所带来的交通与安全隐患等问题，二是驳杂与良莠不齐的店面使田子坊的定位有些混乱，亦有调研者提出了商业过剩、利益分配不均衡所带来的主题失衡问题。在建议中，突出文化特色与产业优化调整是两项主要内容，田子坊整体的文化氛围由实体建筑与街巷景观作为基础已基本定型，所缺乏的是整体规划设计的设施、导识系统以及用于点缀与配套的主题强化文化元素。而不管田子坊发展的初衷如何，现今居民自发式的多元多点渐进化更新已成为定局，产业的发展更多是因为自我淘汰而略显无迹可寻，应划分区域、确定主题地加以引导，以动态监管的模式控制定位、质量较差的文创内容，规避可能出现的产业化风险，形成创意——设计——产品——再设计的良性产业链。

4.1.2.2 新天地报告解析

在新天地的调研报告中，从艺术审美角度分析调研的内容仍然占大多数，但相较于田子坊，无论是历史文化还是科学技术的相关内容都有大幅增多，这是十分有意思的现象，要知道田子坊的街区定位一直是以传统海派文化与新兴文创产业为核心的，以地产、商业、娱乐业等五花八门的现代城市高盈利行业为主导的新天地在新技术手段方面更胜一筹理所应当，但其在文化方面所吸引的更多注意力却更引人关注，这起码说明新天地在文化景观元素的运用方面更为自如。

在设计元素关注点与景观类型方面，与经常被列为比较对象的田子坊类似，作为同以石库门建筑改造闻名的城市更新项目，新天地的建筑设计备受关注，但与田子坊的自发式、渐进式更新模式不同，充分考虑到商业功能的新天地无论是更新改造的石库门建筑还是新建的城市大楼在经过统一开发、整体设计、严格把控后在完成度与细节方面都远胜田子坊；同时因国际化大都市城市新中心的建设定位，风姿百态的西式建筑与城市广场也在新天地落地生根，风格迥异的建筑类型更易令人啧啧称奇。如此一来，新天地建筑内部装饰与建筑点缀纹饰的看点也就不容小视，不止屋里厢博物馆等传统文化汇集地，更新改造的石库门建筑甚至新建的新中式建筑内外部钱币、锦缎、雕花等千姿百态、充满中国传统文化内涵的装饰纹样与欧式建筑的繁复雕纹、现代城市建筑的多形态材料形成了强烈的对比，在新天地街区项目的范围框架下完成了交融并存。正因这些极易为人所知的文化细节，新天地的设计文化元素在报告中屡受称道。此外，新天地南里、北里的新旧空间形态设置以及其动线设计都是在清楚明确场地现状的基础上做出了清晰的定位，南里以新城市现代化建筑为主，服饰、商务餐饮、影院、酒店等业态支撑起商业消费文化的衍生，北里充分利用石库门老建筑特色，以酒吧、咖啡厅、酒楼、饰品等文创产业与之相得益彰；南里体量较大而内有乾坤，北里建筑密度较高而百折千回、引人入胜，空间布局与人流交通动线规划得当。

在设计风格样式与文化相关性方面，由于南里、北里旗帜鲜明的设计定位，其景观风格与所承载的文化氛围亦是丝丝入扣。石库门建筑、屋里厢博物馆等孕育、镌刻海派传统文化，中共一大会址推出其时代变迁感；酒吧、咖啡厅等欧式建筑使舶来品得以立足于此；大型商业购物中心引领时尚消费文化的潮流；注重个人修为的文艺创作行业也在此有一席之地以发展拥趸。多元化、复合型城市景观综合体跃然于城市中心。

新天地的繁华流光使得人们对其并不吝于赞美，传统文化保护与新城市产业开发、中国本土文化与西方舶来文化的互利共生、空间营造与城市景观综合格局的大胆建设都给我国现代城市发展提供了良好的示范，但在弊端方面调研者们却没能给出很好地总结。不少人提到了新天地内部导识不清，但在报告中并没有过多关注与体现，更多是停留在印象层面，实际上由于南里北里的空间划分，新天地区域的整天景观引导绝不至于到了"导识不清"的程度，有这种印象是因为不熟悉此处的渺小个体置身于其小空间内时，方向感与街巷熟悉度的不足会形成这样的感受，说明新天地的内部景观导识细节仍有不少提升空间；至于资金压力、品牌发展定位以及城市局限性的说法在上海这座海纳百川的一线顶尖城市更是无稽之谈。在新天地模式日趋成熟的今天，关注点仍然应集中于地域文化的保护利用方面，南里北里的划分很好地缓解了新旧城市文化的正面冲突，但城市更新的蔓生很难以清晰的界限划分得泾渭分明，同一区块内的相似景观类型情况尤甚，更不必提新天地内部许多区块所存在的难以避免的东西方文化冲突、如居民安静生活需求与酒吧闹市喧哗的不可调和性需求矛盾等现象，虽然保护与改造并不是非此即彼的，但新天地也不得不考虑自身对文化景观遗产过分保护的矫枉过正，不可在利用传统遗产资源的道路上操之过急。

4.1.2.3 豫园报告解析

与新天地和田子坊不同，豫园是典型江南私家园林的景点型而非区块型景观地，作为上海的知名旅游景点之一，豫园一脉相承至今的文化渊源与园林景观的出众艺术价值非常适合进行历史文化与艺术审美分析，园林技法则专业要求过高。豫园内可谓一步一景，其景观设计饱含的深厚传统园林文化内涵令人侧目。

在设计元素关注点方面，园林、纹饰与空间布局最受调研者关注。豫园占地仅有三十余亩，整体区域呈长方形拼接而成的多边形，三穗堂、铁狮子、快楼、得月楼、玉玲珑、积玉水廊、听涛阁、涵碧楼、内园静观大厅等四十余处古建筑与园林小景多数串联成线以方便游览，主要线路与景点基本依托着城市中的宝贵封闭式水体资源设置，环绕中既不浪费地域面积，又保证所观看景观的不重复，布局十分巧妙。园林要素中，豫园继承了古典园林在一定地段范围内利用、改造天然山水地貌，结合植物栽培、建筑布置以构成追求景观之美宜人居住环境的优点，其景观美感主要体现但不局限于在假山叠石之美、植物造景之美、水体借景之美以及景观小品之美；建筑在报告中篇幅几乎可以忽略，实际大有特点，豫园建筑以明清风格为主，木结构与砖石结构的结合使用广泛，突出了梁、柱、檩的直接结合，减少了斗拱这个中间层次的作用，建筑形象严谨稳重，形体简练、细节烦琐，装修陈设上也留下许多砖石、琉璃、硬木等不同材质的作品，尤其在建筑群体组合、空间氛围的创造上，豫园的园林建筑地位都较为突出。由于脱胎于江南私家园林，纹饰方面多取吉利之意，门把手、窗棂雕花的趋吉避凶，石狮、拱门等景观小品多种多样。

景观类型方面围绕着园林的主要组成部分，花草树木、假山、水景、景观小品以及连接物等不一而足，连廊、小径等体现景与景之间、景与物之间、建筑与环境、空间布局衔接点等关键的过渡景观设计非常值得关注，遗憾的是报告中鲜有提及，豫园的观景亲水长廊、园间穿梭小径以及各式各样的拱门都设计得别具匠心。

在研究调查设计风格与文化种类时，不少调研者将范围扩大至豫园及周边区域以丰富调研内容。设计风格上豫园内部毋庸置疑的是传统、古典风格，周边区域除现代化的商场外也存在一定量的仿明清古建筑。文化方面也比较少有变动，园林与建筑文化、民俗节庆文化、商业消费文化与美食等旅游休闲文化之外，城隍庙的宗教祭祀文化也被囊括了进来。值得一提的是，并不是一味模仿明清古风的仿古建筑就是最适合以豫园为中心的城市中心区域的；当然，太过于现代化、喧闹的都市文化风格也不适宜布置在豫园近前。

豫园自身作为上海地区的知名景点与文化景观地，其代表性的园林文化景观价值较为突出，历经各代园主与政府的大力保护扶持下，豫园景点众多、景观层次丰富而古典文化氛围良好，加上优越的市中心地理条件周边十分热闹，其园林对于全方位感官环境的营造充分烘托出了历史记忆感。调研者认为，豫园的劣势集中于旅游服务功能的不够完善，尤其在与新技术手段的结合方面较为薄弱；其占地空间小而旅游承载力堪忧的问题也逐渐显现，需要进一步优化设计与分流规划；还有看法是豫园与其他江南私家园林相比略显同质化而缺乏特色，竞争力不够强，有些过于悲观，但仍不失为提升之处，可着力于打造体验式园林景观营造活动的场所以扩大豫园园林品牌知名度与影响力，如结合节庆、展览活动开展植物盆景集市与围石造山、借景对景技法交流等。

4.1.2.4　8号桥报告解析

8号桥作为城市中心区域旧厂房改造的成功案例，有着体量小、模式单一、改造前卫、改造彻底等特点，因此调研报告中的技术分析占比相对增加，老工厂的遗留厂房、残留铺装与多种高科技含量新材料的使用是焦点所在；由于专业特点，报告中艺术审美内容仍然占据主导；相对而言文化分析则略显单薄。

设计元素关注点与景观类型上，因为组成结构单调，调研者除将注意力集中于建筑与空间布局两方面之外，也较为关注其名称由来与logo设计。与前文简介相似，"8号桥"之名既寓意吉祥、象征沟通，也与厂房楼宇数量保持一致，颇具文化韵味。在这一可以称得上是"改头换面"的改造项目中，新老建筑设计与功能使用的对比较为明显，老厂房脏乱差、年久失修的问题在得到妥善解决的同时也保留了如红砖、钢架等相当一部分辨识度较高的基础材质；新建筑造型设计以几何图形为基本单元，完美继承了老建筑的屋顶与钢架承重结构，通过多种组合在充分利用空间的同时很好地将各楼宇连接了起来，为沟通提供了桥梁。空间布局方面，原有建筑布局基本被保留了下来，只在竖直空间上通过新建筑衔接技术的运用增添了空间使用的利用度、复杂性与层次感，为紧张的市中心地块腾出了较多有效使用空间；最为出彩的是各建筑之间的连接设计，连通的通道完美契合了"桥"这一建筑形态语义，其两头互相贯通的内部空间保证了交通便利性，如阳台、花园等多处户外平台与小型广场的公共空间设计也为设计交流提供了场所；较为遗憾的是甚少看到关于建筑周边植被与公共艺术的设计组合以形成的建筑周边景观内容，这些小型景观点无论是作为建筑的点缀还是空间的背景都十分重要。

8号桥同样也是设计风格与设计文化良好契合的案例，现代时尚文化与工业设计文化齐头并进，体现在进驻园区的单位以时尚创意设计产业为主以及大胆前卫的装饰色彩运用等不同方面。经过一番设计和包装，8号桥的原上海汽车制动器公司老厂房彻底改变了面貌，抛开工业厂房原有的沉重感，改造后的建筑充分利用原厂房层高高、整体空间大而完整、垂直空间层次丰富等特点以开展对空间布置有一定要求的各种时尚展览活动。已入驻的企业主要从事建筑、产品、服装和企业形象设计、影业制作等，目前园区入驻率已逾9成，用于餐饮等配套服务的空间与文创企业空间比重约为一比四，其中国外企业占据相当一部分使用空间[344]，企业的经济利益与文化、技术与艺术进行了有机结合，通过工业与手工业、服务业与创意文化相适应的整体对外形象发挥集群效应。改造后8号桥主体建筑使用了大量的钢材、玻璃等现代材料，辅之以砖石与木材形成符合材料，不仅在质感、功能性等方面朝更为耐用的方向发展，还在色彩等美观方面赋予了新的变化，突出了充满活力新城市的时尚氛围，使作为对外形象的外墙立面更富有设计感。在这样的整体氛围下，休闲文化与旅游文化都不是主流，与企业的工业化、规章化运作相比，室外空间的短时休憩与小规模娱乐活动只是服务于商业活动的调剂品；而整体规模较小，改造特质化不够明显以及有潜力景点的设置困难使8号桥也难以成为知名旅游地，唯一支撑旅游文化的仅有局部区域工业旅游的影子。

8号桥规整而硬朗的整体形象、极其丰富的空间层次感以及非常典型的功能性导向都给人们留下了深刻的印象，穿插于其间不间断的内容策划与创意活动人群所带来的活力是8号桥保持青春的重要条件。8号桥是城市更新过程中工业厂房改造建筑景观价值、历史文化价值、艺术审美价值与经济价值的集中体现，其精准的改造定位、变废为宝的环保设计理念、四通八达而汇聚万物的文化思想与人性化、功能性强大的空间设计都走在了城市更新的发展前沿，但在文化特色强化、景观空间的差异化呈现、内部环境细节的处理以及景观伦理等方面值得进一步改善，玻璃幕墙光照反射、内部交通不畅、导识与细部环境脏乱等问题若不积极处理解决会成为妨害其进一步发展的阻碍，例如1号楼沿街的钢材与反光玻璃在夜晚时配合灯光为城市夜景增色不少，但在晴天的刺眼反光也会令人不胜其扰，是名副其实的双刃剑。

总体而言，本次上海文化景观实例研究是建立在实地调研基础上的设计艺术学背景下的图文语义分析研究，通过对田子坊、新天地、豫园、8号桥四处城市文化景观地的背景了解以及对四地调研报告的解析提取其中的文化元素关键词，研究设计者对文化景观实体中文化内容与景观设计要素的关注点，分析其心理路径与文化艺术审美的审美偏好倾向性，达到语汇搜集、明确文化DNA选择方向的目的。在田子坊中，因为主要街道景观空间尺度的限制，包括地图、指示牌等景观导识系统的清楚与否、功能性如何、设计风格怎样格外引人注意；传统与现代元素的交织、融合了多元文化内容的新海派文化所起的灵魂作用；对景观空间的合理布置与充分利用、小型景观的穿插运用也成为了以小见大的关键。同以石库门为传统特色的新天地相对而言则更多地在空间尺度反差较大但联系紧密的建筑与纹饰方面表现出了可观的异质性，同时南北空间在功能布局上的不同使传统文化与大肆涌入的现代商业娱乐文化的冲突对城市景观体系上的完整和谐也有较高的要求。豫园和8号桥在文化景观文化属性上呈现出截然不同的倾向性，前者偏传统古典，后者偏现代工业；前者讲究对人造物与自然物的搭配布置与景观背景营造，后者则以建筑功能性为核心重视室内外装修与人造功能性景观空间的创建；二者在审美偏好的功能性与文艺性上表现出了极端的反差。这些关键性的核心文化语汇以及人们对它们大相径庭的态度都可构成景观语义差异深入研究的词对，为进一步的定量研究打下了基础。

4.1.3 城市景观审美与功能的探讨：以石库门为例

在上海市的城市文化元素中，石库门扮演着异乎寻常的角色。石库门是我国城市中少有的融汇了西方文化和中国传统民居特点而保存完好的"老式"传统建筑，特点表现在单进、围合、石质门框，随上海的城市地位提升而知名度甚显，一度成为了海派文化、上海传统城市精神的象征。从材质上看，石库门石材建筑骨架与厚重的木漆大门体现了一种与世隔绝、拒人于千里之外的冰冷感，但江南仪门的"低调华丽"[359]、内在进深的设置、繁复的装饰纹样以及各家各户布置的小型生活用品都为冰冷的建筑增添了烟火气息，象征着海派文化"外冷内热"的文化精神，即便这样"以内涵取胜"的文化审美方式不是总能见效。四合院与石库门类似，同样是具有代表性的城市地域建筑文化景观，二者的区别象征着我国南北地域上的文化差异，且都有表象景观文化与深层文化审美内涵的不同，四合院是具有典型中国式思维的民居形式，四院围聚的聚居形式、共享的公共空间与"抬头不见低头见"的门第朝向使人与人、家与户之间的交流不可避免地十分频繁，十分符合传统中式民居"热闹群居"的基本样式。但在其邻里和谐的表象之下却是一定程度上的文化封闭性以及深入骨髓的封建等级观念，因为光照、气候等环境条件与建筑朝向的关系，四合院四个方向的院落必有优劣，否则"坐北朝南"的基础风水理念不会如此深入人心，而优劣院落的选择则很大程度上表明了住户们森严的等级制度，长辈晚辈、主仆之分在此体现得淋漓尽致；同时三面围合、一门通达的建筑形式在无论多少进深的复式四合院中都鲜有改变，家庭的大部分文化活动都不向外开放，四合院外墙的存在也隔绝了外部的文化交流，传统思想中"各人自扫门前雪"的文化封闭思想由此也可见一斑。

不可否认的是，传统城市文化景观所蕴藏的价值观念、思维方式都是城市文脉发展的重要基石，但正因为石库门、四合院等传统城市景观单元外在形式与功能、内在文化内涵等多方面价值与现代社会、时代背景的格格不入，在如何应用处理、该对其保护利用或摒弃的取舍过程中一直存在着较大的争议，抛开文化内涵是否能较为显著契合城市精神的矛盾不谈，光是低矮平房低下的土地利用效率与现代城市紧张生存空间的冲突就难以调和，保护"文化"与选择"功能"上的博弈体现出了城市文化景观审美与功能的拉锯。

传统与现代景观文化在城市中的契合从来都不是什么易事，伊朗公共澡堂的"濒临灭绝"，我国低矮平房、传统官邸驿站的消亡、欧洲蒸汽机车的淘汰等都历历在目，许多传承至今的老文化景观都曾在城市发展的道路中遇见过"青黄不接""疲惫不堪"的情况，或是其形式与现代功能不能适应，或是其内涵无法与现代价值观相同步，更有甚者是在长时间的自我传达中出现了信息错漏、缺失而被人误解。如为人所熟知的四大名著之一《西游记》中孙悟空头顶的金箍一般，老上海把用金属包套、收束木条以成的器物叫作"箍桶"，用石条"箍"门的建筑则被叫作"石箍门"，在口耳相传中才被误称为现今耳熟能详的"石库门"建筑，而其最为多样、最有特点的装饰纹样则更易为人所忽视。即便是对于这样的本地文化景观瑰宝，在上海各界对其的去留问题都持有不同的态度：上海市历史博物馆学术委员会副主任薛理勇提出，"现存的石库门大多疲惫不堪"，"房屋的设计都有其设计年限，石库门房屋也是如此"，"成了危房"，因此"但是整片的保护，我认为并没有很大的价值。有选择地保护一些典型的石库门，作为一个历史的参照物、标本，那是有价值的"；复旦大学图书馆馆长葛剑雄也认为，"作为民居形式的石库门房子是留不住的，也不值得留，但作为历史的石库门房子是上海城市的历史、文化和几代上海人的一部分，要尽可能完整地长期保存下去"。而相反的，上海大学美术学院建筑系教授武云霞则认为，"石库门是一种设计上很人性化的建筑"，"石库门住宅有着强烈的空间艺术特征"，"产生了强烈的地域感、认同感和安全感"，"尽管老式石库门建筑也有缺点，比如缺少绿地、缺少卫生设施，但它给人的交流以很大的空间，这是未来上海城市生活的走向"[328]；以徐大纬为代表的石库门研究专家认为，石库门是"中国特色"和"上海基因"，呼吁积极推进石库门申遗工作[331]；更不用提以阮仪三为代表的"古城保护卫士"们以及万千对老上海文化充满感情的民众了。

对石库门的去留持不同意见的各方并没有什么对错，只是看待石库门问题的角度、立场与价值观念有所不同罢了，愚以为，人们选择性放弃石库门文化是因为三点问题。第一是功能问题，无论人们愿不愿意承认，作为兴起于19世纪60年代，为了满足中式家族聚居习惯，部分模仿西方联排式民居设计而成的石库门里弄住宅已经越来越难以满足现代城市生活所展现出的复杂功能性需求，拥挤、昏暗、不便利等功能性弊端不断地冲击着在其中生活的人们，"旧瓶装新酒"的房屋内部改造工程也只是治标不治本的暂行性解决办法，无法从根本上改善石库门建筑的使用情况。正如薛研究员所说，"房屋的设计都有其设计年限"，"并没有预计到后来石库门因为各种原因远远超过其设计年限存在至今，而且是在人口大量膨胀，房屋使用不当的前提下"[373]，存在时间超过150年的石库门建筑在设计与使用之初是不可能预估到如此之长时间跨度下建筑的功能性承载能力的，何况是在城市化进程飞速发展的我国。虽然石库门本身也随着时代的变化不断进行自身演进，如20世纪初随着上海居民的家庭向小家庭结构变化，石库门住宅的结构和样式发生变化，向适宜小型家庭居住的"单进"（即无厢房）、"两进"（一客堂一厢房）样式变化；20年代后一般都加装了卫生设备；30年代以后，由于上海住房紧张，部分住户又将多余的房间出租给他人，所以大多数石库门改变了设计的初衷，成为多户同住一门的住宅。这些改变是石库门在时代背景与生存环境挤压下的必然发展结果，代表着上海城市发展中现代与旧里的结合，但随着信息科技的高速发展，这样的自然选择与自我适应过程似乎仍然无法改变石库门在功能上越来越落后的事实，这也是许多专家学者成为石库门建筑"标本性""样板性"保护方式倡导者的原因，即只选取少量具有典型性、代表性的区域石库门建筑予以原封不动的"封存式"保留，以达到保留历史文化节点式参照物的标本保存效果，将其视为"遗迹""遗址"，而非投入实际使用。

第二是审美问题，虽然设计史上著名的关于设计作品"功能"与"审美"的二元理论为人所熟知，但实践中功能性与审美性的衡量往往不是那么容易区分的。在就我国而言时代变迁最为明显的21世纪初，对于上海的许多年轻人来说，石库门里弄好像是旧世纪的象征，是"破旧""肮脏""恶劣的居住环境"等城市居住生活负面关键词的集中体现。越来越多年轻人不喜欢石库门的城市审美现象，是我国大城市飞速发展所留下的时间环境断层所造成的，许多沪上本土中老年人在幼年时代还受国家经济发展大背景所限，处于只能选择既成城市居住环境的窘境之下，且这样的情况动辄延续十几年甚至几十年，不变的城市生活环境下石库门就是居民的小世界，这里承载着他们绝大部分的儿时记忆与旧时情怀，环境的相对稳定性、生活的相对确定性令他们产生了对石库门的特殊情怀与别样依恋；相反的，改革开放以后，对于出生、成长于上海最高速发展二、三十年中的年轻人而言，太多区别于中国旧城市环境的景观元素都冲击着他们感官，宽阔马路、高架高速、现代公寓楼与办公写字楼以及环境焕然一新的新城市社区都与石库门"狭窄里弄""千转百回显进深"的环境天差地别，更不用说越来越大众化但因其基础设施而受限的高科技网络信息设备，这意味着石库门传统建筑在很大程度上都与"城市现代化"的发展方向相背离，也就在很大程度上左右了人们的现代城市审美。

第三是城市社会化网络下的人际冲突问题，石库门里弄所体现的更多的是时代发展与代际冲突的残忍无情。随着上海城市的不断更新与石库门里弄空间的不断演进，尤其是技术革新、产业结构的渐趋复杂与生活方式改变所带来的城市文化氛围的巨变，使得生活于石库门里弄街巷的人们逐渐发现了越来越多的人际交互问题，这里使用"生活于"而非"置身于"的说法是十分重要的，这代表着对日常生活多次数接触而非观光体验式的偶然接触的强调，也意味着群体的固定性、人际交往的频繁性以及冲突的不可避免性。从历史上刚刚出现时的私家或半私家住宅到如今走向成熟的以老建筑为核心的复合型街区，在人际交互中变化最为明显的是街巷中的空间属性，原先的石库门街区中私密空间占绝大多数，石墙木门之后是属于一家一户的独立空间，局限于纯人际交互环境的四邻相熟，狭窄街巷对于置身其中的家户都可以算作半私密的空间，人们进行自主行为的空间较大，自然邻里和谐。但随着城市居住空间的不断紧张，尤其发展至如今上海一线城市的"寸土寸金"，石库门居民自租、转租而划分空间的现象十分常见，小型商业、餐饮单位的进驻更是不断挤压私密空间，对自由空间有一定要求的文化艺术设计作坊的纷纷退出形成某种意义上的恶性循环，本应属于家庭内或个人范畴的私密行为不得已开始侵占公共空间，所形成的摩擦自然水涨船高，在注重城市景观质量的人们看来，穿行于建筑间挂满私人衣物而遮蔽天际视野的晾衣竿都会令人不爽，遑论旅游休闲与商业气息日渐浓厚后，受吸引而来进行通宵达旦狂欢的旅人们对本地居民们造成不堪其扰的影响。这样的人际冲突问题会因为参与其过程的部分人群的固定性及接触的频繁性而被成倍放大，达到直接左右深受其害之人的选择，并进而决定相当比例城市生活人群的审美偏好。

4.2 不同年龄受众对城市文化景观设计审美偏好的影响

4.2.1 设计素养理论分析

出现鲜明的地域性城市景观审美偏好的直接原因是设计作品的时效性，内在原因是设计师个体与个体间、群体与受众间存在的差异与知识沟，其根本原因则是素养差异，但这样的差异无法衡量优劣，这在设计实践中的很多方面都与理论上的媒介素养论有所不同。1992年美国媒体素养研究中心给媒体素养作出如下定义：媒体素养就是指人们面对媒体各种信息时的选择能力（ability to choose）、理解能力（ability to understand）、质疑能力（ability to question）、评估能力（ability to evaluate）、创造和生产能力（ability to create and produce）以及思辨的反应能力（ability to respond thoughtfully）；加拿大安大略教育部（Ontario Ministry of Education）是这样给媒体素养下的定义：媒体素养旨在培养学生对媒体本质、媒体常用的技巧和手段以及这些技巧和手段所产生的效应的认知力和判断力；媒体素养是一种教育，宗旨为增强学生理解和欣赏媒体作品的能力，使学生了解媒体如何传输信息、媒体自身如何运作、媒体如何构架现实，以及要求学生具有创作媒体作品的能力[206]。这里的"媒体"概念若使用常用的翻译"媒介"则更为契合设计内容，可以将经由人们设计而成的物品视为传播设计信息的媒介，石库门建筑正是其中一员，也因此可以将媒介素养差异理解为由于景观设计、建筑设计专业领域内所受教育体系、知识结构等设计能力的差异，不同人群对于上海石库门建筑的理解、评估与选择能力是存在着区别的。设计师在设计作品时不可避免地带有主观倾向性，同时也会由于环境、人为因素等各方面因素存在着环境受迫性，因此所造成的设计初衷与实际使用偏差不在少数，但很多时候受众因自身原因而产生的对设计物使用上的文化审美类情感演绎并不是坏事，最为常见而经典的例子就是手机、电脑等电子产品的更新换代，新一代手机、电脑的设计生产与投入使用并不意味着上一代的必须淘汰，但老的产品也不能够永远使用。排除老化、损坏等因素，有的人可以因为操作上的熟悉性而使用同一款手机长达数年，有的人则受不断变化的外形、新功能吸引而频繁更换手机；某一款电脑因为能够满足使用者日常工作生活的需求而被一直使用，却会在某一天因使用者的新需求而被淘汰。这其中关于功能、审美与使用文化、归属情感的微妙平衡因人而异，常常使设计师与数据分析师感到困惑，因此设计层面上媒介素养差异是很复杂的事情，不断变化的是人们对于功能的需求以及审美的改变，即因自身与环境变化而不断变化的设计素养。

4.2.2　佩奇新老市场差异化调研内容分析

以笔者因匈牙利政府与上海市知名设计院校合作的"邬达克奖学金项目"而赴匈牙利进行联合培养时所参与的匈牙利南部城市佩奇老市场更新项目为例，老市场位于佩奇古城南部的城市中心区域，是佩奇人日常生活中交易、交流、交通的最主要场所，由于设施陈旧、空间与用地利用不够合理、交通问题严重等现实原因亟待更新，主要目标是在新建市场大楼并更新周边设施的同时优化交通流线与公共空间结构，为居民与游客提供更大的便利，同时重新定义该区块在城市中的特色定位，并挖掘其长远发展的各方面潜力。考虑到城市现状中，在市中心最为繁华的同一地块内存在着商业中心"ÁRKÁD"与老市场两种新老风格截然不同的城市功能型建筑，为了更好地了解当地老市场与新超市的使用情况以及不同居民对其所持态度，从而更好地承担对多套改造方案的评估工作，笔者在2015～2016年的一年联合培养时间内分别多次对新老市场各入口的人流量及构成情况进行了观测，以观察与访谈为主，为避免目测误差较大，选取30岁以上与以下作为界定年轻人与中老年人的标准，记录数据如下：

周一至周四佩奇新市场ÁRKÁD客流量统计　　　　　　　表14

时段：周一到周四，9:00am—12:00am	
地点：ÁRKÁD	
入口	顾客人次（人次/小时）
北入口	1548（年轻人次：1008，65%）
中入口（顶层停车场）	708（年轻人次：108，15%）
西入口	360（年轻人次：300，83%）
西南入口	1116（年轻人次：785，70%）
南入口	1008（年轻人次：648，64%）
总计：4740（年轻人次：2849，60%）	

周一至周四佩奇老市场客流量统计　　　　表15

时段：周一到周四，9:00am—12:00am

地点：老市场

入口	顾客人次（人次/小时）
东南入口	1884（年轻人次：60，3%）
南入口	636（年轻人次：48，8%）
西入口1（北）	540（年轻人次：0，0%）
西入口2（南）	396（年轻人次：0，0%）
东北角	1680（年轻人次：168，10%）
西南角	828（年轻人次：24，3%）

总计：5964（年轻人次：300，5%）

周五、周六佩奇新市场ÁRKÁD客流量统计　　　　表16

时段：周五、周六，9:00am—12:00am

地点：ÁRKÁD

入口	顾客人次（人次/小时）
北入口	2448（年轻人次：816，33%）
中入口（顶层停车场）	1872（年轻人次：696，37%）
西入口	252（年轻人次：228，90%）
西南入口	2388（年轻人次：1068，45%）
南入口	1596（年轻人次：792，50%）

总计：8556（年轻人次：3600，42%）

周五、周六佩奇老市场客流量统计　　　　表17

时段：周五、周六，9:00am—12:00am

地点：老市场

入口	顾客人次（人次/小时）
东南入口	1932（年轻人次：120，6%）
南入口	384（年轻人次：96，25%）
西入口1（北）	804（年轻人次：108，13%）
西入口2（南）	540（年轻人次：60，11%）
北入口	624（年轻人次：108，17%）
东北角	1980（年轻人次：264，13%）
西南角	960（年轻人次：100，10%）

总计：7224（年轻人次：856，12%）

　　表14至表17分别显示了在周一至周四、周五至周六①上午的九点至十二点间新商业中心"ÁRKÁD"与老市场各个入口处出入人群的数量及年龄构成情况，表中数据为在晴或多云天气的日期共超过四十次观测数据中所取的平均值，以此为代表来分析两处市场的目标人群结构，并配合访谈内容来确定两处市场的定位与区别，在本文中仅使用30岁以上年轻人次与30岁以下中老年人次占比及访谈内容以佐证分析人们对于城市新旧历史景观的审美偏好。

　　首先需要说明的是佩奇的城市人口背景。地理环境位于匈牙利西南部、离首都布达佩斯较远的佩奇市整体环境较为安静、生活节奏较慢，巴兰尼亚州首府、2010年"欧洲文化之都"的身份都从侧面反映了其适宜居住的城市条件。佩奇市基础设施过硬、城市范围不大且生活条件尚算便利，因此许多年轻人选择到布达佩斯等更为繁华的城市工作生活，本地城市居民中中老年人居多，若非匈牙利最古老、最著名的佩奇大学坐落于此，年轻人所占比例会更低。国际上通常对老龄化社会的看法是，当一个国家或地区60岁以上老年人口占人口总数的10%，或65岁以上老年人口占人口总数的7%，即意味着这个国家或地区的人口处于老龄化社会[348]。而根据佩奇市市政府2015年发布的人口统计报告，佩奇市60岁以上人口在2015年就已超过了全市总人口的30%[349]，显然这是一个城市人口重度老龄化的地方。而在这样的老龄化城市，调研数据分析及访谈仍然能够明显看出年轻人与老年人的功能性景观审美取向不同。

　　如图19所示，新商业中心"ÁRKÁD"共有六个出入口，其中中入口连接着位于建筑顶层的停车场，从次出入口进出的大多是以家庭为单位前来购物的顾客，且因为汽车的存在都具备了一定的经济实力，整体年龄偏大，年轻人多数是家庭中的孩童；西入口由于建筑设计原因，距城市主街道以及车站较远故并不常用，中老年人多半会选择搭乘交通工具更为方便的其他入口，因此年轻人比例较高；南入口与老市场区域仅一条马路之隔，年轻人比例稍低。老市场入口如图20所示，北入口只在周末开放；东北角是大量人流及绝大部分车流汇入老市场区域的入口区域，并与ÁRKÁD南入口相接；西南角则以沿街摊贩组成的花市围绕着公交站台；西入口1处店铺摊位较少，西入口2处时常被西南角摊贩及候车人群阻隔，因此两处人流量相对较少。排除因入口设置的浮动干扰因素，从表中数据可以看出，无论是周中或周末，更多年轻人都选择在ÁRKÁD购物，而老市场的顾客组成则明显以30岁以上的中老年人为主。虽然有亲身体验已预想到这样的结果，但究竟是哪些要素主导着人们的选择，功能性选择与审美偏好选择又在其中扮演着怎样的角色？

①佩奇市所有的大型商店都实行周日休息制，周日全天不开门。

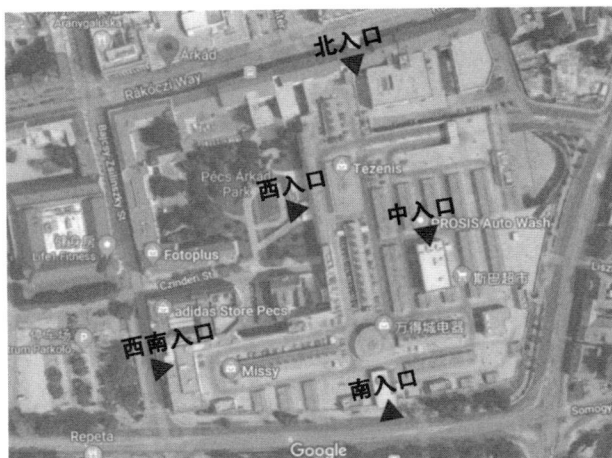

图19 新市场ÁRKÁD出入口示意图
（来源：谷歌地图）

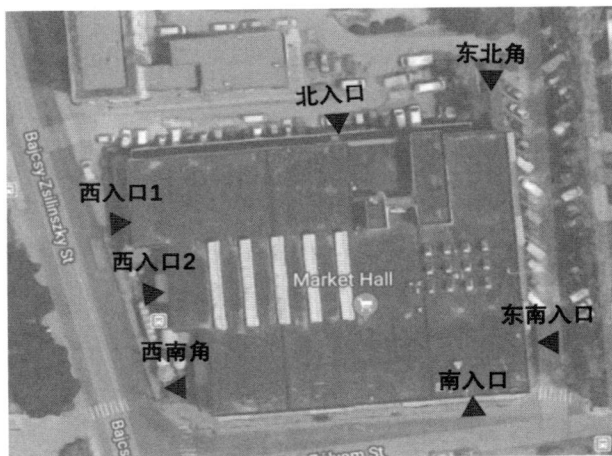

图20 老市场出入口示意图
（来源：谷歌地图）

4.2.3 调研与访谈结果分析

笔者对在佩奇生活且时常到此地进行日常交流活动的当地居民进行了围绕新旧市场比较的具有一定引导性的访谈提问，共计访问了48位十六岁到二十四岁年轻受访者与6位超过四十岁的年老受访者，年轻受访者均为高中或大学学生；出于隐私原因未询问受访者姓名及年老受访者职业；其中仅有3位年轻受访者因生活在外地故偶尔来此。访谈内容并非完全相同，但均遵循"是否经常来此地—更喜好哪个市场—偏好原因—与城市相关性—市场更新方向"的梗概，主要问题与回答罗列如表18所示：

结果十分明显，31位即绝大多数年轻人都对新市场ÁRKÁD有着一边倒的偏好，虽因交谈内容不同而原因、程度不尽相同，但基本可将喜好理由归结于市场

表18

偏奇新老市场用户主要访谈内容一览

主要问题	1. 经常来这里吗	2. 更喜欢哪个	3. 为什么喜欢这里		4. 为什么不喜欢另一个	5. 城市的地标、特点是什么	6. 当地景观的文化相关性	7. 对城市的重要性	8. 如果要改建，希望要什么要求
年轻受访者48人	是：45年轻受访者，6年老受访者	1. 我更喜欢ÁRKÁD31年轻受访者	视觉观感好	室内装饰好，现代					
		2. 虽然我更喜欢经常来/感觉ÁRKÁD更便利，但我觉得老市场也不错11年轻受访者，2年老受访者		建筑构造比较好看	昏暗破旧、东西家老化、非日常		欧洲小镇	不可或缺	大、现代化、方便、好看、成为新地标
年老受访者6人	不是：3年轻受访者(1人选择2.1，2人选择2.4)	3. 我更喜欢老市场3年轻、3年老受访者	功能性很好，更方便	店铺多、货品齐全、满足多种功能		偏奇古城、墓群、小而方便悠闲、山地			
				导识清楚、流通好			匈牙利本土文化、物产文化	没有了会很难过，对生活造成不了影响同时伤害了文化是最可怕的	原汁原味、保证物产本土化、文化气息浓厚、空间大一些
		4. 虽然我更喜欢去老市场，但我觉得ÁRKÁD也还行，起码对于别人来说更重要3年轻受访者，1年老受访者	东西好		只是习惯，不新鲜、没有文化感觉				
			氛围好，喜欢交流		大大、店多东西多分类细、没法交流		小空间文流文化（社区性）		

整体景观的视觉观感更符合他们的审美要求以及市场清楚的定位和便宜的功能特点。相比较而言，新市场的整体建筑风格更为现代，其钢筋混凝土结构可良好契合地势倾斜的不利条件，外墙涂料颜色明亮，配合玻璃设置质感通透；建筑内部流线分配合理，有较大的内部广场式人流集散地用以布置活动装饰，层高最低处也超过3米，室内空间与动线划分合理、布置清楚且视野良好，装饰现代；店铺呈带状分布于流线两侧，之间以较薄复合板隔开而相对独立，导识清楚、流通良好、选择较多；货品上至手机、电脑等电子产品，下到回形针、时令蔬菜等日常用品一应俱全。老市场则更像是我国传统意义上的菜场，贩卖食用肉类、瓜果蔬菜及多种小食品；其建筑因为使用年份较久，空间上捉襟见肘，除去摊贩位置人行通道较为狭窄，全楼只有一处位于东南角的厕所，虽出口众多但大多被物事遮挡，甚显拥挤。如此看来，新市场相较之老市场有着不可比拟的新建优势，其现代化气息与强大的功能性是让城市居民无法拒绝的选择，本身作为城市核心商业景观对于一座城市的景观生态而言已是不可或缺，更不必说位于城市南北中轴线的优越地理位置使其具备成为城市地标的可能性。

仍然有6位年轻人及4位年老受访者更为偏爱老市场，6位年轻受访者在所有年轻受访者中所占的比例极低，但喜欢老市场的年老受访者比例达到了三分之二，他们的理由大多比较简单直接。值得注意的是，所有这部分年轻人喜欢老市场的理由都是被其所售货物所吸引，出于种种原因他们十分喜爱本土传统物事，其中大部分是食物，这说明除了货物本身，老市场的环境、硬件条件、文化氛围并没有吸引他们的地方，或者说还达不到吸引他们的规模和程度；这些人中不生活于此地的年轻人给出的答案也佐证了这一点，他们认为，与他们所长期生活的如布达佩斯般的大城市相比，佩奇的新市场或是老市场本身与大规模购物中心相比无论在现代化程度、店铺类型与数量、商品价格与样式的竞争力或者节庆促销活动等方面都毫无竞争力可言，在这样的情况下反而是最具有本地风味的老市场中的传统糖果、乡土烙饼和地道辣酱更有吸引力。喜欢老市场的年老受访者们提及最多的他们心头所好与其说是这里的"环境"或是"氛围"，倒不如说是和他们一样热爱着老市场的人们，无论是摊主卖家还是常客买家，他们都喜欢在这样闹哄哄的氛围中讨价还价，遇见熟人热络地聊上几句，或是享受地来上一杯土产贵腐酒，这是属于佩奇这座老龄化慢节奏城市的本地闲适文化。本地人与本地物、本地人与人之间的互动关系形成了文化纽带，文化纽带又将人与人、人与物联系在了一起，以潜移默化的文化氛围影响着人们的选择与审美。若是仔细询问他们这么选择是"为什么"时，听到的最多的回答就是"我习惯了"，文化氛围对其的熏陶已经慢慢形成了习惯与思维定式。正如他们不喜欢新市场ÁRKÁD的理由一般，"习惯了老市场的环境与每天来转一圈的生活方式""就是不喜欢那些冷冰冰的装饰""太大""东西太多""人都分散""没什么文化氛围"都是常见的回答。对于他们来说，新市场东西是多，但划分得太细致，使得购物顾客充满了目的性，也不可避免地被分流至了各个地方，熟人间打个照面聊上两句的时间仿佛都随之湮没在这栋建筑强迫加诸于上的快节奏消费文化中，再也体会不到休闲放松的本地文化氛围。与之相比，觉得超市冷冻食品不够新鲜等理由反而成了细枝末节，长期以来生活作息所养成的习惯直接决定了他们的审美取舍。

在态度相对缓和给出"虽然我喜欢A，但我觉得B也不错"态度的人种，年轻人所占比例约是所有年轻人的四分之一，年老者则是一半一半。绝大部分人都认可了新市场ÁRKÁD对于城市的重要性，这坐落于市中心的购物中心给城市带来的变化显而易见，最突出的就是其中所售电子类产品以及网络通信等服务对于年轻人"手机不离手、网上任遨游"新生活方式的支持。但不同于人们一般所设想的年轻人接受能力更强，相较而言反而是老年人的包容性更强，即使对新市场ÁRKÁD不是那么喜欢，他们大多也承认了其不可或缺性。相反的，年轻人却大多很干脆的在表示喜欢新市场的同时对即将到来的老市场拆迁并无担忧，殊不知若是城市更新过程处理不好他们将会失去最为宝贵的本土地域文化，起码失去的部分很难弥补。

有趣的是，在问及老市场中的货品明明是本土物产，而诸如自酿酒、辣酱等许多传统物品也基本遍及佩奇人的日常生活之中，为何他们却不喜欢那里时，许多年轻人都表示，自己平时也喜欢这些东西，但购买它们基本都是中老年人的"任务"，他们周围人也会偶尔购置一些，更多关心地却是所吃主食、和谁喝什么酒、有什么新鲜好玩事等"周围发生的事情"。由此可见年轻人"圈子环境"的关注点更为现代化，文化氛围的影响力可见一斑，却更凸显了城市精神塑造与城市文化建设的重要性。这点在受访者对城市文化方面问题的回答中表现得更为直接，当被问及城市特点时，所有人的回答都较为一致，传承超过2000年的"佩奇古城"、位列世界文化遗产的早期基督教"墓群"标签，体现城市特色的"小而悠闲""方便"标签，以及最能体现地理地势特点的"山地"等标签被广泛使用；但当被问及"城市景观文化相关性"时，绝大多数年轻人的各种回答总结起来似乎都只有"欧洲小镇"的普遍适用性而非特色，仅有少数人以及年老受访者们能述及匈牙利人古老的迁徙文化与佩奇古城的关系、欧式建筑文化、土耳其清真寺宗教文化、巴尼亚尼州的风俗物产文化等，其中鲜有人提及的城市社区网络的雏形——小型公共空间交流文化、城市对如市中心未发掘地下文化遗迹等潜在文化景观遗产的保护不足以及如城市动线般代表着匈牙利人原始迁徙文化的高低错落有致的流线型建筑高线尤为引人深思。

最后，在对城市更新的展望方面，"老派"与"新派"的意见也是旗帜鲜明，在综合考虑了城市设施的功能性以及作为城市景观一部分的审美需求后，喜欢新市场的人们对于新建设施的要求是建筑宏大而现代化、造型好看、设施方便而功能性强、整体能够形成城市景观新地标；喜欢老市场的人优先考虑的则是其在建筑景观风格以及提供货品与服务方面都做到"原汁原味"，充分考虑公共交流空间的分配以及文化交流氛围的塑造，其后才是空间与功能上的扩展。

根据实地调研观察、访谈过程中对佩奇市市民语言与行为的分析解读，基于行为倾向性观察、互动访谈的意见搜集与语义要素提取，以及语义分析方法中的词汇权重思想，不同年龄层受众对于城市文化景观在外形观感、实用功能、文化内涵以及景观空间氛围等方面的差异性较大，其中"文化氛围""文化空间""沟通交流""舒服的环境景观""功能性需求""漂亮的外形"等关键词所带来的感官层面的"舒适"与"熟悉"等感受表明了文化景观与人类活动之间清晰的联系性，也提供了城市文化景观受众审美偏好的依据，文化内涵上"本土气息""原汁原味"的归属感需求与景观艺术设计上"漂亮大气""现代化""公共空间充足"的审美取向在关键词提取与文化DNA选择方面值得关注。

这是一起典型的城市整体景观与文化环境结合功能性考量影响城市景观审美的案例，也清楚地表现出了城市文化景观对于居民审美、功能型文化景观对于城市文脉传承的重要性。虽然存在观测时段选择、气候与时期差异、判断错误、客观条件差异等干扰因素，从此案例中仍然可以得知，在承认巨大个体差异的同时，生活于城市中各个不同群体间的功能性及审美性需求也天差地别，即使生存的城市景观物理环境在很大程度上是一致的，但因不同群体所接触的事物、人与人之间的联系等方面因素所形成的城市文化生活环境天差地别，不同群体出现特有审美偏好十分正常，如何选取融合一种兼容并蓄的文化种类引导审美，如何选取内涵要素通过设计以具象化城市景观的形式表现出来是解决分歧的一种手段。现代化程度、功能性需求固然重要，但如果要保证城市的核心竞争力，在城市景观规划设计上其有形物质与无形文脉的特质性与一定地域范围内的异质性是无可取代的核心资源，城市的发展只有在保持自己独特地域文化的基础上才能容纳更多方向进步的可能。城市景观的建设一旦大幅偏离了大方向，其功能性与需求的不匹配、景观表达与文化审美偏好的冲突将产生游离于城市环境之外的后果。年轻人受现代生活与信息文化影响会出现不同程度审美偏离文化传统的现象，这对于城市文脉的传承是十分不利的，应结合文脉传承与现代需求，为地域文化元素打上日常生活的烙印，进而形成不断拓展的新景观系统，地标形象、交流空间与文化氛围的形成是作为设计师要引导公众审美偏好的关键点。

4.3 城市文化景观审美影响因子与利益相关性研究

4.3.1 实验研究背景

德累斯顿市是德国萨克森州首府和德国十大主要城市之一，也是德国重要的文化、政治、经济中心和科研中心。德累斯顿易北河谷位于易北河流域部分，是城市的重要组成部分，同时也是最具代表性的当地文化景观。得益于其具有普世价值的带状文化景观，2004年7月经由联合国教科文组织认定，德累斯顿易北河谷曾入选世界文化遗产名录，UNESCO世界遗产委员会对其最初评价之高可见一斑：德累斯顿易北河谷是欧洲在文化、科学和技术方面的十字路口，它的艺术收藏、建筑、园林和景观特色是18、19世纪欧洲发展的重要参考；它包含了法院建筑和庆典的特别见证，以及代表欧洲城市发展进入现代工业时代的中产阶级建筑和工业遗产的著名实例；它是杰出的集著名巴洛克建筑和城郊花园城市为一体能体现整体艺术观感的文化景观；它是一个杰出的土地利用范例，代表着一个重要中欧城市的特殊发展。此等评价不可谓不高，易北河谷集自然与人文景观于一身，其宫殿建筑艺术是巴洛克风格建筑艺术与19世纪平民建筑的完美结合，堪称德国宫殿艺术的代表，其入选名录理所应当。

但在评价的最后，一句似乎只是用于自省的句子却预示了此处文化景观地不够明朗的未来——这种文化景观的价值早已得到认可，但它现在正面临着新的变革压力。入选世界遗产名录后不久，出于缓解城市交通堵塞的考虑，德累斯顿市政府计划在河谷中心地带修建一座横跨河谷的桥梁，人们关于桥梁建设是否破坏了河谷的自然风光以及两岸开阔的人文景观视野展开了激烈的讨论。2005年2月，此事由市民公决，结果近68%的德累斯顿市民赞成建桥，反对方无论上诉还是呼吁，都未奏效，2007年11月，大桥开建[150]。事实上，从2006年底开始，世界遗产委员会就不断对德累斯顿政府的此项"自作主张"发出警告，也曾提出修建地下通道的可选方案，德国联邦政府也承诺为德累斯顿修建地下通道提供联邦援助资金，但当地政府仍然坚持己见，在屡次交涉无果、大桥修建完成之后，最终于2009年6月，德累斯顿易北河谷成为了第二项被移除出世界遗产名录的遗产项目。

这一事件应该引发文化景观遗产以及那些有可能成为文化景观遗产的文化景观地的审美伦理的探讨，在易用性、观赏性或是文化情感方面，人们在对文化景观的保护与利用方面必须有所取舍，这其中牵涉了文化、技术等因素对审美偏好的影响。

4.3.2　实验结果概述

从一组简单的小实验中可以得出一些有趣的结论：笔者选取了十名上海交通大学设计学专业环境艺术方向的学生，其中博士五名、硕士五名，随机将他们分配为甲、乙两组，以截然相反的先后顺序将大桥修建前后的两组各五张相似的德累斯顿易北河谷照片示之于前，仅告知照片所示为一处文化景观地，分别询问其对于两组照片的审美偏好度，并请列出理由与景观偏好点，在问答完毕后排除其预先了解德累斯顿易北河谷的可能性，但追加一项假设自身为当地居民的额外条件，取得新的一组答案，其对比如下（图21、图22见文后彩插，表19、表20）：

4.3.3　实验结果分析

根据回答记录显示，两组照片的先后被观看顺序对同学们的选择并没有产生很大的影响，两组都是三人偏好修建后有桥的照片、两人偏好修建前没桥的照片，课件景观图像的视觉冲击与残留记忆影响并不能先入为主地在具备了一定专业素养的较为理性的观看者中起到决定性作用。但这仅仅是建立在简短的照片观看过程之上，也在一定程度上从侧面证明了之前案例所体现的长期接触景观环境所形成的文化氛围融入感对人们审美选择的显著影响。

德累斯顿河谷入选世界遗产名录是由于其具有突出代表性的带状文化景观，其自然风光与人文景观都具备相当的价值与特殊性，同学A、B、F、H优先因为河谷的优越自然风貌而偏好第一组修建前照片，另外六人则优先选择了人类气息更为浓厚的第二组桥梁修建后的照片，但在他们给出的偏好理由及关注景观点中却并不仅限于单类要素，例如同学G关注的是河流景观与城市景观形态、同学E提及的"地域文化建筑与河景交相辉映"等，在文化景观中唯有自然景观点与人造景观点相得益彰景观体系才趋于平衡，再次印证了自然景观要素与人文景观要素的二者缺一不可。

在选择偏好修建前没桥照片的人中，同学A与同学B是从整体城市景观的角度考虑人文与自然景观的结合，同学A以建筑高线相对统一的沿河建筑立面景观和过渡绿地为背景，更多关注的却是蔓延的水道，同学B更喜欢河道绿景与沿水城市建筑的和谐感，二位都很注重整体性与结合度，相对更为贴近德累斯顿城市景观的真实现状，其为当地居民所设想时相对较为客观地在自身景观审美与实用城市功能的取舍上选择了功能性需求，将居民频繁接触跨河景观的日常生活的便利性作为主要引导要素，选择发生了改变，但同学B意识到了现代化大桥与整体文化景观氛围的格格不入。同学F是从环境氛围的角度出发，坚定地根据自身喜好选择了更为安静的无桥梁景观，潜意识中认为桥梁带来了更多的景观割裂与喧闹嘈杂。同学H是坚定的自我意识主导者，因自身原因更为偏好晚霞、河流等自

表19

易北河谷实验甲组实验结果

甲组（三博士两硕士，先看修建前照片）	更喜欢哪一组照片	理由	关注或喜欢的景观节点	如果自己是当地居民，是否有所改变
同学A	修建前没桥的照片	建筑密度少，建筑高度不会因为高低错落得乱压抑，水道和滨水建筑中间会有过渡草地，桥在视野面积占比比较少，不会有割裂景观的感觉	蔓延的水道	我的选择会变成更爱桥，因为当地居民在看待景观的时候并非像游客那样满足视觉消遣的需要，更注重这个景观美不美的角度，所以如果是坚持第一组，我还是坚持第一组，桥会带给我交通功能上便利性使用的满足感，综合而言，以当地居民的立场我会选择第二组
同学B	修建前没桥的照片	蜿蜒河景，山水之乐寓于沿河而居的城市之中；凭水而望，自然之美傍入依水排布的建筑之里	河道、沿河建筑	会改为喜欢有桥的第二组，作为当地居民优先考虑的是城市生活上的便利性，河道、现代化的大桥会在一定程度上破坏和谐性，但考虑到城市交通压力与便利性，有现代化宽阔的桥梁会便利很多
同学C	修建后有桥的照片	偏好第二组。首先，从图片本身来看第二组构图更加饱满，第二组图构图上有明确的主体景观；其次，这样在视觉上会比较容易上桥梁的结合景观节点非常突出，可以明确引导我去观看；最后，个人觉得第二组风格是比较统一的城市景观，整体性高于第一组	塔楼建筑景观	会改为第一组，因为第一组照片有一张照片，很安静的感觉如果要我居住的城市，比较喜欢这种
同学D	修建后有桥的照片	第一组图片没有特点，让人记不住，看完没啥印象。而第二组城市景观与自然景观的结合显得色彩斑斓。最喜欢的河道之上，大量城市建筑作为背景，水景令人舒畅、中轴对称、建筑风格不错，晴天看得清楚是桥梁横跨于宽阔的河道之上	城市建筑，河道水景，晴天白云气候景观	仍然坚定的选择第二组不改变，只是凭感觉

续表

甲组（三博士两硕士，先看修建前照片）	更喜欢哪一组照片	理由	关注或喜欢的景观节点	如果自己是当地居民，是否有所改变
同学E	修建后有桥的照片	更喜欢第二组，好像更有意识的绘观景设计了平台，而且第二组的建筑物靠近湖面，建筑物也是非常有地域特色的，比起第一组那种微有城市特色的自然原生态更加自然。当地的感觉，景交相辉映，我个人更喜欢这样特色鲜有城市特色的观景角度，但是有桥的话，没有很好的观景节点选择去桥上面观景，比起沿着湖，站在湖中央看直接去桥观景易更美	桥、建筑与河景	不改变，桥梁的存在使城市生活看上去更便捷一些，也并没有破坏原有景观感觉，承载力尚可，国内人大多的话可能会更倾向于原生态

易北河谷实验乙组实验结果

表20

乙组（两博士三硕士，先看修建后照片）	更喜欢哪一组照片	理由	关注或喜欢的景观节点	如果自己是当地居民，是否有所改变
同学F	修建前没有桥的照片	比较安静、开阔，颜色和谐、修建后的照片和现在很多照片一样没什么特别的，会审美疲劳	山和城堡	无变化，更喜欢乡野风光的感觉
同学G	修建后有桥的照片	1.场景总体较第一组较为向往的主题；2.内容偏向城市景观，是个人较为向往的主题；3.色彩感觉更明亮	关注的景观点是河流与城市形态	个人感觉不会太大，因为壮阔的面貌不是每个人生活其中的居民都能感受到的，就像我喜欢登高远眺，原因很大程度在于看到的景物似是而非，平时身在此山中而而不识庐山真面目
同学H	修建前没有桥的照片	因为繁华的都市宛如过眼云烟，只有夜晚和旷野能给我劳累的身心以片刻的安宁	晚霞与河流，不喜欢高层建筑	住在繁华地区的人们肯定向往少人宁静的环境，住在郊区的倒不怎么公到住市区

乙组（两博士三硕士，先看修建后照片）	更喜欢哪一组照片	理由	关注或喜欢的景观节点	如果自己是当地居民，是否有所改变
同学I	修建后有桥的照片	选第二组，文化景观是相对于自然景观而言的，尽管文化景观也包含自然的物质形态，但更多的在于展现出人类活动，如道路、建筑、服饰、交通工具、资源开采对地球表面造成规模的群落，文化发展变化等。在第二组的图片中，相较于第一组，尤其是河流两岸，从原始堤岸到人工的垂直堤岸，体现了不同程度的人类活动对河流道路、态的景观变化对简易的道路到硬质铺装化大桥，因此相较于第一组，第二组可以更好地体现现代人类活动、文明，文化的变迁对自然景观的影响和重塑。还有建筑之类的，也是不同时期的，也可以体现文化景观的动态性	河岸、桥梁、建筑	不会发生改变，城市居民最为优先考虑的应该是功能性与便利性，而且现在人们对景观所做出的改变本身也会在一段时间后成为记录当下的文化景观。从看第二组鸟瞰上面看城市开放空间（包括建筑物高度都不是很还是很协调的，虽然建筑物的多层建筑，但沿高，感觉都是6层及以下看午看建筑是很多的，但所以街的道路绿化退界午看还是很多的，所以城市绿化物内的人们应该形成了自己的城市很杂。感觉这个城市已经形成了比较成了景观（风貌），现代化设施比较完善，满足了现代人工作与居住生活的气息，所以感觉很舒适宜人居住什么调整，局部可以根据实际需要做调整
同学J	修建后有桥的照片	人造桥梁景观与城市建筑的壮观与弯曲绵长的河道水系相映成趣，能够体现出人类在丝在改造环境所起到的积极作用	桥梁、建筑	不会改变，当地居民肯定也更喜欢便利的生活环境

然景观，也并未正面回答居民假设问题，固执地认为更少人力痕迹的乡村景观更为美好，对城市的繁华拥挤感到腻味与厌倦，不愿看到跨河桥梁的拥挤人潮与车流，潜在地透露出此地不该建桥的想法，这是孕育了快节奏生活的由林立的高楼大厦、过于拥挤的人流等组成的城市现代景观给生活于其中的城市居民所带来的负面影响，显然也应是大部分古典文化景观遗产地所应该避免的景观设计内容。

在选择偏好修建后有桥照片的人中，同学C的选择是从景观体系完整性与层次性的角度出发，喜欢清晰突出的景观强点——地标景观塔楼建筑，但出人意料的是在居民问题假设时变理性为感性，更偏向个人喜好的安静环境氛围，代入感比较强，突出了古典城市历史文化景观的浪漫审美特性。同学D与同学A、B类似，从自然与人文景观的结合角度考量，但选择相反，说明A、B更在乎景观背景的完整性与非割裂性而D在格外喜欢桥梁的同时忽视了前景与背景的风格统一，在理由中同学D强调了景观的几何学划分（中轴对称）与晴朗天气，对天气的限定透露出更多的是在特定环境下人力可以改变环境的能力，因此D最后也没因为居民的假设改变喜好。同学E从置身其中观景的代入角度分析了两组照片，并非远景观看而是浸入式的近景观看，选择横跨河道的桥梁作为观看河谷与城市景观的绝佳观景点，因此桥梁必不可少，在不改变偏好的理由中提及了便利的功能性与景观承载能力。同学G在喜好河流与城市景观形态方面类似于同学D的景观结合角度，在不改变初衷方面类似同学E的观景角度，但更偏向实用功能。同学I与同学J在明确文化景观的背景下都有非常典型的人文倾向性，认为人文景观更能体现人类活动的痕迹，在文化景观中应占据主导地位，关注的也更多的是驳岸、桥梁、建筑等人文景观点，也都在居民假设问题中主要考虑了居民的功能性需求，且述及了文化景观的长时性演变特性，但稍显功利。

在实验中，之所以没有提前告知参与实验者文化景观地名称是用以验证文化景观在城市景观审美偏好中的不可替代性，排除图片选取、个人理解、景观素养不够专业等干扰项，实验结果与世界遗产组织对德累斯顿易北河谷所做出评价的吻合度引人深思。小实验中最为显著的体现分为两个方面，一方面是从艺术审美角度出发所考虑的文化景观体系中人文景观与自然景观相结合的风格统一性以及整体和谐性，其中前景与背景在任意景观构图角度的契合性是观景审美的重要内容；另一方面是从城市功能便利角度出发所考虑的景观标志功能、景观叙事功能以及景观连接功能，标志功能在于特殊景观点与周边环境的相异性，叙事功能在于其所蕴含的文化元素，连接功能在此案例中则集中于横跨河谷的桥梁。实验整体上的选择接近两两相半，也都有充足的理由，因此文化景观地应尽量做到功能性审美引导与艺术性审美引导的平衡。

　　德累斯顿易北河谷文化景观地的核心景观资源在于河谷、历史建筑以及城市与滩涂结合所形成的独特城市湿地景观，河谷景观与历史建筑在世界范围甚至欧洲本土都不算少见，因此第三项景观资源中城市历史文化建筑与自然河谷结合所呈现的带状叙事性文化景观带就尤为关键。世界遗产中心将本处文化景观地移除出名录的理由是当地政府兴建的635米长、四车道宽的瓦尔德施略欣（Waldschlösschen）跨河大桥破坏了世界遗产的"真实性"与"完整性"，损害了河谷风景。从实验反馈、媒体报道以及UNESCO的官方资料中看，大桥的存在确实会对带状叙事性文化景观的连贯性造成很大的影响，尤其从审美观赏的角度，亚琛理工大学城市设计及区域规划学院（RWTH Aachen）的调查甚至认为"大桥外观与现有古桥不匹配，而且遮挡了数条老城天际线与河谷之间的视廊，所在的位置处于'最为敏感的'地带，将城市与郊野一分为二"[372]。但不可否认的是，大桥的位置以及双向四车道的路幅，都是基于真实的交通流量计算而得出的理想模型，一旦建成，德累斯顿东部现代住区的大量居民将不再需要绕道老城就可以过河，抵达北部的新城区，建桥的目的之一正是置换现有古桥的交通流量、缓解老城交通压力，以更好地保护德累斯顿古城[372]，68%的居民支持率就是最好的证据，而且人们似乎也忽视了河谷原先就存在很多桥梁的事实。

　　虽然对于文化景观功能性审美与艺术性审美的偏向性、对于文化景观遗产保护与利用的争论与分歧相当激烈，但就此例而言，问题的关键在于大桥建造的景观设计工作。桥梁沟通河谷两岸、方便居民出行的功能性不容置疑，其对于河谷景观的破坏性似乎也没有那么强烈[372]，刨除世界遗产中心、国际古迹遗址理事会等专业机构维护自身权威的决心，新桥梁与当地文化景观最为冲突之处就在于它太现代了，即使在设计中它拒绝安装立式路灯、在地势较高的北岸修建地下涵洞、删除了自行车匝道，其过于明显的钢筋混凝土与石材的核心材料使用以及灰白色的外观都与当地18、19世纪城市建筑风格大相径庭，桥梁现代化的设计与德累斯顿努力想突出的当代文化景观产生了明显断层，发生了文化种类上的不和谐，从而让对此类文化有一定了解同时也具备一定景观素养的人们产生不和谐感。如果其仿造原有桥梁进行仿古桥梁设计，起码在外观上保持风格一致，尽量缩小偏好影响，当地文化景观在功能性审美与艺术性审美方面就能取得很好的平衡，正如受所有参与实验者青睐的图23（见文后彩插）一般，完美融入河谷景观、满足当地出行需求、增添城市高亮景观点。

第五章 城市文化景观遗产文脉传承设计方法论

5.1 城市文化景观遗产文脉传承的理论参照

5.1.1 芒福德城市文化理论指导下的城市文化景观发展

刘易斯·芒福德认为，"确定城市的因素是艺术、文化和政治目的，而不是居民数目"，从文化、艺术与审美功能角度阐释城市的本质，是芒福德人本主义城市学理论的学理特质与主要特征[78]，以城市发展的历史视角来分析与认识城市化趋势的基础是研究人类文化与城市形成的相互作用。

在西方城市发展史中，希腊与罗马一直被认为是两种典型的大城市发展模式，两个城市的差距不可谓不巨大，希腊是城邦制度下物质资源相对缺乏但精神文明大发展、文化艺术思想百花齐放的古代大型城市，罗马则是在物质生产方式几乎达到古代城市顶点的同时精神实质不断消亡的巨型城市与藩属集合体。相对而言，对希腊城市的评价要远优于罗马城，"从希腊到罗马是一个巨大的倒退"也是西方学者的一个普遍看法，这样的看法乍看之下似乎是基于两个城市政治集权制度的不同，因为希腊的联合城邦制度与多人议会形式相对来说较为公平，城邦联合体相对于现在的城市也不太一样，而罗马则讲究权力的高度集中，围绕着核心城区是一圈圈扩张的领土与附属城市，以恺撒、屋大维等为代表的绝对权威人物在物质条件高度发达与掣肘不足的同时带来的是无限的欲望追求，但实际上这两种城市发展模式的确定和发展是其城市居民所创造的截然不同深层文明内涵的两种成熟形态的表现，发展路径也与之相符，这一点城市文化学派的代表学者之一刘士林也早已论证过[78]。从城市文化的角度分析，罗马城在建立之初也有元老议会与中心广场市民论坛广为开言纳谏、鼓励文化交流的多种文治教化手段，俗语"罗马城不是一日建成的"既是感叹城市物理构成的雄伟壮观，也是隐晦地描述了文化氛围构建的并非易事。但随着帝国实力的提升与城市无休止地扩张，权力的膨胀、物质享受的喧宾夺主、文化精神的逐渐没落使城市文化"罗马化"的趋势越来越明显，无休止的享乐、奴隶制导致人权的丧失与阶级的分化、王权集中巩固带来灭绝人性的镇压活动等使城市的精神实质逐渐消亡，传统文化、城市精神的生存空间不断受到挤压，不断扩张的领土与对文化的不够关注、不同地域文化的难以融合使罗马城市边界名存实亡，物理范围内存在着因文化差异未能因势利导而产生的巨大分歧，同一城市下生活方式与思维模式的差异越来越明显地作用于人类活动之上，随之而形成的文化景观也不复往日荣光，在无法整合的基础上慢慢崩裂，直接左右了罗马不同城市区域发展的分崩离析。这充分说明了地域文化统一对于城市文化的重要性，并非完全机械的模仿复制，是在社会核心价值观念统一下的思想文化的百家争鸣，城市文化"罗马化"既有地域文化没有融入城市血脉的触目惊心，也有传统优秀文化脉络没能延续传承的历历在目，最终只能使城市走向死亡。城市在物质上的高度发达与过度崇尚，在精神上的空洞苍白与日益衰败的极度反差是导致其文化发展不平衡、出现"罗马化"现象的根本原因，文化从城市形态伊始到高速发展壮大都一如既往地扮演着引导者的角色，其物质产物——文化景观则忠实地记录并反映着城市文化的既有内容与变化历程。

在芒福德的《城市发展史》著作中，城市发展陷入困局甚至逐渐步入死亡的根源在于城市发展最重要的文化环境互利共生关系的破坏，这一点绝非仅适用于西方城市。纵观我国城市发展历史，但凡延续至今的大型城市在文化领域方面都有相当的复杂性、贯穿性与丰富度，发展至今逐渐由一城中心向周围辐射，城市文化圈效应十分明显，北京、西安、南京等"古都"都是其中翘楚，以"多朝古都"深厚的历史文化底蕴拥有相当的文化知名度，许多文化遗存从广义的角度形成了城市的文化景观基础，这些文化景观遗产或者有潜力成为文化景观遗产的东西支撑着城市的物质表征，在无论是城市景观固定资产还是直观形象上都不可或缺，同时也以饱含寓意的景观文化符号形成潜在的精神象征，通过文化互动性保持了人们对城市生活环境的黏着度，靠与之产生联系的环境让人获得熟悉感与群体认同。如果说这些城市多多少少因为曾经身为政治中心而受到资源倾斜的话，暂且不说政治环境与衍生文化也是地域文化特点的一种，以曲阜为代表的特色文化型城市以及以克拉玛依、鄂尔多斯等为代表的资源型城市的大起大落同样体现了城市文化的举足轻重地位：身为我国代表性文化人物孔子的故乡，曲阜的城市景观营造以充满文化韵味的文化符号与文化事件纪念性小品为特点，将传统文化中儒学、传统美德等精华要素与地域历史背景相结合，结合文化旅游、文创产品等新兴文化产业打造城市名片、扩展城市形象，并以此为基点让山东省孔孟之乡的文化标签响彻祖国大地；而克拉玛依与鄂尔多斯曾因石油与煤炭享有过短时间的辉煌，以此二类资源为基础的实体产业产生过巨大的经济效益，都曾形成过相对应的资源经济文化，却也最终都因为资源过度开采、相关行业不景气而"跌落神坛"，甚至变成人气惨淡的"鬼城"，根本原因在于城市主体文化的匮乏与对非可再生资源的过度依赖，当资源价值相对较高时，其附带产生的文化价值也一并水涨船高，而一旦资源生变，支撑其"独角兽"类文化环境的犄角断裂，"资源""产业"所构成的二元平衡文化环境就会崩溃，互利共生的文化环境受到破坏，以此为基础的城市景观自然急转而下，归根结底是资源型城市因对有限资源的过度依赖以及对文化底蕴多样化挖掘的不足带来的发展偏向，弊端明显。

5.1.2　文化景观设计的理论参照

明尼苏达大学教授J.I.Nassauer认为，"我们根据现行的政治系统、对土地的经济利用、美学认识和社会习俗，所有这些被称之为'文化'的东西来创造景观"，在景观学中研究文化现象的基本前提就是文化建造景观，同时景观影响文化，并提出了四个主要原理[107]：

原理①　人的景观感知、认识和准则影响景观，并受景观的影响；

原理②　文化习俗强烈地影响着居住景观和自然景观；

原理③　自然界的文化概念不同于科学的生态功能概念；

原理④　景观外貌反映文化准则。

原理①说明了人类主观情感与倾向作用于景观之上，景观的客观存在同时也影响着人类的偏好与选择，双方的互相反馈与不断作用共同构成了景观发展历程，承认了景观形成过程中人类的主观能动性；原理②认为，人类文化习俗以及在其影响下的活动会对其所处的自然景观环境与居住环境产生作用，但忽视了如公共艺术、街道景观、休闲娱乐等其他景观类型而略显片面；原理③是基于景观生态学研究视角，将文化概念与自然景观的生态功能区分开来，未提的人文景观满足人类需求所提供的功能应该属于文化的范畴，尤其在城市环境内；原理④则充分认同了景观外形、外貌以景观化语言形式对于文化内涵或直观、或间接的表达，在这条准则的基础上景观的文化性才得以被人们充分认知。

这四条文化景观主要原理以及原理的引申从人、文化与景观的互动角度肯定了景观对文化的反映，这对于城市文化景观及地域文化DNA设计方法尤为重要，城市景观可有效反映文化的重要性，同时也是城市形态的直接体现，不仅从视觉、听觉等感官上给予城市居民直观感受，其较大的体量与城市中随处可见的优势通过易于吸引注意、频繁接触互动的叠加熟悉性引导人们积极探索人类文化活动与人造物、自然环境的相处之道。城市作为人类活动最为频繁的聚落，与乡村以大量自然环境、人工培养的动植物组成景观的区别最大之处在于城市景观环境中有大量由人设计、人为控制的景观，也因此人们思想与理念在景观层面的体现与乡村景观不可同日而语，对城市人文景观的规划设计与对用于点缀的自然景观的布置搭配至关重要。城市文化景观对于文化的强化作用体现在其从传统景观重视外在表现转向文化景观突出文化特点、深入挖掘文化内涵的侧重点变化，以文化核心内容对人类活动的内在驱动力投影至景观这一文化活动产物上，用清晰的文化理念指导外在景观表达，使景观语言有序而意义明确，潜移默化中影响加深城市文化氛围，形成文化与景观二元循环互补的和谐景观文化共生发展体系，重构景观中地域文化与景观表达的强大联系，扩张感染力、发扬传统文化精髓、重塑城市精神、加深文脉精神实质的传承，为达成这一目标，整体设计理念应秉承追求人与环境和谐相处的"第三自然"理念以及城市文化"灵妙化"的发展方向。

5.1.3　"第三自然"与"灵妙化"理念

城市文化景观的"第三自然"理念既非西方世界普遍认可的意大利16世纪造园风盛行期的"第三自然"概念[213]，也不是单纯地模仿15世纪欧洲人文主义者"模仿并赞美自然"思想或是中国传统园林景观"虽由人作，宛自天开"般根深蒂固的自然山水观念，而是更倾向于积极地谋求人类城市活动以及生成人文景观与自然景观的平衡，充分结合传统园林景观造景手法与地域文化DNA定向赋能技术，在一定程度上模糊人文景观与自然景观的界限并融合它们，使人文景观中充分利用自然景观条件、自然景观充满人文意趣。通常意义上，"第二自然"是哲学上经由人类改造的自然，强调的是凌驾于自然之上的人类作用与人类印记，为了区别于此，"第三自然"应该是再次回归自然、返璞归真的设计风潮，而从时间意义上，现代景观学的诞生也十分适合承载"第三自然"的设计理念。在概念伊始，提出这一理念的欧洲人确实将"模仿并赞美自然"视为思想核心，青睐与城市风格截然不同的自然乡土风光，在一定程度上也受到了东方园林文化影响，然而历史背景、环境差异以及文化思想的分歧终究使"第三自然"理念的发展偏离了初衷：中国传统私家园林的周边城市环境为园林景观的环境反差造就了温床，园内所营造出的整体自然环境与点缀其中的亭台楼榭景观小品相映成趣，配合上视野中城市文化景观的"借景"，闲暇时游憩欣赏的景色一片自然韵味，显得生机盎然；但西方的别墅园林大多建造于乡村庄园或是临水高坡、山中幽谷，即便在城市中也是开垦出的大片绿地，自然风景基础优越，作为位于自然风景与人类建筑之间的文化景观屏障就只需要考虑充分的功能性、实用性和区别度了，如果说中国私家园林景观是为了慰借对自然美的渴望，那西方花园类代表性人文景观就只是架起了人文环境与自然环境间的桥梁，因此最后还是起源于古罗马文明、影响遍布整个欧洲的所谓"艺术与自然结合"的"第三自然"理念占据了上风，大幅的自然环境背景下几何规整式建筑与修建后的绿植以及各式各样人工雕琢痕迹凛然的景观小品逐渐发展为主流风格。究其根本，有如我国传统思想中"天之道，损有余而补不足"的平衡理念，是"过渡物"的思想作祟，认为在自然景观充足的条件下，文化景观中优先考虑到的应该是能将人文环境与自然环境联系在一起，并充分体现人力作用于环境上清晰印记的"景观过渡带"作用，这也体现在西方建筑材料多以沉重砖石为主、不具备中国景观建筑进退有度、连接功能明显、多点开花的特点，以及审美上注重各部分协调统一、形成整体等方面。但在空间日益紧张的现代城市，大面积的自然景观陪衬在城市文化景观环境中是非常少见的，这样的想法是不现实的，而充分节约空间、既发挥功效又满足审美，同时还富含文化意趣的景观表现才能满足城市的多方位需求，在有限的景观空间内以包含文化寓意的人文景观搭配、引领自然景观，形成兼具自然风光与人文语义的城市景观，谋求文化景观内外平衡才是城市文化景观"第三自然"的追求。

如何使面临文化危机的大城市重新走向和谐是芒福德提出"灵妙化"城市文化理念的初衷，从侧面证实了文化对于城市的巨大作用：水能载舟亦能覆舟，也同样适用于城市文化景观领域。"灵妙化"的核心理念是保持城市中各种功能、各种主体与各种需求之间的平衡，理性与审美是其关键词[78]，前者重视制度与管理，后者强调城市文化从精神文明、文化生态、心理环境、文学艺术消费等方面出发，控制与疏导城市居民的物质欲望，培养文化素养、发扬文化优势、营造文化环境，从而从主体层面缓解城市发展的多方面压力；前者让按部就班的扩张都置于监管之下，城市"大"而合理，后者避免城市物质"强"而精神"空"。城市文化景观的"灵妙化"布局，是以丰富多彩的文化与景观元素组合传递出地域文化中的正面价值观念来引导新的文化秩序与文化活动，凭借井然有序的文化理念引导城市居民合理行动而谦恭守序，以此推动城市文化氛围建设与城市的渐进式发展。在城市的前进脚步中，景观以独一无二的体量与最为庞大的接触面与受众群体成为每个城市中毋庸置疑的重要吸引物，相对于千变万化的城市实体与许多文化艺术作品来说，除了一些消耗型景观之外，文化景观既具备吸引关注的"磁铁"功能又不会出现过于极端而迅速的承载力危机，重复使用性极端强大，作为文化"容器"的弹性较大、表达效果突出而危险系数较低，应充分发挥其长时性、随时空变化、易于改造等多代累积优势，以"灵妙化"指导思想与人文自然和谐共生的"第三自然"最终目标为核心促进文化与景观的文化DNA循环链，积极保存、传承城市文脉。

5.2 基于城市文化景观遗产文脉传承的文化景观设计路径

5.2.1 设计思路

依上文讨论内容，在我国生态美学的大背景下，城市文化景观文化DNA设计方法论应该是依托文化景观遗产及多样化的文化遗存，以地域文化DNA的发现、提取、筛选与复制为城市文脉传承的基础，根据审美偏好选择性催化文化DNA在新时代城市环境下的景观化变异，最终以文化景观表征的形式引导、改善城市文化氛围。其技术路线与实施路径如下：

现有景观基础分析—文化DNA种类调研—溯源、统计与定位—文化DNA复制与变异—景观形态构成

首先是对现状景观资源有清楚的认识，如现有著名景点、优势景观资源、潜力景观类型等，以便于积极将其纳入整合后的景观体系之中，可以借鉴的方法是根据国家现有相关标准进行资源的统一梳理与列项，如图24所示；在景观现状分析后是围绕文化DNA的文化种类统计与分析工作，将具有代表性的地域文化类型与内容厘清，按照核心思想信息、人类活动表征、形成景观要素以及常用元素符号四项内容建立架构并完善对应信息，随后针对这些文化类型进行进一步的景观化使用可能分析，对文化发展的历史背景追根溯源，统计文化的表现形式、表征内容等外在表达情况，针对各自的特点挖掘相关文化景观的特征信息，定位文化DNA在城市景观中的使用层面与方向；根据前期分析内容与通过受众分析所得到的景观审美偏好取向，对文化DNA进行合理的元素创新、提取与组合，确定可供复制的元表征或模因信息，根据时代背景与项目客观条件加入人为变化条件；最后充分考量技术实现手段，选取较为适合的景观小品、景观建筑、自然景观相结合的景观表达形式，必要时需要添加文字、图画、符号类更为直观的辅助语言。

5.2.2　常见景观表征方法与展现形式

四种常见的文化内容景观表征方式如下：

5.2.2.1　模仿象形文字的以形化形

在景观形象上用相似形状的图像或符号传达文化意义，因一一对应的关系而清晰地直接传递信息，用直观的形象与相似物、相同意义挂钩，人类早期文明中象形文字"水""川"等字都是直接模仿自然界中水体形状转化而来，应用于景观之中演化成大量代指水体的景观形状意象；传统图案中剪影、窗花中模仿神话传说而生的祥瑞之物，形状与吉利含义向文字形象的转化、自成一景的装饰纹样、现代建筑外立面形状符号的应用影响深远；都是按符号学语义原理将内容通过外形塑造直接转换为景观中的形状符号。

5.2.2.2　模仿传统文化的演绎传承

"道生一，一生二，二生三，三生万物"，景观设计中单纯的景观意象与内容所表现出的意义是十分有限的，大多依靠自身材料、组合方式、表现手法传递设计理念，但若将有典型文化象征的形式蕴于其中就能为景观附加上许多内涵，代表性符号、文字、图像不仅仅表达自身，同时也象征一种文化艺术风格，运用得当

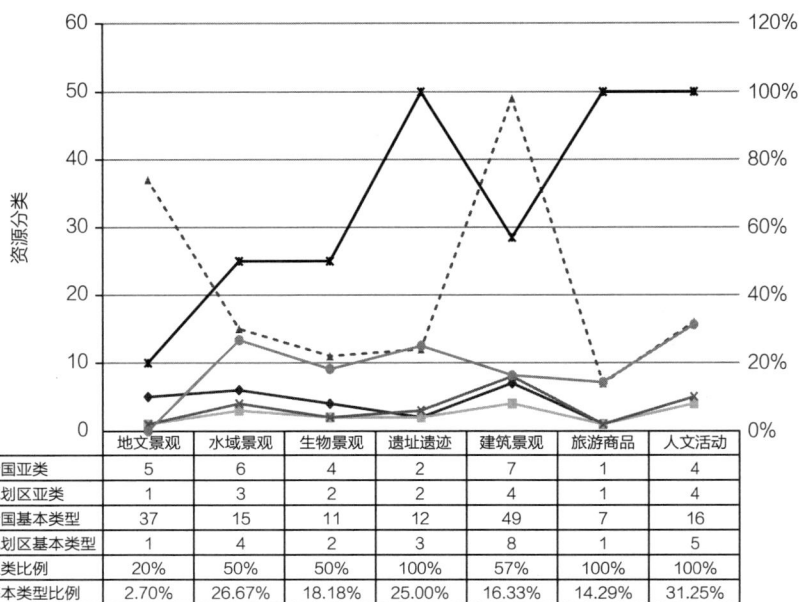

	地文景观	水域景观	生物景观	遗址遗迹	建筑景观	旅游商品	人文活动
全国亚类	5	6	4	2	7	1	4
规划区亚类	1	3	2	2	4	1	4
全国基本类型	37	15	11	12	49	7	16
规划区基本类型	1	4	2	3	8	1	5
亚类比例	20%	50%	50%	100%	57%	100%	100%
基本类型比例	2.70%	26.67%	18.18%	25.00%	16.33%	14.29%	31.25%

主类	亚类	基本类型	
A地文景观	AA综合自然旅游地	AAA山丘型旅游地	鸿山
B水域风光	BA河段	BAA观光游憩河段	大型河段伯渎河、望虞河,中小型河段如九曲河、诸塘河等十数条
	BB天然湖泊与池沼	BBA观光游憩湖区	度假区范围内的漕湖部分
		BBB沼泽与湿地	梁鸿湿地公园内的大片湿地
	BD泉	BDA冷泉	鸿泉
C生物景观	CA树木	CAA林地	鸿山森林
	CC花卉地	CCA草场花卉地	梁鸿花卉苗木园
E遗址遗迹	EA史前人类活动场所	EAA人类活动遗址	彭祖墩
	EB社会经济文化活动遗址遗迹	EBA历史事件发生地	鸿泉井、洗心轩、朱砂潭、试剑石、月影石、白龙洞、御碑亭、四棱碑、月牙池
		EBF废城与聚落遗堆	鸿山遗迹土堆
F建筑与设施	FA综合人文旅游地	FAB康体游乐休闲度假地	鸿山都市农业生态园、梁鸿湿地公园、鸿山茶果园、丽笙酒店
		FAC宗教与祭祀活动场所	泰伯庙、望天台、茅君行祠、龙娘庙
		FAD园林游憩区域	双象公园、石滩、石壁
		FAE文化活动场所	钱园（怀梅义庄）、吴文化广场、中华赏石园、望虞亭、放鹤台
	FB单体活动场馆	FBC展示演示场馆	鸿山遗址博物馆
	FD居住地与社区	FDC特色社区	风情街、鸿声镇、后宅镇、向阳里
		FDD名人故居与历史纪念建筑	昭嗣堂、鸿隐堂、梅里古镇、大坊桥古街、七房桥村、石牌楼、素书堂、西施村
	FE归葬地	FEB墓（群）	鸿山墓群、泰伯墓、梁鸿墓
G旅游商品	GA地方旅游商品	GAB农林畜产品与制品	小麦、水稻、葡萄、奶牛、玫瑰
H人文活动	HA人事记录	HAA人物	泰伯、梁鸿与孟光、钱穆
		HAB传说故事	举案齐眉、相敬如宾、西施投湖
	HB艺术	HBB文学艺术作品	《铁山情乡》《泰伯梅里志》《梁高士祠堂记》《泰伯墓碑记》《重修泰伯墓记》
	HC民间习俗	HCC民间演艺	锡剧
	HD现代节庆	HDB文化节	吴文化节

图24 《无锡鸿山旅游度假区总体规划》文化资源调查示例

可适用于千万相似相近的环境。如原为明清官署第二重正门的"仪门"，在上行下效中逐渐发展成为江南民居基本形式的"仪门头"[359]，门邸漂亮、家室显赫但不外显，是"低调的豪华"的象征，在江南古建筑中蔚然成风，形成了独特的建筑文化风格，如石库门仪门等万千江南建筑仪门的千姿百态都由此演化而生。

5.2.2.3　模仿传播表达的以意化韵

以通过景观载体传播的信息为核心，增加景观化加工工序使景观扮演二级传播"意见领袖"角色[146]，突出处理后的文化含义与引导性的景观语义，以主观设计角度做信息定向传播，添加文字等其他语言的辅助措施直接表达中心思想。如公园景观、社区景观环境中的宗教主题景观小品，装饰、雕塑等都统一设计为佛教风格，中庭悬字曰"禅"，自然点醒佛教禅宗文化背景，让缺乏景观素养的人们也能很快联想到相关文化知识。

5.2.2.4　模仿自然界的基本法则

与生物科技仿生学有所不同，并非如第一点般"以形化形"，而多为隐晦地通过景观生存形态表达其自身所遵循的地域地理、气候等自然环境规则，突出地域文化的自然景观基础与条件性存在准则，间接表达人类文化活动所形成文化氛围的客观背景。构成景观基础的本地树种的选取、符合地理交通要素的景观标志导识以及饱含数术易理的风水学说皆在此列。

文化景观遗产的文化脉络需要通过设计的方式，以城市景观的形式不断传承、创新，而随着科学技术的不断进步，其展现形式主要有三种类型：第一种是传统的景观展现形式，是物质的、相对固有的，依靠对景观材料与工艺技法的设计呈现出的景观实体；第二种是在物质基础上，依靠声光电等新技术设计所呈现出的景观延展状态，以物质景观基础连带产生无形景观效应，是带有表演性质的即时性景观，如杭州钱江夜景与上海迪士尼的烟花表演，又如印象西湖中所展现的雷峰塔光影故事等；第三种则是很大程度上的虚拟景观，通过VR、AR等高新技术，借助相关设备创造出相对虚拟的可视化意向与景观形象，在一定程度上结合自然景象与人造景色形成新型景观，如虚拟音乐厅、模拟极光现象的佛光等现象级景观。第一种重视本体设计，第二种重视延展设计，第三种强化虚拟设计，但其核心都是通过设计手段，将无形的文化内容体现在有形的景观之上。

5.2.3　以"文化DNA"为核心的文化景观设计方法

西方学者迪肯（Deacon）在1997年的研究表明，符号与客体之间表征关系的确定须建立在对此符号系统表征逻辑的充分理解之上，这么说的意思是，单一的符号本身不具备过多的信息，但它们之间的相互关系以及与所处语境的联系赋予了它们特定语义，这样的语义可以通过对表征系统及文化背景的了解学习来识别，而且人类的主观能动性代表着天生的表征能力——识别环境，将环境内容进行文化信息化处理并加以传达，这样的"天赋神通"是人类活动与文化形成的基础，五感是人类这种能力的基础形态，符号学就是有关关系系统的研究学科。地域文化DNA的景观设计表达实质上就是对文化景观符号关系系统的构建，文化DNA与景观元素的相互转化是其基本形式，文化DNA是其核心内容，二者共同构成了此设计过程的"元表征"内容。

既然在构筑城市文化景观这样长时性留存物的同时，要充分考虑文化DNA在其中的运用与传达，那么就要充分挖掘设想其达到形成文化景观遗产的潜在可能性与提升空间，即使不能最终实现，也是以更高的标准要求文化景观的设计尽量提升水平，同时其管理与监控环节也应辅以相当的注意力。从城市基础条件出发，以符合审美偏好需求的地域文化元素的提取与表现构建城市文化景观，通过地域文化的黏着度获取受众认同，从而在一定程度上解决城市的社会文化矛盾，强化城市文化社区的景观网格化联系，凭借良好的人地关系、人景互动与城市文化生活氛围形成遗产，将城市文脉代代延续下去。

如图25所示（见文后彩插），以盐城经济开发区带状公园景观设计项目为实例，探讨景观设计中将文化元素以文化DNA提取与转化的形式转变为景观元素的过程，呈现出叙事性文化景观带的效果，达到将地区独特文化发展历史寓情于景、感念教化居民与游客的目的，彰显城市文化景观对地域性文化内容直观或间接表达的功能属性。整体景观设计过程可概述为：盐城经济开发区——河道水系纵横（适宜带状分布景观）——海盐文化——从渔业的附属逐渐升级为主流的展现劳动收获、靠水吃水、自立自强生生不息的劳作景观；四项文化DNA基本内容：资源型劳动智慧、晒盐与海水提纯及盐商、盐田景观与海洋景观、类似盐堆的三角形与锥形、同时代表劳动与海水的手型——叙事性带状文化景观带：海盐文化发展史、手型波浪与盐堆雕塑、海盐文化展示长廊、分块状盐田文化广场、锥形盐文化柱状雕塑。从经济开发区河道水系分布密集的基础地形条件与地域文化中倚为根本、象征劳动丰收同时随处可现的海盐文化出发，选取海盐文化DNA为主要文化种类，分析其核心思想信息、人类活动表征、形成景观要素以及常用元素符号，以最具文化代表性的盐田景观、盐堆形状与意喻双关的"手型波浪"等景观文化意象为基础景观要素完成文化内容与景观元素的交融，自北向南根据盐城城市发展脉络的线索，分别以"海盐文化之旅""海盐美食街""海盐人文艺术"三个主题板块，"团""仓""灶"的文化符号寄托海盐文化中"聚团共煎"、收获富足、沿海以灶具煮盐等文化活动盛景，将盐城地方传统文化中的精华思想通过文化DNA的文化遗传形式、文化景观的直观表现方式再现于城市之中，凭叙事性文化景观带的"一方天地"浓缩城市文化的发展变迁与追本溯源。

5.3 城市文化景观的设计要领

5.3.1 文化DNA景观表达设计原则

文化景观多学科交叉的复杂性决定了其设计原则的多方兼顾，既要满足规划设计整体协调、空间利用高效的要求，又要符合"以人为本"的情感关联性、城市功能以及经济效益需求，从自身景观设计的角度考虑得有长时性时空延续的文化景观特点，涉及遗产类资源时还须兼顾遗产保护的真实性与完整性，实际设计文化景观以表达文化内容时需要注意的原则甚多，较难做到面面俱到。这里仅就景观化表达中"文化DNA"内容的使用设计提出四项原则：

1. 文化DNA成功景观化的两极原则

一是自身优越性原则，能够成功景观化的文化DNA一般自身文化内容丰富、理念价值过硬，有相当的灵活性与适应性，适合用于多种场合的不同景观环境；二是独特环境性原则，有些文化DNA的相性与某些特殊环境十分契合，非常符合当地特点与文化价值观念，易于融入地域文化氛围并能够得到关注。成功的文化DNA通常都在很大程度上同时符合这两项原则，但也有例如因某家族文化传统而只存在于该家族环境中的文化风俗所生成的特殊文化景观，仅满足原则二的极端案例，这类两级原则通常存在同时满足的临界点，可通过进一步研究发掘其公式与临界值，用于文化DNA有效性的量化研究。

2. 寓繁于简原则

在地域文化DNA相关章节中模因与元表征的概念被反复述及，唯有可复制的文化表征内容才可作为模因，元表征的内容更是被"精简"到了某种文化表征内容的基本形式与核心内容，而由于文化景观自身二级文化DNA资源来源的属性，其表达与识别过程存在着一定的文化壁垒，因此文化景观中文化DNA内容提取与景观表达的双向过程都需要充分考虑以尽可能低的素养门槛表达更多的文化内容，可以是最有代表性的文化元素符号，也可以是简明扼要的解释性关键词，用最简明易懂的元素符号尽可能多地表达文化与景观内容。

3. 接受度原则

刨除主观因素的影响，文化景观文化DNA传递文化信息是相对较为客观的，并不因为人们是否接受它而影响其传播过程，"我"不喜欢一座城市过度工业化的城市景观传递出来的灰败、功利化、反自然的不计后果、经济至上的文化讯息，但"我"的个人态度并不影响此种文化类型的存在，只有当反对意见和视之为错误观念的意见汇集至一定程度，才会在文化选择倾向与景观化表现上影响其文化景观构成。然而不可否认的是，城市景观中传递的文化讯息与地域文化价值观念越接近就越容易受到居民的认同，文化DNA的传导与复制过程就会更加流畅而迅速，从这样的角度来看，有一项或多项特质性内容、易于与其他文化DNA组合、符合城市地域环境与时代背景、元表征内容极其鲜明易懂的文化DNA模组的接受度更高。与基因的组合体复制以及性状成熟等条件限制相比，文化DNA与模因的传播速度极快，因为文化内容很容易就会被复制和使用，因此为满足接受度的要求，在文化DNA景观内容的妥善选择之外，只需保持文化景观长时性与非易损性的特性，保证传播与接受过程的持续即可，这一点在发展不那么迅速、基于多样化城市生活而发展的传统城市景观空间体现得较好，经过长时间的文化积淀与更新改善，城市文化景观通常更趋于成熟而有序。

4. 组合性限制原则

文化DNA的重新组合是变异的其中一种重要方式，它们之间的组合并非无迹可寻，虽非组合方向上的完全明确，但存在着一定的组合限制，就某种意义而言这种限制是强制性的，其出发点是为了保证组合的有效性以及复杂文化内容复制、传达的成功率。在生物遗传方面，许多基因的遗传是有规律性的，例如决定某些遗传病的基因只会单向传递给男孩或女孩，又比如决定头发颜色的基因必须和决定头发是否生长的基因共同作用，否则其表现型就会受到影响。文化DNA间的相互组合以及其中文化、景观元素的组合也同样如此，"喜欢建筑外立面覆盖式绿植景观所带来的生机与活力"这样的复杂绿色文化审美偏好需要多种文化与景观元素的结合才能发挥效用，必须参与组合的有"城市人文景观的建筑立面表现""绿色植物的城市文化功效"以及主观层面上的"喜欢绿植"等文化DNA内容信息，可选的有"绿植种类所代表的文化意蕴"等，其可变性在于，是否知道绿植种类不影响绿色植物在城市景观中所带来的舒缓身心作用，经由如此组合，建筑搭配绿植的文化景观才能体现出"在建筑中种植景观作物"的人类行为以及其中蕴含的对人文与自然景观和谐共生文化理念的追求，因此文化DNA组合时的许多强制性组合约束条件是文化内容的复杂性能被成功复制与顺利传达的保证与最合理方式，当然这也与景观阅读者的自身素养存在着一定的关系。

5.3.2 文化DNA选择、复制与变异

景观设计中文化DNA的选择过程不同于一般意义的"选择"，在选取使用一部分文化DNA的同时往往意味着对其他类型的舍弃，因为作为载体的文化景观

在单位容纳量与表现度方面是较为有限的，这是景观大体量下较为统一表现形象的特性决定的，如金字塔、长城等宏伟壮观、体量巨大的文化景观为了维持景观整体上的和谐统一在外形材料、颜色等方面都表现出了一定的单调性，也就是说单位时空下的单位景观在文化内容的景观化表达上是相当有限的。设计领域的大部分单体设计作品都呈现出这样的特点，但景观作为一项独特文化载体的特色在于，相对于其他具有独特表现型的文化艺术作品景观存在着一定程度上组合的自由度，整体宏观景观的组合性让文化DNA的组合成为可能，而统一整体的协调性限制了它们的组合与选择。举一个很简单的例子，一栋建筑的风格是确定的，建筑组团的多栋建筑在风格上却可以是多样化的，但一般为了保持整体景观的和谐各个部分间也不能是大相径庭的文化风格，存在着一定的协同性限制，独栋建筑单体景观很少在景观领域做单独分析的情况为文化DNA组合提供了空间。与上述接受度和两极原则相类似，文化DNA在选择上也需要达成关注度与接受度的二者平衡，即在景观设计中选择一些特定文化DNA能获得的单纯受众关注与被认可程度的平衡，许多"博眼球""搞特殊"的景观并不考虑其表征的文化内容与地域环境的巨大分歧，固然能在一定程度上吸引人们的消极与负面注意，但绝非长久之计。

在之前的章节中讨论过文化DNA的复制过程，"可被复制并转化"是从广义文化DNA筛选到狭义文化DNA和模因的前提，从它们表征内容的角度来看，景观化表达就是将文化DNA内容复制并转化的过程，完整而精练地将文化内容复制并转化为景观元素需要对设计背景、文化DNA的表征系统与表征内容有充分的分析了解。同样如前文所述，文化DNA理论与基因DNA理论不同的是，含有创新内容的文化DNA变异成为常态化过程，在变异中，文化DNA在文化模因论的语境中本身会有突变与重组，将文化表征内容进行景观化修饰、用景观信息表达是路径上的创新变异，内容处理与选择也同样是变异创新，景观化处理的时候还要根据审美偏好主管人因影响下的倾向化选择与重新组合，实际上是二次甚至多次突变与重组的过程。作为强调用户体验的现代景观设计过程，文化DNA变异过程中是一定会存在偏爱与局限情况的，人们往往会更倾向于保留他们认为有利的文化变异内容，也会有自己的文化评价方式，景观设计中也同样如此，例如建筑师会在画设计草图时只保留自己认为更加满意的内容，风景画家在对着一成不变的景观创作风景画作品时有时会适当地加入一些自由发挥、自我理解的内容，即使与真实景观不符；这是地域文化与审美偏好在这一过程中存在并发挥作用的重要意义所在，地域文化给出了偏爱和局限的范围限制，审美偏好给出了具体方向。重组是文化变异和创新的一大来源，除了文化DNA自身内容、表达方式等要素的重新组合外，新技术、新知识等越来越复杂外界影响因素的加入也使其运用环境发生了天翻地覆的变化，如钢筋混凝土材料使用与拱桥技术的发展等，使许多以遗产形式存留至今的拱桥景观艺术形式中蕴含的人工造物与水体、植被等周边自然环境良好结合的思想得以更为广泛地应用于现代城市，文化DNA精华加上新的技术产生了新的生活方式（图26）。

5.3.3　文化景观设计方法：点线面法

虽然随着景观专业的不断发展，注重听觉体验的声景观，考虑触觉嗅觉的景观设计得到了长足的发展，丰富了淡出景观视觉体验，但景观的特性以及相对而言视觉的直观与便捷、低门槛还是决定了视觉受众在景观体验中无与伦比的地位。艺术专业在学习素描手绘等技法时常强调空间构图的重要性，许多景观设计专业教材中也会出现以"点、线、面"为基本单元进行联动的设计方式，可谓各有侧重、各有千秋，以此原理为核心的设计体系十分适合文化DNA的景观体现，这里尝试用"点、线、面"的分析视角构建一种城市景观文化DNA景观设计理念与方法。

现代学科体系中相互包含、时有争议的"景观"与"建筑"概念最大的不同在于，建筑等实物都算有实体的，景观虽以实体为基础但强调的一般不是固定的某个东西，而是事物组合后所产生的效果，强调人与人、物与物、人与物之间的联系与联动，侧重的是人们的主观感觉与印象，类似于"河水"与"流动的小溪"的画面感，所以人们所感知的景观大多是不同的。

景观兼具静态性与动态性特征，文化景观更是如此，从形成、变化到消逝、湮灭有长时性、流动性、变化性的特点，但景观展现的形态美与景观表达却多以静态画面这一最常见的形式出现。佛教理念中对于事物生灭变化的"成住坏空"基本观点可在一定程度上解释景观的发展过程，"成"代表从人类活动到开始形成景观的初级阶段，要素具备、景观雏形显现；"住"代表景观从初步成型稳固到逐渐发挥效用的定型时期，景观功能与审美的双料优势开始成名；"坏"顾名思义代表着景观体系因多种因素开始逐渐崩坏，风化、降解、自然灾害、人为破坏等都是常见原因；"空"阶段的含义是从毁灭后到完全消失的延期，景观毁坏、归于虚无后留下的废墟也是一种另类的景观，空虚的原址因人们的记忆而成型，形成与之前强烈对比的主观印象，并持续一段时间，直到没有实体的支持而终成虚妄。"成住坏空"理念在景观领域的缺陷也十分明显，它选择事物的四个典型时期形态但不能突出景观的变化要素，人力对自然的改变、长时间维持基本形态、细节上不断变化、大幅变动后的新生都不能在其中显现；最重要的是，对现代城市景观而言，结束未必不是新的开始，历史景观的重建与修复早已不是

拱桥设计分解细节
设计元素示例

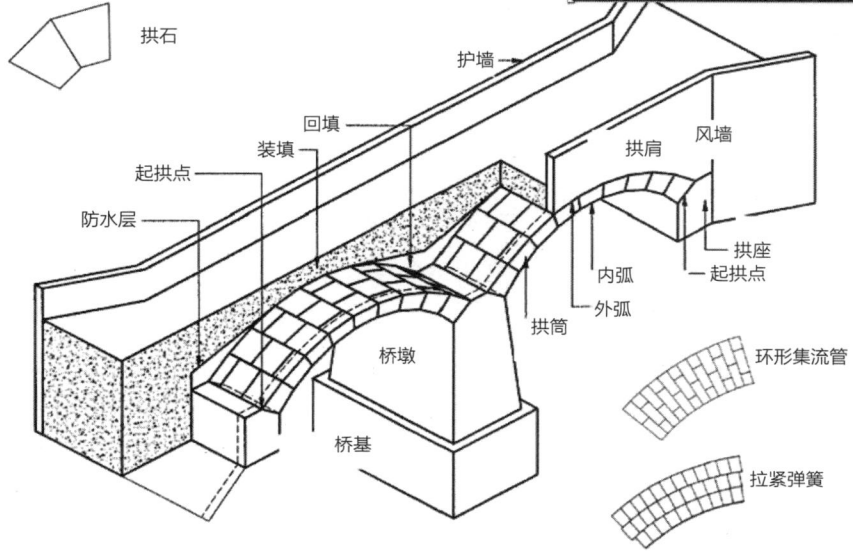

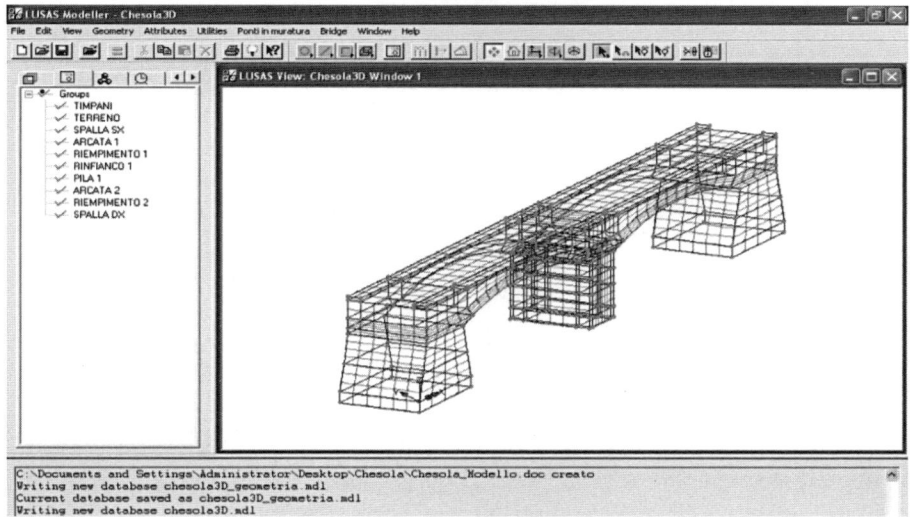

拱石

护墙

回填

装填

起拱点

防水层

风墙

拱肩

起拱点

拱座

内弧

外弧

拱筒

桥墩

桥基

环形集流管

拉紧弹簧

图26　拱桥现代结
构分析与3D单元建
模示例
（来源：佩奇大学
建筑与信息学院
结构系主任Zoltán
Orbán）

难事，融合不同时期文化精髓而成的新景观形态往往是城市中新的时代景观节点，并慢慢演化为文化景观遗产，因此"成住坏空"在城市景观中可以演化成为"起、定、变、起"的循环，强调景观在人类意识形态不断转变、文化活动产生差异时的新老更替，同时这也更适用于城市景观"点、线、面"的设计理论，城市中一个个景观节点经历了从开始设计到逐渐成型的"起"与"定"，随着区域景观社会网络成型后的联系交流逐渐由"点"连接成遍布景观的"线"，开始产生变化的联动效应，景观点中本身具备多个不同的实体截面与人为感知面，再因景观带的不断增多逐渐覆"线"为"面"，形成城市平面上的景观区域，联结新的"点、线、面"而扩展，在此过程中景观内的自身要素、以景观点为单位的点线面不断发生着多个层次的内容变化，往复通过自身的"成住坏空"与新生过程完成城市景观更新。

景观的时空动态属性使以静态构图为基础的"点、线、面"设计理论的科学性存在疑问，同一时刻的不同空间景观与同一空间的不同时间景观存在着巨大的差异，"晨钟暮鼓"这样一个中国人耳熟能详的文化习俗却透露着包罗万象的文化与景观讯息：早晨报时的钟和晚上集结的鼓，活动内容、生活习俗与包含信息截然不同，在提醒时间的目的性上却存在着一致性；其人类文化活动与关联之物本身即可成景，寺庙欣赏敲钟击鼓、春节特定日子里的敲钟祈福都能在传达别样文化信息的同时形成独特的地方景观，文化与景观早就没有了界限；即便是同样的事物，早春之钟与寒冬之钟的区别，也是在不同的时刻有着不一样的"成住坏空"；晨钟暮鼓，既是时间不同的不同景观，也是隐隐的文化景观规则，既透露出地域文化、城市管理的一种方式，也是人们的文化生活内容，同一时间线上不同的景观点、同一空间面上不同的景观点与线，因文化而连为一体，形成全新的文化景观。这样以点线面理念为基础的文化景观设计方式得以成立，以及通常存在于文学艺术作品与人类思维想象空间中的，都是文化景观的"一比一比一"原理，某时刻内某空间区域的景观唯一性原则，单位人类个体在单位时间的单位景观空间内只能感受到单一的景观呈相，在此单位中景观感知是固定不变的，这是文化景观的静态性原则，也是点线面构图的基础与成立前提，景观绘画艺术即是以线与面强化联动、以点突出特点。

城市景观应该是城市中人类生存活动总和的映射，直接或间接地反映着城市居民的物质与精神活动，是体现城市实体与城市精神的载体[333]。《维也纳保护具有历史意义的城市景观备忘录》中"城市发展的指导方针"第二十五条则是，"城镇景观、屋顶景观、主要视觉轴线、建筑地块和建筑类型都是构成历史性城市景观特征中不可分割的组成部分。在更新问题上，历史性屋顶景观和原初的建筑地块是规划和设计的立足点。"[31]城市景观，尤其是经历过时间洗礼的城市文化景观承载着整座城市的核心文化与精神实质，为了体现其独特地位以便于传达文化信息，应予以有层次地突出强调，能给人留下深刻印象的历史名都在文化景观方面都可谓"有象征、有代表"，景观地标与文化意象明显，有主次之分，突出点与陪衬十分清晰，既有成片大面积的文化景观集群，也有令人眼前一亮的单项点缀，以景观点、线型景观带与景观地块所呈现的多重截面景观突出城市的历史文化景观特征。无论在文化景观遗产还是城市文化景观之中，"点、线、面"的景观设计理论都能从景观结构的角度，以多点透视的立体景观理念构建起层次丰富而含义深远的景观体系，点为重要景观节点或立景基点，重视强调整体景观中的突出要素，小到珍贵文物、代表性元素符号，大到堡垒、高塔、交汇处等都在此列；线为多种景观要素的线性联合，重视景与景之间的直接联动、强化与对比，多以带状连续性景观示人；面指一个特定平面的有限范围内所包含的所有景观要素，类似于建筑截面，多以视觉视角分析，最为常见的图像、照片即为某处景观的单角度截面，重视多点集群与汇聚效应，突出画面感与渲染性、感染力以及环境的潜移默化，有"景观接触面"的含义。

在相互关系上，"点"作为最为常见的要素，是"点、线、面"理论的基础元素与基本单位，线与面由点构成，视具体情况而总量不同，但与绘画中触点的基本原理有所不同，除去基本单位的同一性外，大多数时候景观设计中的点与点是完全不同的景观个体，所体现出来的景观与文化内容不尽相同，相当于上色后的点与铅笔画的点，在表现型上不完全一致，很大程度上强调的是单点景观的个性，存在着大小、类型等方面一定的自由度。线是在确定的相反方向上一定距离内由多个景观点构成的，类似于"线段"的概念，因景观实体的存在一般会有特定的宽度区间，在线性景观分布上并无特定方向、距离与对称性等要求，但一般不会距离过远。面是特定平面范围内囊括的所有景观点，相当于划定一个特定范围来分析范围内的所有景观，因尺度大小的不同，线与面在关系上是相互包含的，多条线性带状景观可以组成城市空间结构上的景观地块即景观面，单一线性景观中也存在着不同的景观截面。从时空维度上来分析，点代表景观个体，强调单体景观的即时性与自由度；线代表两个相反方向上呈线性分布的多个景观点，强调的是空间性，固定有约束近似长方体的空间环境下所包含的所有景观点；面因为范围的确定性、人类主体的同时感知而强调景观审视的同时性，在"面"的范围空间内与"线"不同，方向上存在着相当的二维空间自由度，常用于衡量确定范围内同时接触感知的景观的异同。从城市空间结构角度分析，景观节点、景观带与景观截面也符合城市景观空间结构关系，基本单元、相互组合与位置感十分清晰，用于在城市中构建丰富的景观层次十分适合，通过"线"与"面"的大型景观与小型"点"景观的结合优化空间利用率。

在知名文化景观遗产中，哈尼梯田文化景观最常呈现的以山为背景、多层次不同高度梯田水色映天的优美画卷是景观面，易北河谷文化景观沿河分布的带状城市文化景观是景观线，左江岩画的石壁文字符号以接近竖直状态的岩石外立景观面著称，庐山、五台山等整体块大型文化景观由多个不同景观面共同组合呈现，杭州西湖文化景观则层次丰富，既以动人湖景截面与整体人文景观和自然景观同时并存、相互契合的景观面著称，又有按湖际边缘布置的线性沿湖风光带，还对以"西湖十景"为代表的景观点加以人文强化，全方位体现了景观设计"点、线、面"的个体风采与系统联动。周星驰电影《食神》中看似无稽的一幕却很好地诠释了城市景观中点、线、面的联动关系：坐落于香港不同区位的超市点位在香港的城市地图上按出现的先后顺序逐渐连接成线，并最终形成了"掂"这样一个在"搞掂了"俗语中代表成功的字样图形，寓意着战略性的全面胜利，颇具文化意蕴。将其替换为文化内涵丰富的典型传统文化图案或元素符号，投射在单体景观的各个点位，或以此为外形设计景观节点，根据关联性形成独特的连线，最终在某个景观面的层次形成组合后的全新文化景观，会是何其精彩。

与"点"的强调个体特性、"面"的第一印象不同，"线"是最适合城市文化景观遗产的景观设计表达方式。虽然在线性带状景观中各景观要素的联动在方向性上并不固定，但可以如设置游线引导游客般人为添加文化规则，利用限制线性景观双方向上的单向性来凸显文化发展带来的景观变迁，引导单向线性带状景观的历史背景呈现。线性设计是最容易让人通过有规律的浏览与景观感知回顾历史、领略文化魅力的方式，它带状的顺序呈现形式与历史发展时间轴线的方向性较为相近，符合历史发展脉络、文化脉络传承的感知方式，可以通过不同点位景观的差异实时感受文化的发展历程，便于人们回溯文化本源、理解文化内涵，为文化景观丰富了叙事性功能特征，同时其在同质性景观的共性表达方面可谓独一无二，线性带状景观中相近景观的联动关系因此展现形式而尤为明显，在景观语义上可表示同位、相近或递进，强调的是之间的相关联系，比较少用于对比反差，这就与上文中文化景观文化DNA的文化同质性、地域文化景观相关性关联了起来，因此线性景观带十分适合文化要素的景观化表达。现代城市四通八达的交通路网、纵横交错的地块空间十分适合规划布置线性文化景观带，"街"与"道"基本要素的存在以及其所呈现出的独特城市景观都极其符合线性景观的特点，也十分适合根据景观点位的分布结合文化景观的线性表达，城市天际轮廓线、街道纵深的两侧线性景观带等人为环境景观，以及滨水带状景观线、高低起

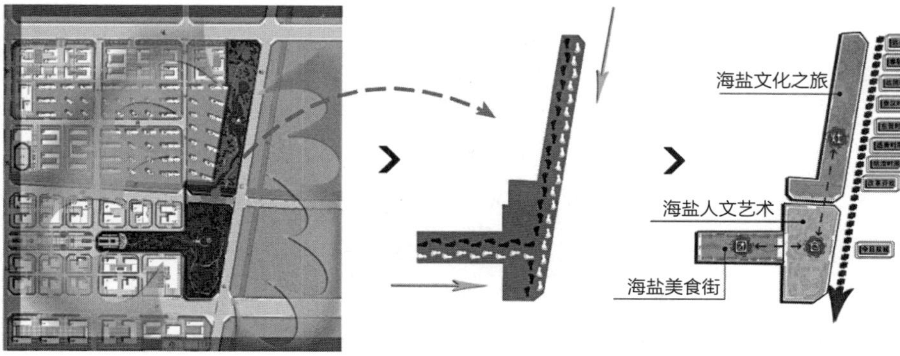

图27　线性文化景观带设计示例图

伏的山势地貌景观路径等体现城市地理区位特征的半自然城市景观都是城市中
"景观线"的代表，在此基础之上以景观地标、景观门户的单点突出与截面强化，
形象鲜明的城市历史文化景观便跃然于城市空间之中（图27）。

5.3.4　构建城市文化景观社会网络系统

随着城市的发展壮大及数量增多，在城市环境中营造大型景观空间以达到打
造地标景观节点、扩大城市知名度的做法可谓比比皆是，但伴随着城市景观建设
大量集中于大型公共空间这一现象的是，许多现代城市都丧失了对小景观或是最
为常见的城市组成单元的关注，这样的结果是使城市景观碎片化而缺乏整体性，
同时导致空间利用率偏低，浪费了城市环境中许多宝贵的公共空间。在我国，出
于保护城市特色景观风貌的目的，多层次的保护体系已经建立，各大强调保护的
"历史文化名城"中划定了历史文化街区、文物保护单位与历史建筑等专项保护
点，不同城市也有专门设置的相关保护区段，依靠这样层次、界限十分分明的保
护设计可以让文物古迹得到妥善的保护，但还不能够达到全方位传承城市历史文
脉的效果，为了达到这样的目标，往往需要整体的、顶层的景观规划设计工作，
需要制定统一确定的目标、定位、主题与风格，而在具体到实行范围时却往往应
该是"模糊"的，这个模糊并不是指概念、定位或是范围的不清楚，而恰恰应该
像是水墨画中"晕染"的技法，为了最大限度地保护真实历史、传承发展文化，
适当地扩展边界，在运用城市文化景观"点、线、面"设计方法的基础上，注重
城市文化环境的营造，尝试构建属于自身的城市文化景观社会网络系统。

社会网络是一个人同其他人形成的所有正式与非正式的社会联系，也包括了
人与人直接的社会关系和通过对物质环境和文化的共享而结成的非直接的关系[33]，
场所精神则是人与人、人与环境在长时间的相互适应后形成的稳定交互关系赋予

了城市空间极具凝聚力的内在精神[53]。社会网络及场所精神在居住社区中占有不可或缺的地位[201]，城市聚落所营造出的并非只是千篇一律的物质性居住环境，人类生活于其中的社会活动所创造的人文交流氛围与内在文化精神是保持城市活力的关键，人与人之间、人与物之间内在联系的建立在如今的快节奏城市生活中尤为重要。但正如石库门产生邻里矛盾的主因，城市公共空间虽然在联系居民、促进沟通等方面效用明显，但对其"度"的把控却往往令规划设计者们头疼不已，过大会使环境空旷而不易接近，文化传播效果也会大打折扣，过小则又易引起空间私密性的纠纷，更不用说交流空间位于城市环境之中，对设施的维护、周边嘈杂环境的干扰等问题都劳心劳力，据济南市城市居民邻里关系调查显示，在邻里之间矛盾纠纷中，噪音与环境的污染、空间的争夺是其中的主要原因，比重分别占到了 50.7%和35.0%[202]，充分说明了维持社会关系、建立内在联系的难度所在。

在城市空间中设置、营造文化景观环境，以景观化的文化DNA元素所构建的亲和性人文交流氛围以及被赋予文化观感的城市自然景观所传递出的轻松闲适感和休闲游憩性为基础，建立起极具场所精神与充满内在联系的交流空间可以完美地解决这个问题，同时文化景观对连续性公共空间的要求相对较低，与建筑、街道、基础设施、城市绿地等或私密或公共、主体从属性较为复杂空间的结合相性都较为不错，可以充分利用遍布于城市环境中的碎片化空间，较为弹性地根据空间大小设置不同规模的文化景观，有时甚至行道树、窨井盖都能被添加上简单的文化符号与信息（图28见文后彩插），有效地起到连接点的作用，将多个景观带以社区为单位、以文化为特色各有千秋地组合起来，形成城市环境内的文化景观网络。许多城市的旧城区"充满文化沧桑感"正是因为如此，长年累月的景观布置积累使旧城区每个角落都沾染上了或人文或自然的景观气息，在区域范围内形成景观联系网，以适应日常生活的多种景观功能、层出不穷的外形构成和丰富的历史文化积淀，居民在日常生活中通过与空间景观、与其他居民间的沟通交流形成独特的场所精神，自然也对承载这种场所精神的景观空间形成了强烈的认同感与归属感，因为亲身参与的体验感强烈，这种精神上的"人景一体"会让人将自身活动轨迹中的景观当作生活的一部分，这种人景、人际的综合交流互动所形成的社会化景观网络是完善城市社会文化功能、稳定城市精神实质的重要体现。

社区作为人类聚居生活的形态，居民在追求私利的过程中彼此联系又相互竞争，这导致了社区必须回应由私利产生的公共问题，这些公共问题的解决能力制约着社区凝聚力的形成，构建了社区整合的基础[203]。社区作为城市空间组成的重要基本单位，同时也是城市景观的重要构成部分，各个社区的社区文化景观决定了城市文化景观网络的覆盖面与完整性。在城市中拥有文化景观遗产、历史文物等珍贵遗存的各种文化保护区域的外围，一般在城市结构与空间规划上会有"缓冲区域"的设置，缓冲区域的存在可以很好地缓解核心保护区域所面临的多方面压力。参照"缓冲区"的规划设计原理，社区人际关系网络的维护可以从文化景观设计的角度来缓和矛盾。景观的非实体依赖性、文化载体身份与高参与度都是其形成人际缓冲的优势所在，不管人们愿不愿意承认，城市中大量由人类支配、经由人类刻意的文化活动而生成的文化景观因为或多或少的公共空间参与，在自私性上是远小于私密空间的；而其间接表露文化讯息的特性相当于在人际关系网络中增加了一道缓冲物，使相对单调的人际关系多出了与第三方交互的新选择，在日常人际交互关系中添加进人景关系；同时从创造者的角度来说，人加诸于景观的单向对话是强制性的，尤其对于社区居住空间而言许多公共空间都存在着一定的支配自由度，但景观诉诸于人的文化语言反馈却是相对温和的，首先会有"能不能看出来"素养过滤条件，在能辨别的基础上且不论大部分人"因为符合文化价值观而选择性了解、记忆"的前提，就算意见相悖，不接受其反馈也并不会造成即时伤害，而是精神层面的价值冲突，存在着缓解、转圜的余地。在这样的视角下，文化景观网络是非常易于融入社区文化氛围的社区网络中的一环，

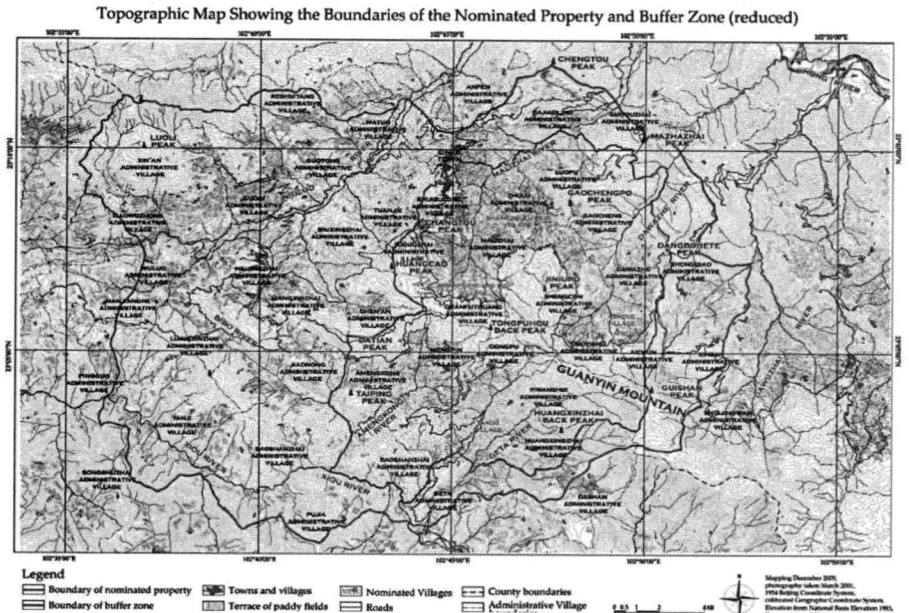

图29　红河哈尼梯田保护边界与缓冲区域示意图
（来源：世界遗产中心官网）

像大气层位于地球表面、表皮位于皮肤表层一般，起到类似于保护网与缓冲带的作用。

新时期的城市社会环境中，社会网络发生了很大的变化，现代社区与传统社区几乎不能算是同一个概念，住房结构、社会条件等方面的变化导致社区邻里关系发生了巨大的变化，文化理性与私密性成为了新时期和谐社区关系的重要先决条件[204]，许多矛盾的解决需要充足的公共空间、能够被彼此理解的公共话题，文化同质性、空间自由度对于社区和谐的重要性也水涨船高。在此背景下，城市社区中文化景观缓冲网络的存在可起到"一石二鸟"的作用，既加深了文化同质性的社区气氛，又为社区空间提供了很大程度上可控的半私密文化交流，很像是在关系网上以文化景观的联系构建了类似传统族群中最牢固的处于"天然状态"的血缘宗亲关系，成为了形成社区凝聚力和实现社区整合的基础。可以说，文化同质性前提下的多元并存是构建社会文化景观网络的前提，文化DNA运用越科学、地域文化同质性越高、空间自由度越大，说明社区公共文化景观空间的组织化程度越高，越易于维护社区邻里关系，从而扩展到整个城市的文化景观社会网络。

5.3.5 专业素养与景观引领

文化DNA、模因的被识别很大程度上基于素养，无论是文化素养还是景观素养都取决于受众的自身能力，这里牵涉景观设计中景观设计师与受众等不同主体间的相关关系。在满足特定条件的情况下，有一定专业能力的景观设计师比相对来说景观素养要低一些的受众更有发言权与选择权与设计权，"真理掌握在少数人手中"自有一定道理，专家与公众存在审美差异时，教育普及与求同存异才是解决之道，景观设计师有责任引领公众的景观审美观念与价值。文化景观不同层级信息的传递与被接受情况，依据人们景观素养的不同所表现的也不同，这与基于传播学理论的景观信息传导素养论[146]不谋而合，但不同于声景观空间的构建，文化景观本身就相当于文化方面的"意见领袖"，城市文化景观的易达性、文化内容的常驻性等条件都可满足这一要求，经过文化DNA景观化表达处理的文化信息在景观载体中同类汇集强化、异类产生对比，形成独特且易于被接受的整体文化风格，使人们更容易被整体文化氛围感染从而更好地接受文化熏陶。遵循"以人为本"的人性化设计理念，应充分考虑地域环境下城市文化景观受众的景观媒介素养，根据对不同城市不同居民群体的文化背景与需求调查、文化背景探索以及特色内涵挖掘来决定所选取文化DNA的风格与主要内容，并以与城市精神的共鸣强化、社区文化景观网络的扩展细化、节庆文化活动策划等互动方式丰富城市文化景观的文化信息传递层次，以景观设计手段引领文化风潮与素养拓展，解决城市文脉传承的实际问题。

5.4　以传承文脉为目标的城市文化景观设计价值评价

5.4.1　城市规划设计评估的历史演变

城市景观规划设计项目完成后，有多种视角、侧重点不同的评估方式与评估框架，大多能很好地对项目完成情况、发挥效用的情况做出较为客观有效的评价，但在制订方案或方案完成后却缺乏行之有效的预测性自评约束体系，建立针对城市文化景观设计方案的价值评价与预估框架，对项目方案完成过程中的查漏补缺、完成后的效果预估以及有效实施都意义深远。

在城市范围中，"规划"（planning）与"设计"（design）两个概念从来都不是单独剥离的存在，城市规划的核心是宏观层面空间结构的合理布置，城市景观设计的核心是城市点位景观的设计与多点位不同景观类型之间的联动，二者结合才能够体现出完整的城市景观。

在先前章节的讨论中，以地域文化"文化DNA"的景观化表达为基本思路，营造有潜力成为城市景观遗产的文化景观，旨在传承城市文脉的设计方法论内容决定了围绕广义城市文化景观遗产保存式设计方法的三项关键内容，分别是与城市规划结合的空间景观布置合理程度、与地域文化环境的融合程度以及文化内容的景观表达能力、为居民服务而创造价值的能力，这三项内容同时也是衡量城市文化景观遗产设计价值的主要标准。《维也纳保护具有历史意义的城市景观备忘录》中定义的景观定性因素都在第一项内容的衡量范围，城市文化景观应能够永久保护以及改善城市空间的功能与审美价值，尤其应强调城市居民所遵循的当代文化理念与城市景观的相互融合。因此，三项内容中，第一项规划设计应重点从城市功能与文化审美的角度出发衡量景观布置合理性；第二项内容须重视已有文化景观遗产中原有核心文化价值在新景观体系中的发挥与表达，通过文化DNA的发掘与景观化使用，在符合地域文化特色的前提下保证城市文化内容的多样性与正确导向；第三项内容则应从城市文化景观受众群体的角度出发，充分衡量其与城市生活相融合的可行性以及预期创造的多种价值。

在建立评价框架前首先需要借鉴历史研究经验，从①城市规划评估理论背景的历时性描述②城市规划评估方法的演变过程③城市规划评估方法的分类阐释④城市规划评估方法的选择要素这四个方面对"城市规划与设计评估"的相关文献分析研究后，梳理归纳内容如下：

第一部分"城市规划评估理论背景的历时性描述"以按照时间先后对城市规

划评估的理论重点的变更和迁移进行剖析，不同时间点受社会文化论、系统方法论、新自由主义、生态控制理念等不同社会背景和理念的影响，城市规划评估理论背景也随之变化：从"城市规划被认为是可以通过设计而实现的蓝图"观念到"规划和最终结果之间必定存在差异的规划偏移"观念，从"单纯关注个体利益"到"更加关注社会和谐、生态维育和空间平等"。

第二部分"城市规划评估方法的演变过程"从三个方面深入分析，分别是城市规划评估方法的思想转变、城市评估方法的代际演化、理性评估&交互评估，对城市规划评估方法的发展脉络进行梳理。

第三部分"城市规划评估方法的分类阐释"按照不同的视角对城市规划评估方法进行分类，分别是聚合程度、规划阶段、公共政策、规划内容、方法性质和评价层次。

第四部分"城市规划评估方法的选择要素"总结选择不同的城市规划评估方法时需要考虑的因素，包括适切性、可信性、可行性、可接受性（表21、表22）。

20世纪以来城市规划设计评估理念发展　　　　　　　　　表21

时期	特征	理论	代表	概述
20世纪50年代以前	选择最佳方案	先期评估与后期评估理论的区分	无	先期评估：对未来不确定性、效率与公平性二者平衡的处理；后期评估：目标与现实的偏离程度评判
20世纪60年代	公众参与加入到评价过程	市民参与的阶梯理论	S. Arnstein	公众论坛：利益相关群体的交流联系
20世纪70年代	对规划设计结果的强调	忽视或排除对不确定性的关注	A. Wildavsky	对方案与实践结果一致性的要求
20世纪80年代	对规划设计过程的强调	对规划设计中期评估的鼓励和推崇	Nathaniel Lichfield	对规划设计政策与社会经济变化的监控
1989年	放弃结果论导向的评估方式而强调过程	PIPP评估模型：政策—方案—实施—进程	E.R. Alexander A. Faludi	五评价原则的建立：一致性、过程合理性、事前最优性、事后最优性、利用率
20世纪90年代	因关注规划设计方案的实施情况而对方案与结果的一致性较为强调，并不只是对方案与现实情况做简单的对比	规划设计实施与结果评估理论	Pasty Healey John D. Landis Emily Talen	对规划设计决策与实施过程的强调

城市规划与设计评估模型　　　　　　　表22

评价标准	方案构成	方案实施	方案影响
项目论证（结果）	方案的技术合理性	规划设计过程的合理性	方案设计与目标的契合度
背景确认（目的）	规划设计的目标与问题背景的相关性	规划设计决策环境的变化	规划设计结果的效益、风险与成本
社会观点（目标）	方案目标与公共政策的一致性	规划设计规则与社会制度的契合度	规划设计结果的社会影响
社会选择（价值）	方案的基础理念与价值主张	规划设计文化与社会制度的关系	成果对社会制度与秩序的贡献

总结评估理念的发展历程及评估模型，可得出下述价值评价启示：

①城市规划设计评估的潮流和未来趋势是结合多利益群体的评估分析，在设置评估标准时应考虑结合多利益群体的意见和反馈。

②评估方法按照规划设计的进度分为方案评估、实施过程评估以及实施效果评估三类，其中定量方法、理性工具的采用多是对规划实施效果的评估，而本研究主要针对的是设计过程的评估，采用定量方法会有较多限制，如成本利益法，对于成本方面的计算可以采集预算的信息，但对于利益方面很难进行量化研究。

③设计效果好坏的评估强调与目标的一致性，在城市文化景观设计方面所有关于规划布置、设计元素、内容展现的考量都应服务于城市文脉传承的总目标。

④一些层次指标可以用来借鉴，如按照评估层面分为技术评价、实效评价、价值评价；评估方法考虑因素包括适切性、可信性、可行性、可接受性等。

5.4.2　文化景观遗产的评判标准

文化景观遗产评价最为权威、最具公信力、影响也最大的莫过于联合国教科文组织世界遗产中心的八项"杰出的普世价值"衡量标准[①]：

（1）To represent a masterpiece of human creative genius.

代表人类创造天分的杰作。

（2）To exhibit an important interchange of human values，over a span of time or within a cultural area of the world，on developments in architecture or technology，monumental arts，town-planning or landscape design.

在建筑或技术、纪念碑艺术、城市规划或景观设计方面，展示人类价值的重要交流，跨越时间领域或是在一个地域文化领域。

（3）To bear a unique or at least exceptional testimony to a cultural tradition or to a civilization which is living or which has disappeared.

对一个文化传统或一种生活或已消失的文明而言，具有独特的或至少是特殊的证据。

（4）To be an outstanding example of a type of building，architectural or technological ensemble or landscape which illustrates(a) significant stage(s) in human history.

作为一种建筑、建筑工艺或技术效果或是景观的杰出范例，阐明了人类历史上的重要阶段。

（5）To be an outstanding example of a traditional human settlement，land-use，or sea-use which is representative of a culture(or cultures)，or human interaction with the environment especially when it has become vulnerable under the impact of irreversible change.

作为一种传统的人类定居、土地利用或海洋使用的杰出代表，它代表了一种文化（或文化），或人类与环境的相互作用，特别是当它在不可逆转的变化的影响下变得脆弱的时候

（6）To be directly or tangibly associated with events or living traditions，with ideas or with beliefs，with artistic and literary works of outstanding universal significance.

直截了当地与居住条件、事件、思想、信仰，有显著普世价值的艺术与文化作品相关。

（7）To contain superlative natural phenomena or areas of exceptional natural beauty and aesthetic importance.

包含有最高级自然现象或是有着别处所不及的自然之美与审美价值。

（8）To be outstanding examples representing major stages of earth's history，including the record of life，significant on-going geological processes in the development of landforms，or significant geomorphic or physiographic features.

作为地球历史的主要阶段的杰出代表，包括对生命、对正在发生的改变地形的地理进程、对显著地貌以及其他地形学特点的记录。

这八条标准投影于文化景观与文化景观遗产上，可概括为文化景观在内容上的创新性、独特性，在文化与审美领域的独特价值，在价值表现上的淋漓尽致，作为见证重要的历史阶段的经典范例，或是能够反映地貌环境变迁过程。毫无疑问，对某一时间段地域文化价值的反映与景观形式对价值内涵的体现是两项核心

评判标准。

5.4.3　评价体系建立与评价示例

　　城市景观设计评价标准因其所牵涉庞大的内容而无法针对区域范围内实际情况做过于具体而细化的准则划分，但仍然应该对每个区块不同部分加以关注。在以文化景观遗产为主要文化内容与景观形式依据而设计城市文化景观的前提下，对历史景观、景观遗产以及相关文化内容应尤为关注，同时也应对确定空间结构地位的重要景观节点、主轴线与多重截面予以重视。评估标准与指标的选取涵盖广泛，以M. Coombes等人（1992年）提出的规划设计指标选择的五项标准为例[147]，"空间性"标准要求明确设计区域在城市中的定位与空间地位，在此基础之上聚焦目标区域内部的空间性规划设计内容以及其对周边甚至整个城市的辐射作用，还须选择一些重要的方面把握住区域对于城市未来发展方向的重要地位——充分体现景观空间的完整性和可对比性；"数据性"与"易操作性"则要求景观方案设计提供更有价值的参考内容，有效使用面积与占地面积的关系、功能分区等专业指标，以及后勤空间、内部交通流线等偏向规划的内容需要被囊括，细分量化的操作子指标与相对应的数据也需设置。考虑到评价体系的可操作性，以针对设计方案提问的形式有时会较为实际，问题的设置与关注的方面之间应有紧密的联系，对如交通、公共空间、建筑使用情况、文化特色等或与用户体验相关联或与文化景观设计相对应的专项问题也需广泛调研。

　　以评估理论的历史演变研究与文化景观遗产普世价值标准为参照，在目标明确、设计方法确定、过程与结果并重的城市文化景观设计过程中，为传承城市文脉，价值评价应重视文化DNA的提取与应用过程；受设计方法理论的局限，价值评价应聚焦事前评价与过程评价；根据文化景观的特点以及文化景观遗产的独特价值，价值评价应充分关注景观设计内容对历史景观的利用、对城市地理环境的客观反映以及在文化与审美领域的独特价值。因此综合考虑城市环境、地域文化特点、评估文献、文化景观遗产的特性，对应三项重要内容评估框架选取了对城市文化景观遗产最为重要以及人们所重点关注的三个方面，分别可以概括为景观规划、文化景观设计与可行性（表23）。

　　方案中最为基础的优先考虑内容是对于设计区块景观布局的重新规划，使其在近期、中期、远期上都能与城市规划相衔接，直接决定了大到设计地块的未来发展大方向，小到每个局部空间的设置安排等大部分内容，如设计区域总平面图、交通流线设计等内容都与之相关，规划的整体思想与铺垫工作决定了后续景观设计工作开展的顺利与否，第一部分评分内容以"规划"为主题，占满分100分中的30分，评分细则针对规划布置内容分为"完整性""衔接性""合理性"三

城市文化景观遗产设计评价体系分析框架　　　　表23

评分类型	目标	指标举例	评分形式	分值
景观规划	对设计区域的布局与功能有明确的定义，为近期、中期、远期规划服务	整体布局、功能分区、交通路线、行人流线等	基于方案对比之上的针对整体布局方法与各区域处理方式的对比统计	30
文化景观设计	控制文化DNA元素的发掘与选取，保证正确文化观念信息的景观化传播路径；从景观的角度对建筑周边环境、公共空间及绿色区域的协同性做出评判；保证景观功能性	文化DNA种类与语义统计、景观要素设计特征、建筑与景观小品功能性；公共空间景观设计、绿地景观设计、建筑景观设计等	文化相关性、功能满足条件与审美批评；基于景观统计指标与方案描述的主观评价	50
可行性	确定在现状基础上依据设计内容实施的可能性	成本控制、用地性质处理、方案合理性等	根据现状特点分别判断对应设计措施的实行合理性	20

个部分，下级评分指标视具体项目而定。规划指标的"完整性"和"衔接性"设置对应于规划方案及其表达的内在有效性和外在有效性评估，内在有效性强调规划文本自身内容的完整性，如规划行动是否能促进规划目标的实现；而外在有效性表示规划文本在不同的垂直级、平行级职能部门中与其他规划政策及方案的承接与协调[209]。欧阳鹏借鉴Frank Fisher的政策评估框架，提出了"项目验证层面（结果）—情景确认层面（目的）—社会论证层面（目标）—社会选择层面（价值）"的城市规划评估矩阵，以对应于规划整体目标的合理性、规划情景的适用性以及规划方案对社会体系和价值的贡献程度的评估，与本评估体系中的"规划"评分细则非常契合，如在"情景确认层面"评估重点考察规划方案目的与问题情景的关联性，对应于"合理性"指标；"社会论证层面"衡量规划方案目标与宏观政策的符合性，以"衔接性"指标体现[210]。在这三个指标中，"完整性"主要评判方案是否包含设计区域内的所有区块及其必要规划内容、整体方案的统一性和各部分的协调性，按照"整体思路""轴线分析""协同情况"三个分指标阐明每个方案的规划内容，其中"轴线"指城市环境中文化景观设计区域的方向性景观主轴线，用以衡量设计者对线性文化景观的分析定位以及沿轴线分布的各个区块规划情况，占10分；"衔接性"指方案规划内容与相关规划的衔接性，是否与未来的建设目标契合，以佩奇老市场评估项目为例，"南扩意向""轴线发

展""交通中心"分指标的设置参照了上位规划目标,占10分;"合理性"则强调的是方案对各个区块现有资源的利用,以及规划内容能否解决现状问题,关乎"再利用"与"新规划"两方面的内容,所涉及内容更多更细,占10分(图30)。

在城市文化景观设计中,景观设计的创意思维、艺术表现以及为传承文脉而具备的文化内涵承载力是考察的关键,作为设计区域囊括了建筑设计、周边环境设计、整体搭配、文化信息传达等多项主要内容,更是"文化DNA"通过景观表现形式展现城市地域文化精髓的重要舞台,第二部分评分内容"文化景观设计"分为两块,以文化传达与设计艺术为基准的文化设计主要分为"文化相关性""艺术表现形式""功能性"三个方面,以景观要素统计对比法为基准的景观评估是第二块评估内容,两块分开评估的同时从设计规模上初步控制建造成本,共占满分100分中的50分,考虑到文化景观的文化需求侧重点,前者占30分,后者占20分。在文化设计评估中,"文化相关性"主要考察景观设计方案在文化DNA元素的发掘与选取上是否合理,是否能与城市本地文化相关联,是否能同时兼顾年龄较大与年龄较轻市民的文化差异,是否能正确表达出与城市精神、城市发展方向相契合的文化价值观;"艺术表现形式"旨在发掘设计方案在文化元素与景观要素结合转化的合理性与独特性;"功能性"下设分指标因方案而异,

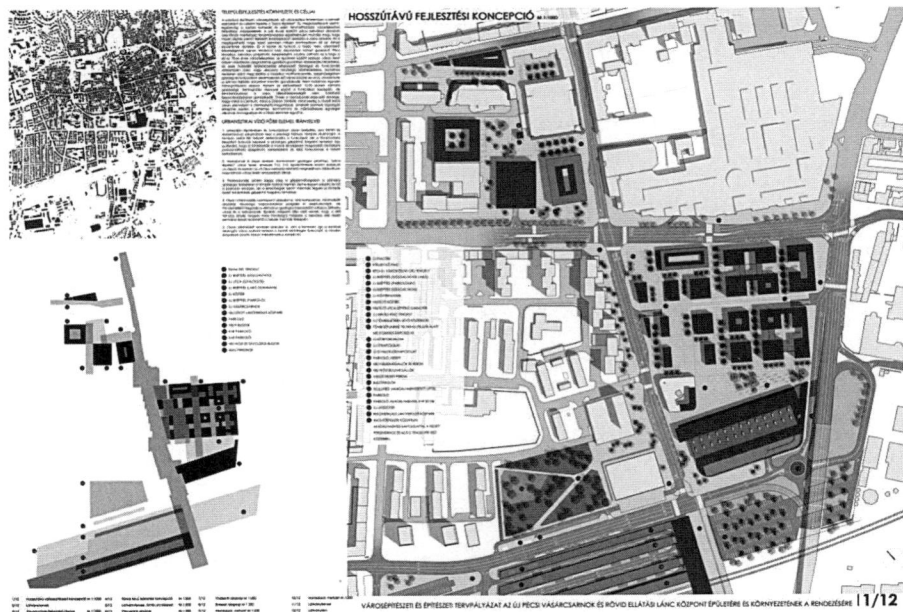

图30　第16号方案总平面图
(来源:佩奇老市场更新项目)

以佩奇项目为例，考虑到新市场建筑的功能分为"空间利用率""功能分区""可进入性"，作为佩奇市最大的公共交易空间，在市中心有限的用地上尽量多提供可用建筑空间十分必要，同理该建筑的可进入性需达到一定标准，而有效的功能分区可使人们的交易交流行为事半功倍（表24、表25）。

佩奇老市场更新项目第16号方案"规划"评分示例　　　表24

规划　　总计：20.6分			
完整性 6.8/10	整体思路		共4分；背景分析与空间方案较为完整，南北主轴线在方案中不够突出；以五分制评分（下同），取得5分中的4分，得分3.2分
	轴线分析		共3分；空间布局较为清晰但细节稍有欠缺；取得5分中的3分，得分1.8分
	协同情况		共3分；各个区块的规划表现不错，但A地块与B地块基本是分离的；取得5分中的3分，得分1.8分
衔接性 7.2/10	南扩意向		共3分；经由城市南部居民区域向东南方山脉与西南方湖泊延展扩张的趋势较为明显，符合城市发展方向；取得5分中的4分，得分2.4分
	轴线发展		共4分；方案中有表现出南扩的意向，但仅有沿轴线分布的零星部分，具体内容相对欠缺；取得5分中的3分，得分2.4分
	交通中心		共3分；将未来的城市交通中心规划设计成线型带状区域，充分利用地形条件；取得5分中的4分，得分2.4分
合理性 6.6/10	区块A	再利用	共1分；为了建设新停车建筑几乎放弃了所有现有设施与植物；取得5分中的1分，得分0.2分
		新设计	共1分；一个不同于其他方案的新停车建筑想法，但会影响地块及其周边环境的视野、功能性以及协同性；取得5分中的2分，得分0.4分
	区块B	再利用	共2分；提供了不必拆除老市场建筑的可选方案；取得5分中的3分，得分1.2分
		新设计	共4分；除了保留的历史建筑几乎所有都是新设计的，空间充足的条形阵列建筑布局较为新颖但较难实现且花费较高，建筑设计方案在充分利用地块面积上充满创意，四个实施步骤可以较为合理地解决交通问题；取得5分中的4分，得分3.2分
	区块C	再利用	共1分；现存绿地与停车区域得到了保留，对原有道路系统的处理较为平滑，荒地也得到了较好的设计；取得5分中的4分，得分0.8分
		新设计	共1分；设计后停车区域充足，新交通中心位置凸显，交通流线顺畅，新市场建筑较好地融入了新设计；取得5分中的4分，得分0.8分

佩奇老市场更新项目第16号方案"文化设计"评价示例　　表25

文化设计　　　共计：25.2分		
文化相关性 9.2/10	文化DNA	4分；起源于西班牙、葡萄牙的欧式城市阵列，追溯至罗马教堂的建筑景观创意，起源于法国的落地窗，当地受欢迎的花卉文化，佩奇古城文化DNA发掘不足、运用较少；取得5分中的4分，得分3.2分
	地域文化	3分；信仰基督教为主的宗教文化，崇尚休闲与交流的城市娱乐文化，本土物产文化，仅缺少游憩文化；取得5分中的5分，得分3分
	价值取向	3分；象征劳动人民的手型草稿，代表诚信交易的开敞空间，鼓励交流的公共空间，引导性的植物景观，推崇本土物产的短途运输链；取得5分中的5分，得分3分
功能性 7.6/10	可用空间	4分；充足而高效的后勤空间，长条形有条理的交易空间，二层预留休闲娱乐空间；取得5分中的4分，得分3.2分
	功能分区	4分；简明的交易区、后勤区与服务区划分，但并不是所有方向都一样便利；取得5分中的4分，得分3.2分
	可进入性	2分；单方向上近乎完美的可进入性；取得5分中的3分，得分1.2分
艺术表现形式 8.4/10	文化表现力	6分；罗马式圆拱门，欧式多镂空气密性空间，象征基督教圣洁的白色主色调，面山向阳而契合地势的巨大建筑正立面，手形建筑意向代表劳动生产力，网格式城市街道，四合院式公共交流空间，现代景观小品，匈牙利传统货架，巴尼亚尼州本土植物种类，长方形设计朝向与地块边缘有所冲突，好在有建筑周边景观群的缓和；取得5分中的5分，得分6分
	体量与材料	2分；长宽比惊人的正立面、巨大的占地面积与较高的层高，钢筋混凝土材料为主但选用大体量的落地窗，大量的室内装饰与家具；取得5分中的2分，得分0.8分
	节能性	2分；良好的通气性与闭合度，光照充足、温度控制良好；取得5分中的4分，得分1.6分

　　景观作为"文化景观设计"评估中的一项评分内容，无论是对于城市中建筑环境与城市空间的构成、方案设计以及实施后的美观程度还是城市发展图景都有其必要性。不可否认的是，无论在什么样的城市中景观都扮演着极其重要的角色，利用文化景观结合当地文化构建起优美良好的环境设计工程，形成半自然或亲自然、多绿色同时又文化意蕴丰富的城市景观体系，可以完美地承载起对于城市与乡村都极为重要的能够唤醒人们归属感的"乡愁"，以消解如曾经红极一时，又饱受诟病的"国际风格"所带来的"千城一面"等城市化进程中的"文化失忆"[212]负面影响。从景观角度对建筑周边环境、公共空间及绿色区域协同性的考虑是源于对环境影响评估法（Environmental Impact Assessment，EIA）的借鉴，旨在于关注个体和群体利益的同时兼顾整体社会的和谐与空间公平性。城市景观

与城市空间结构关系紧密，大多数城市存在着大量的可利用资源与空间，却没有形成与资源条件相称的城市景观，在城市面临转型时对于景观设计的需求已迫在眉睫，因此设置"景观"项评分标准十分必要（图31见文后彩插，表26）。

佩奇老市场更新项目第18号方案"景观"评价示例　　　　表26

草坪	共2分。多种形式的草坪数量足够形成绿色区域。取得5分中的5分，得分2分
行道树	共2分。大部分原有行道树得到了保留；行道树在划分功能区块上起到了作用；部分行道树需要改善。取得5分中的4分，得分1.6分
大树组团	共1分。大树组团与草坪共同出现。取得5分中的4分，得分0.8分
灌木	共1分。被用于既需要绿化隔离带又不遮挡视野的地方；在此方案中各个城市建筑的高度较高，灌木主要被用于停车场周边。取得5分中的3分，得分0.6分
荒地	共2分。至少区块C的南部荒地和道路交叉点处荒地未得到设计。取得5分中的3分，得分1.2分
公共空间（广场）	共2分。此方案中A区块被设计成一个城市公园；老市场区域建设绿色人民广场；新市场建筑中有足够多的开放空间，地上空间被设计成合适的交流场所；C区块绿地的范围与路线有些变动，但仍是休闲的好去处。取得5分中的5分，得分2分
城市建筑	共1分。区块B的广场上设计了许多功能性建筑；即使是公共区域也有一些功能性建筑。取得5分中的4分，得分0.8分
景观建筑	共2分。新市场建筑的波浪形屋顶与典型的欧洲风格外立面十分显眼；但过暗的颜色、过多孔洞以及稍显呆板的样式使建筑失色不少。取得5分中的3分，得分1.2分
景观小品	共1分。现代艺术风格。取得5分中的3分，得分0.6分
类公园区域	共2分。有三个绿意盎然的类公园区域，每个区块一个。取得5分中的4分，得分1.6分
室外休闲娱乐设施	共2分。太过于依赖功能性建筑；一个儿童游乐场；景观小品；C区块绿地；一些配套长椅。取得5分中的3分，得分1.2分
行人路径	共2分。路径本身畅通无阻，但被城市建筑分割过多。取得5分中的3分，得分1.2分

共计：14.8分

"规划设计评估是否可行？"一直是规划设计界激烈讨论的热门议题，其客观存在的不确定性和复杂性成为实践活动事前评估的关键难点之一，预测和模拟未来发展的不确定性，会影响对规划成功实施的判断[211]，但由于前两大块评估内容中的方案评价本身就涉及可行性的问题，因此"可行性"评分部分相对较为笼统。同样以佩奇项目为例，按照设计区域划分出的A、B、C三个地块各自特性与关注点的不同将可行性评分部分分为三块，因重要性的不同分别占5分、10

分、5分，共20分，评价指标也都针对各个地块的特点设置。A地块主要用于停车服务，原有绿化较多，地面条件较差且内外部交通问题明显，因此分指标设置为"停车场形式""原有绿化处理方式""铺装设计"以及"交通流线"四个方面，主要考察方案设计中提供停车服务的建议是否合理、对现有绿化资源的利用情况以及能否改善现状较差的交通情况；B地块由于占地面积、用地性质等原因规划设计内容较多，在此处按"新市场""短途供应中心""长途汽车站""居民区域""公共空间"以及"交通流线梳理"六项分项列出并逐一评判其设计可行性；C地块存在大量荒地，因此处理方式较为多样，除原有绿地、部分停车功能以及流通性外其他内容的评判存在一定灵活性（表27）。

佩奇老市场更新项目第16号方案"可行性"评价示例　　　表27

可行性			共计：14.4分
A区域 2.4/5	停车场形式		1.5分；较为矛盾，停车楼的形式易于实现但效果与使用率欠佳；取得5分中的2分，得分0.6分
	原有绿化		1分；只有绿化隔离带被保留；取得5分中的1分，得分0.2分
	铺装与绿化		1分；铺装与绿化比接近4：1；取得5分中的2分，得分0.4分
	交通流线		1.5分；以建筑为中心的合理地块规划；取得5分中的4分，得分1.2分
B区域 7.4/10	建筑方案		3分；形式简单易于实现，大体量维护成本较高；取得5分中的4分，得分2.4分
	短途运输中心方案		1分；更于老市场原址；取得5分中的5分，得分1分
	长途巴士站		1分；长时性规划中充足的空间阵列，中期规划行人流线；取得5分中的4分，得分0.8分
	居民区域		1分；充足的空间阵列，产权较难实现，在长时性规划中意义、定位不明确；取得5分中的2分，得分0.4分
	公共空间		2分；新市场建筑近前勉强充足的三角形区域；取得5分中的3分，得分1.2分
	交通流线		2分；短期内合理的内环流线，流畅而充足的长期流线规划；取得5分中的4分，得分1.6分
C区域 4.6/5	规划设计方案	总体	1分；所有部分都算规划得当；取得5分中的5分，得分1分
		绿带	1分；维持原状；取得5分中的4分，得分0.8分
		停车	1分；在三个新规划停车区域有几百个新停车位，保证了停车功能；取得5分中的5分，得分1分
	新设计		1分；专注于交通与停车分流；取得5分中的5分，得分1分
	交通可行性		1分；仅有瑕疵是南干道过窄；取得5分中的4分，得分0.8分

5.4.4　评价的问题和局限

　　如上文所述，本研究因专注于城市文化景观设计过程而使价值评价框架也同样倾向于此，以偏向先期评价、过程评价、文化内容提取与使用评价的价值观念判断设计过程的合理性与可行性，旨在使文化DNA在景观设计中的使用更加合理而契合城市地域环境，从而更好地承载与表达地域文化思想内涵、传承城市文脉。因此分析框架借鉴了运筹学中的层次分析法（AHP）思想，将对设计过程的评估层次化并对不同层次赋予重要性权重值，通过对设计方案构建过程的内容描述、重点提取、分块评价、对比研究等分析对不同的文化DNA设计过程进行评估与打分，对与城市文化景观设计较为相关的各个问题进行深化并分别对应至不同的评价方面，提高了设计评价的可操作性。于本文价值评价选取案例的项目要求中，与佩奇老市场更新相伴的短途供应中心（SSCC）建筑设计要求与新市场建筑几乎是同等重要的，但因为实际情况中绝大部分方案在此方面的不足，评价时也只能降低权重，这是现实原因所造成的对部分要素的选择性忽视；在方案评估中，可行、合理、经济与否的判断源于对现有设施等基础条件的利用，但实际操作中很可能因为原有设施条件的极度落后，新建成本反而低于再利用成本；分析框架在"时间"分析维度上也稍显不足，因项目背景与进展等客观原因仅能对设计方案的实施给予有一定依据的预测，应在规划和实施过程中反复利用，并根据情况变化及时调整；此外，由于语言、文化限制等可能出现的实际情况，调研资料搜集、相关信息获取都存在一定的局限性。但不可否认的是，评价体系分析框架仍然可以较为客观地集中体现出在城市规划背景下地域文化理念所引导的场景布置与文化DNA种类、内容选择的合理与否以及一定程度上的景观转化可行性，建立分析框架中的得失以及上述问题与局限都可为以文化景观遗产为根基的城市文化景观设计方案价值评估体系构建提供宝贵的建议。

第六章 结论与展望

6.1 结论

城市人口集聚、文化生态繁盛的环境与文化景观遗产人为创造并赋予意义、长时性、继承性等特点都互相包含、互相适应，外在形态、文化内涵等方面的契合都使城市与文化景观遗产的结合之利成为了不容争辩的事实，如何与时俱进地针对城市文化景观遗产做好保护管理工作，妥当地平衡其客观物质存在与主观精神价值的保护与利用，并将从中提取的文化内涵与文化规律应用于城市景观环境是研究城市景观设计的关键。

在概念辨析方面，本文在一定程度上论述了文化景观、文化遗产与文化景观遗产在理论上的外延、内涵及其城市领域范畴，同时阐释了其间存在的相互包含关系及特例情况。在前人研究基础上提出了文化景观脱胎于文化地理学但发展至今远超其研究范围的涵盖领域、广义文化景观遗产与狭义文化景观遗产概念上的区别及各自的适用范围等基础观点；认为文化景观遗产相对于文化景观是一个因标准更为严苛而缩小的概念范畴，有长时性与普世价值两项强化的基本特点，以及动态发展变化的本质属性，与文化景观相比在时代性、民族性等方面有所弱化；解释了文化景观遗产人与自然间"关联性持续状态"及其中所蕴含的"人类改造自然的智慧"等核心理念，同时对联合国教科文组织世界遗产中心关于文化景观遗产分类与单独列项的部分工作提出改进建议；此外也对城市文化景观的功能、感官与文化内涵进行了专项阐述。

随着现代保护理念与国际法律法规体系的不断完善，清晰的理论演变路径体现出了遗产保护领域保护观念的多元化剖析、分项化发展，保护范围的不断扩大、分界明确与城市化覆盖，保护内涵的深入与增多等趋势，这样的发展态势体现出了遗产保护与时代发展相结合、遗产保护文化内涵不断发掘以及保护理论本土化发展的重要性。为达成此类目标并紧扣本研究主题，本文对与之较为相关的文化、审美与设计3方面的前人研究进行了理论述评。在文化方面重点论述了文化景观在城市文化体系中的重要地位、地域文化在促进文化景观遗产文脉传承过程中所起到的核心作用，并论证了在景观设计领域引入"文化DNA"概念的可能性，表明引入"文化DNA"的概念有助于提升景观设计过程的效率、改善景观设计成果的品质；在审美方面着重探讨了中西方审美差异及看待人与自然关系的不同理念，为文化景观本土化理论添砖加瓦，同时以多样化的景观审美测量方法理论作为"文化DNA"量化设计的基础；在设计方面主要述及文化景观设计的特殊性，以及将文化内容、文化元素转化为景观化表达要素，以景观语言传达文化信息的技术性研究手段。从理论述评与演绎的角度确立了基于文化景观遗产理论与实例研究的城市文化景观设计方法理论研究思路，依托文化景观遗产的特质性强化视角发掘其具备地域文化特征的文化审美理念，以对其文化内涵的提取与转化作为城市文化景观改善设计与城市文化氛围再塑造的核心内容。

本研究中的案例分析内容主要选取的是经世界遗产中心评定的文化景观遗产地，间或夹杂有"全球重要农业遗产"以及景观设计项目，或通过分析其文化景观的文化种类、内容与内涵确定文化DNA类型，或分析其与城市景观形态、文化氛围等方面的关系以验证文化景观遗产对城市的重要作用，抑或是作为文化DNA提取与景观设计的实例说明，各种作用不一而足。概览如表28：

文化景观遗产主要案例一览　　　　　　　　　　表28

案例名称	文中章节	作用	特点
庐山	未单独使用	零散例证	中华传统文化与"奇、秀、险、雄"自然景观的结合
汤加里罗国家公园	3.1.1	地域文化差别性分析	人文群山、种族文化
云南红河哈尼梯田文化景观	3.1.2	地域文化差别性分析	梯次水田、农耕文化
罗马帝国边界	3.1.3	地域文化差别性分析	城墙堡垒、战争文化
辛特拉文化景观	3.2.2	城市景观文化类型来源对比	外来文化寄托于外来物种，与地方文化、景观的融汇
杭州西湖文化景观	3.2.2	城市景观文化类型来源对比	地方性文化的汇总展现文化与自然景观的平衡
上海四处文化景观地	4.1	城市文化景观的文化元素提取与审美偏好研究	传统文化类型明确，因现代城市文化的冲击发生变革
佩奇城市景观	4.2 5.4.2 5.4.3 5.4.4	相同背景下不同年龄、不同素养人群的城市景观功能性、文化性审美偏好研究 城市文化景观文化DNA设计方法价值评价	2000年古城与现代景观的交融与反差 新科技市场与老文化市场的反差 城市地域文化元素的提取于文化景观设计中的应用
德累斯顿易北河谷	4.3	审美偏好影响因子以及利益相关群体审美偏好研究	河谷景观与城市的完美结合 兴建现代大桥破坏整体审美观感而被除名

续表

案例名称	文中章节	作用	特点
盐城经济开发区带状公园景观设计	5.2.3	城市文化景观 文化DNA设计方法	带状线性文化景观海盐文化
拱桥文化景观	5.3.2	技术影响	几何式人文景观与水系、周边环境的结合结构、材料、艺术表现形式变化的合理性
里多运河	未单独使用	拟作为文化景观与文化景观遗产案例对比	加拿大文化遗产 纪念性人造设施 殖民文化丰碑
格雷普朗景观	未单独使用	拟作为文化景观与文化景观遗产案例对比	加拿大文化景观遗产 潮差景观、种族放逐地 木闸水堤农耕系统、"大动荡"历史事件
五渔村	未单独使用	拟作为文化景观遗产损耗案例	意大利文化景观遗产 因地理位置和村落发展原因遭到不断侵蚀
列德里斯-瓦尔提斯文化景观	未单独使用	拟作为文化景观遗产运营管理案例	欧洲最大的文化景观之一 唯一由家庭维系的文化景观遗产
布莱纳文工业景观	未单独使用	拟作为工业文化景观遗产与社区振兴的联系案例	少见的工业文化景观遗产 体现钢铁和煤炭生产的消亡
英格兰湖区景观	未单独使用	拟作为田园型城市文化景观遗产的探讨案例	城湖、城景一体 田园型城市的愿景
英国皇家植物园	未单独使用	拟作为人为改造自然最典型的西式审美案例	典型西式审美 多样化的植物体系按照人为意志排布
科迪勒拉山水稻梯田	未单独使用	拟作为与哈尼梯田的对比案例	农业型文化景观遗产

文化景观地域性和城市地域文化的相关论述，对于确定文化景观在城市文脉传承中扮演的角色意义重大。本文从城市起源的角度阐释了以地域性特征为核心的地域文化对城市潜移默化、深入骨髓的影响，从城市范围内人文地景与自然环境的关系平衡述及其地域性，着重论述人类文化活动对于地域性自然景观风貌的改变，再举出"舶来他生型"与"内发自生型"两种典型的由不同类型文化内涵驱动的城市文化景观遗产实例以区分文化种类对城市文化景观遗产产生的不同影响。随后在生物遗传理论与文化模因论的基础上做出了理论拓展，将文化基因与景观结合，创造性地提出了景观"文化DNA"的理念，并围绕文化DNA进行景观设计文化元素生发的理论演绎。为促进文化DNA内容在文化元素景观化转化过程中的有效使用，从景观设计领域主客体的角度出发，以审美偏好理论为指导，分别以上海文化景观地、佩奇城市更新项目以及易北河谷为研究目标，从文化元素提取、不同年龄受众的素养差距与文化功能审美、利益相关群体及审美影

响因子三个不同的方面研究审美偏好对文化DNA选择方向性的影响，首先验证了城市文化景观中蕴含的文化内涵信息与人类文化审美之间的相互作用关系；随后论述了文化DNA中携带的文化信息通过文化景观载体长时性、定向性、直接或间接影响受众的可能性，将代表偏好倾向性的"舒适""熟悉""方便"等一系列词语与代表城市文化景观设计引导性的"文化氛围""功能性需求""漂亮的外形"等词汇联系了起来，将景观设计过程中期望通过添加文化元素的手段而体现出的地域特点展现出来；罗列出了部分城市文化景观遗产中重要的景观元素与审美偏好影响因素，认为城市文化景观遗产在自然景观要素与人文景观要素方面、功能性审美引导与艺术性审美引导方面都应保持平衡，并根据利益相关群体立场的不同有所取舍；佐证了文化DNA手段在文化景观设计中的可行性，也为后续的各过程的展开深入研究提供了思路与可能。

最后，本研究提出了以目标、路径、要领、评价为构架的设计思路体系与方法理论，以芒福德城市文化理论、文化景观设计原理等前人研究内容为理论基础，以实现城市景观"第三自然"环境与"灵妙化"文化氛围为目标，文化内容的景观化表征为手段，文化DNA的文化遗传过程为核心设计内容，设计方案的价值评价为效果预期，在保护的基础上充分将城市文化遗产资源融入景观体系建设工作，其出发点与以城市有机更新、保存式设计、遗产保护理论等为代表的保护派理论，以及为人而设计、城市功能审美需求的完善、民众生活的舒适、追求文化景观效能的"实用派"倡导都是一致的，旨在为发展中的城市、为后世留下更多可"触碰"的城市景观遗产和文化内容。

本研究的主要研究贡献与创新点在于，以相关领域的前人研究为理论基础，在理论述评的过程中对与选题相关的一些理论进行了归纳与演绎，尤其体现在对生物遗传理论与文化模因论的景观化理论革新，从本文的研究视角修正、改善了其中如"模因的信息表征系统"等一些概念，在景观领域提出"文化DNA"理念，论证其名称、含义与内涵的合理性，并以之为核心将文化、审美元素与景观符号进行融合，提出以其为核心的景观设计方法，同时在此方向上将审美偏好研究具体化，从而保证了文化DNA选择、复制与传播等重要过程在一定程度上的方向可控性；这样的设计理念结合了景观学科在文化内涵、艺术审美理念及城市范畴等方面的交叉优势，从设计方法论的角度在一定程度上弥补了学界对设计史论的偏好与设计学基础理论的不足；论文研究对文化景观、文化景观遗产、文化遗产等概念做出了较为清晰的范围划分，尝试从景观的角度凭借对文化景观遗产内涵特质的深入挖掘，用景观手段解决城市中的文化审美类现实问题，为城市景观研究提供了新思路。

6.2 展望

在本文围绕"城市文化景观遗产""文脉传承""文化景观设计"等主题而进行写作背景、基础资料、研究进展、理论阐释、案例剖析等方面的写作时能够清晰地感知到遗产保护理论的进化方向中对于遗产种类细分、与城市环境融合等发展趋势的青睐,结合城市发展对于文化重视和传统本源的回归,城市文化景观在未来的城市建设中必将扮演着举足轻重的角色。即便并非以景观规划与设计的形式出现,从设计学科的整体视角仍然应保持对文化元素的多样化关注。

我国作为世界闻名的历史文化古国,在文化与自然资源的种类和丰富度上都拥有着得天独厚的优势,能够体现人类改造自然智慧的文化景观地亦是不胜枚举,在城市开发建设的同时应注重对遗产资源保护与利用的平衡,使更多有潜力的资源类型进入遗产名录。如今的遗产保护工作早已超出"点"保护的范畴,而是由区域保护向范围保护扩展,遗产缓冲区域的设置就是明证;我国在这一点上早有先见之明,"历史文化名城""自然保护区"等方式就行之有效,在管理与监督方面尚有提升空间,若结合文化景观遗产类型进行城市及其周边区域的本土化升级则大有可为。虽然文化景观强调文化加诸于自然的创造性改变景象,目前的文化景观资源与遗产地却大多采取文化遗产与自然遗产分离式的保护形势,庐山便是如此,杭州西湖也部分如是,在景观层面可如本文中提及的"点线面"设计实施技巧,以文化景观点、叙事性带状景观形成独有的文化景观遗产廊道或叙事线以成为城市景观的亮丽风景线或区,可有倾向性地强调自然背景或人为改造要素,但应避免割裂式、区分型的传统保护路径。

本论文只是从文化、审美、设计结合的角度提出了基于地域文化与审美偏好的城市文化景观遗产文化DNA设计方法,以方法论的形式初步建立了理论架构和实践验证体系,其理论研究的可完善性——例如对达成城市文脉传承的基础理论丰富、"点线面"设计方法外的多维度应用技法探讨等,以及量化研究上的可深入性——例如对城市景观审美偏好SD法的指标体系研究、文化DNA内容量化加权选择体系等,都有较大的深入研究空间。同时在文化景观遗产保护与利用的实践方面,无论是对文化景观遗产案例与分类体系的持续推进,还是在城市景观规划与设计方案层面都有较大的实操空间。本研究设计方法理念与观点的提出,是希冀通过对其中一些内容的深入性研究来发展相应派系的理论,促进设计学方法论的不断进步,改善学科在史论上的部分偏向性和在理论上的相对薄弱性,多结合其他学科或其他思想流派的文化内涵,为发展真正意义上的东方设计或中式设计理论体系尽绵薄之力。

附录　学术成果

一、留学经历（2015年9月~2016年9月）

　　获得匈牙利政府提供的邬达克建筑奖学金，赴匈牙利佩奇大学参加为期一年的博士生联合培养项目，在工程与信息学院两位导师Prof. Istvan Kistelegdi与Associate Prof. Miklos Halada的指导下，为佩奇市市政府完成了名为"Urban Planning Evaluation Report of The Market Hall Design Competition in Pécs"的项目评估报告，获得了佩奇市市政府、项目设计师、导师、学院等方面的一致好评，并在所有课业成绩优秀的同时，以此在结业报告中获得了"excellent"5分满分的评价，顺利完成了联合培养。

二、国际会议

1. 在2016年第6届景观与城市园艺国际研讨会（雅典，希腊）上作为主讲人发表名为"On the Theory of Oriental Design"的主题演讲并全文录入会议论文集；

2. 在2015年第18届园艺管理国际论坛（马尔默，瑞典）上作为主讲人发表名为"Management Systems of Flower themed Tourism in China"的演讲并全文录入会议论文集；

3. 在2014年第29届国际园艺学大会（布里斯班，澳大利亚）上作为主讲人发表名为"Landscapology：the Philosophy of 3A：Agriculture，Art and Architecture"的演讲并全文录入会议论文集。

三、发表论文

[1] 周之澄. 基于传播学理论的城市景观听觉空间设计[J]. 艺术百家，2017，33（06）：245-246.

[2] 周之澄，徐媛媛. 小城市城市更新方案评价研究——以佩奇老市场更新项目为例[J]. 南京艺术学院学报（美术与设计），2017（03）：181-186.

[3] Z.C. Zhou，Y.Y. Xu，W.Z. Zhou. On the theory of oriental design in the context of China[J]. Acta Horticulturae，2017（1189）：25-30.

[4] 徐媛媛，周之澄，周武忠. 中国国家公园管理研究综述[J]. 上海交通大学学

报，2016，50（06）：980-986.

[5] 徐媛媛，周之澄，周武忠. 中国花卉旅游发展轨迹研究[J]. 中国园林，2016，32（03）：43-46.

[6] W.Z. Zhou，Y.Y. Xu，Z.C. Zhou. Management systems of flower-themed tourism in China：a value chain analysis[J]. Acta Horticulturae，2016（1132）：113-120.

[7] W.Z. Zhou，Z.C. Zhou，Y.Y. Xu. Landscapology：the philosophy of 3As[J]. Acta Horticulturae，2016（1108）：249-254.

[8] 周武忠，徐媛媛，周之澄. 国家公园管理模式研究综述与评介[A]. 设计学研究·2014[C]. 2015：258-273.

[9] 周之澄，周武忠. 大学老校区环境景观改造设计对策与建议[J]. 园林，2015（03）：46-49.

[10] 徐晖，周之澄，周武忠. 北美休闲农业发展特点及其经验启示[J]. 世界农业，2014（11）：110-116.

[11] 周武忠，徐媛媛，周之澄. 国外国家公园管理模式[J]. 上海交通大学学报，2014，48（08）：1205-1212.

[12] 周武忠，周之澄. 景观园艺："绿色"与"艺术"提升城市品质[J]. 中国园林，2013，29（07）：42-45.

[13] 徐媛媛，周之澄. 花卉旅游商品设计语义符号的提取与转译研究[J]. 装饰，2019（04）：38-42.

[14] 徐媛媛，周之澄，孟乐，周予希. 地域振兴与整体设计——2018第四届东方设计论坛综述[J]. 中国名城，2019（01）：17-20.

四、科研/实践项目

在科研项目方面，参与了教育部哲学社会科学系列发展报告《中国都市化进程报告》的编写工作；参与教育部人文社会科学研究项目"中国当代旅游商品设计研究"（项目批准号10YJA760082），担任编委会成员、项目主要参与人；参与住房和城乡建设部传统村落保护项目中《江南传统村落文化特征及评价指标体系》的编制工作；参与《中国花文化史》书籍编写工作；参与了城市群蓝皮书《中国城市群发展指数报告2013》的编写工作；参与2015/2016年《中国休闲农业年鉴》的编制工作；作为主要参与人申请并在研国家社会科学基金艺术学一般项目15BG083。

在实践项目方面，主要在《南京老山现代文化旅游度假区总体规划》《盐城经济开发区景观设计》《扬州蜀冈瘦西湖旅游度假区总体规划》《河海大学清凉山校区景观规划设计》《西双湖5A级风景区策划方案》《中国吴文化博览园概念性规划》《昆山阳澄湖旅游度假区景观规划设计》《吴江区荒天池森林公园旅游策划》《吴江区浦江源水利风景区旅游策划》《无锡鸿山旅游度假区总体规划》等景观规划与设计、旅游规划类项目中担任主持者或主要参与人,其中如列名于此的绝大部分规划设计方案已通过省、市级评审,部分已投入实施建设。

索引一　图片索引

（注：文中所用图片除注明来源外均为作者自制、自摄。）

索引二　表格索引

（注：文中所用表格除注明来源外均为作者自制。）

参考文献

[1] 单霁翔. 走进文化景观遗产的世界[M]. 天津：天津大学出版社，2010.

[2] 单霁翔. 留住城市文化的"根"与"魂"——中国文化遗产保护的探索与实践[M]. 北京：科学出版社，2010.

[3] 单霁翔. 文化景观遗产保护[M]. 天津：天津大学出版社，2015.

[4] （英）凯特·迪斯汀. 自私的模因[M]. 李冬梅，谢朝群译. 北京：世界图书出版公司北京公司，2014.

[5] （美）刘易斯·芒福德. 城市发展史——起源、演变和前景[M]. 宋俊岭，倪文彦译. 北京：中国建筑工业出版社，2005.

[6] 刘长林. 中国系统思维[M]. 北京：中国社会科学出版社，1990.

[7] 王云才. 景观生态规划原理[M]. 北京：中国建筑工业出版社，2007.

[8] 同济大学城市规划教研室. 小城市总体规划[M]. 北京：中国建筑工业出版社，1986.

[9] 姜虹，田大方，张丹. 城市景观设计概论[M]. 北京：化学工业出版社，2017.

[10] 段汉明. 城市美学与景观设计概论[M]. 北京：高等教育出版社，2008.

[11] 邬俊. 第三自然景观化城市设计理论与方法[M]. 南京：东南大学出版社，2015.

[12] 戴代新，戴开宇. 历史文化景观的再现[M]. 上海：同济大学出版社，2009.

[13] 玉珮珩. 城与园[M]. 天津：天津大学出版社，2009.

[14] 楼庆西. 中国古建筑二十讲[M]. 北京：生活·读书·新知三联书店，2004.

[15] 楼庆西. 中国小品建筑十讲[M]. 北京：生活·读书·新知三联书店，2004.

[16] 李允鉌. 华夏意匠：中国古典建筑设计原理分析[M]. 天津：天津大学出版社，2005.

[17] 方勇，李波. 荀子[M]. 北京：中华书局，2015.

[18] 刘文典. 庄子补正[M]. 香港：中华书局香港有限公司，2015.

[19] （英）保罗·鲍克斯. 地理信息系统与文化资源管理——历史遗产管理人员手册[M]. 胡明星译. 南京：东南大学出版社，2010.

[20] 周武忠. 基于多元角度的城市景观研究[M]. 南京：东南大学出版社，2010.

[21] 胡海胜. 文化景观变迁理论与实证研究[M]. 北京：中国林业出版社，2011.

[22] 胡仁禄，胡京. 当代城市景观特色化整合规划与设计[M]. 北京：中国建筑工业出版社，2016.

[23] 于立晗. 城市景观设计[M]. 北京：化学工业出版社，2015.

[24] 江昼. 城市中小尺度文化景观视觉美感评价体系研究[M]. 南京：南京大学出版社，2014.

[25] 陈凯峰. 建筑文化学[M]. 上海：同济大学出版社，1996.

[26] （美）迪鲁·A·塔塔尼. 城和市的语言 城市规划图解辞典[M]. 李文杰译. 北京：电子工业出版社.

[27] 黄江平. 明清上海市镇文化景观研究[M]. 上海：上海社会科学院出版社，2015.

[28] 阮仪三. 护城纪实[M]. 北京：中国建筑工业出版社，2003.

[29] 刘士林. 都市文化原理[M]. 上海：中国出版集团东方出版中心，2014.

[30] 彭跃辉. 中国世界文化遗产保护管理研究[M]. 北京：文物出版社，2015.

[31] 联合国教科文组织世界遗产中心，国际古迹遗址理事会，国际文物保护与修复研究中心，中国国家文物局. 国际文化遗产保护文件选编[M]. 北京：文物出版社，2007.

[32] 阳建强. 西欧城市更新[M]. 南京：东南大学出版社，2012.

[33] 阳建强，吴明伟. 现代城市更新[M]. 南京：东南大学出版社，1999.

[34] 李韵，王新军著. （英）理查德·海沃德编. 城市设计与城市更新[M]. 北京：中国建筑工业出版社，2009.

[35] 周武忠. 设计学研究——20位教授论设计[M]. 上海：上海交通大学出版社，2015.

[36] 周武忠. 现代景观创意[M]. 南京：东南大学出版社，2014.

[37] 邹其昌. 上海设计文化发展报告（2011—2012）[M]. 上海：上海大学出版社，2014.

[38] 同济大学. 城市规划原理[M]. 北京：中国建筑工业出版社，1991.

[39] 王旭. 美国城市化的历史解读[M]. 长沙：岳麓书社，2003.

[40] 王受之. 世界现代建筑史[M]. 北京：中国建筑工业出版社，1999.

[41] 李泽厚. 美的历程[M]. 北京：生活·读书·新知三联书店，2009.

[42] 李泽厚. 中国美学史[M]. 北京：中国社会科学出版社，1984.

[43] 李利. 自然的人化——风景园林中自然生态向人文生态演进理念解析[M]. 南京：东南大学出版社，2012.

[44] 任黎秀，欧阳怀龙. 世界遗产（文化景观）地——庐山[M]. 北京：科学出版社，2015.

[45] 范周，萧盈盈. 中国城市文化竞争力研究报告（2016）[M]. 北京：知识产权出版社，2017.

[46] 刘士林，刘新静. 中国城市群发展报告2016[M]. 上海：中国出版集团东方出版中心，2016.

[47] （美）简·雅各布斯. 美国大城市的死与生[M]. 金衡山译. 南京：译林出版社，2005.

[48] （美）凯文·林奇. 此地何时 城市与变化的时代[M]. 赵祖华译. 北京：北京时代华文书局，2016.

[49] （美）凯文·林奇. 城市意象[M]. 方益萍，何晓军译. 北京：华夏出版社，2011.

[50] （日）芦原义信. 街道的美学[M]. 天津：百花文艺出版社，2006.

[51] （美）克莱尔·库珀·马库斯，（美）卡罗琳·弗朗西斯. 人性场所——城市开放空间设计导则[M]. 俞孔坚译. 北京：中国建筑工业出版社，2001.

[52] （日）盐野七生. 罗马人的故事[M]. 田建华，田建国译. 北京：中信出版社，2011.

[53] （挪威）诺伯格·舒尔茨. 场所精神：迈向建筑现象学[M]. 施植明译. 武汉：华中科技大学出版社，2010.

[54] （英）安德斯·汉森. 大众传播研究方法[M]. 崔保国，金兼斌，童菲译. 北京：新华出版社，2004.

[55] （俄罗斯）康定斯基. 康定斯基论点线面[M]. 罗世平，魏大海，辛丽译. 北京：中国人民大学出版社，2003.

[56] Sauer C O. The morphology of landscape[M]. California：University of California Press，1974.

[57] James M. Rubrnstein. The Cultural Landscape：An Introduction to Human Geography[M]. Indianapolis：Merrill Publishing Company，1989.

[58] Litchfield Nathaniel，Barbanente Angela. Evaluation in Planning[M]. Berlin：Springer-Verlag Publishing Company，1998.

[59] P.J.Fowler. World Heritage Cultural Landscapes 1992–2002[M]. Paris：UNESCO，2003.

[60] UNESCO WHC. World Heritage Cultural Landscapes A Handbook for Conservation and Management[M]. Paris：UNESCO，2009.

[61] UNESCO WHC. World Heritage and Buffer Zones Patrimoine mondial et zones tampons[M]. Paris：UNESCO，2009.

[62] E.R. Alexander. Evaluation in Planning：Evolution and Prospects[M]. Burlington：

Ashgate Publishing Company，2006.

[63] UNESCO WHC. Cultural Landscapes：the Challenges of Conservation[M]. Paris：UNESCO，2002.

[64] Charles E. Osgood，George J. Suci，Percy H. Tannenbaum. The measurement of meaning[M]. Urbana：University of Illinois Press，1957.

[65] Giorgio Lollino，Daniele Giordan，etc. Engineering Geology for Society and Territory–Volume 8[M]. Zurich：Springer International Publishing Switzerland，2015.

[66] 李震，李仁斌. 2005—2014年《实施世界遗产公约操作指南》的演变与发展趋势[J]. 西部人居环境学刊，2015，30（02）：49-53.

[67] 史晨暄. 世界遗产"突出的普遍价值"评价标准的演变[J]. 风景园林，2012（01）：58-62.

[68] 史晨暄. 世界遗产保护新趋势[J]. 世界建筑，2004（06）：81-82.

[69] 韩锋. 世界遗产文化景观及其国际新动向[J]. 中国园林，2007（11）：18-21.

[70] 韩锋. 文化景观——填补自然和文化之间的空白[J]. 中国园林，2010，26（09）：7-11.

[71] 李晓黎，韩锋. 文化景观之理论与价值转向及其对中国的启示[J]. 风景园林，2015（08）：44-49.

[72] 毕雪婷，韩锋. 文化景观价值的解读方式研究[J]. 风景园林，2017（07）：100-107.

[73] 宋峰，祝佳杰，李雁飞. 世界遗产"完整性"原则的再思考——基于《实施世界遗产公约的操作指南》中4个概念的辨析[J]. 中国园林，2009（05）：14-18.

[74] 丁超. 世界遗产入选标准的对比分析及中国申报世界遗产的对策[J]. 北京大学学报（自然科学版），2006，42（02）：231-237.

[75] 毛曦. 试论城市的起源和形成[J]. 天津师范大学学报（社会科学版），2004（05）：38-42.

[76] 高松凡，杨纯渊. 关于我国早期城市起源的初步探讨[J]. 文物季刊，1993（03）：48-54.

[77] 刘士林. 城市化进程与都市文化研究在中国的发生[J]. 人文杂志，2006（02）：22-25.

[78] 刘士林. 大城市发展的历史模式与当代阐释——以芒福德《城市发展史》为中心的建构与研究[J]. 江西社会科学，2009（08）：27-35.

[79] 刘士林. 大都市框架下的社会思潮与学术生产——2007中国城市发展模式转型

与都市文化理论创新[J]. 学术界（双月刊），2008（01）：70-85.

[80] 刘士林. 都市与都市文化的界定及其人文研究路向[J]. 江海学刊，2007（01）：16-24.

[81] 刘士林. 关于城市文化研究的几个基本问题[J]. 现代城市研究，2013（04）：35-37.

[82] 朱逸宁，刘士林. 论中国城市文化学理论的建构[J]. 上海师范大学学报（哲学社会科学版），2013，42（06）：59-65.

[83] 刘士林. 特色文化城市与中国城市化的战略转型[J]. 天津社会科学，2013（01）：122-127.

[84] 刘士林. 新型城镇化与中国城市发展模式的文化转型[J]. 学术月刊，2014，46（07）：94-99.

[85] 刘士林. 新中国的城市化进程及文化城市战略[J]. 文化艺术研究，2010，03（02）：27-44.

[86] 刘新静. 文化城市研究的现状及深化路径[J]. 上海师范大学学报（哲学社会科学版），2012，41（06）：36-42.

[87] 张杰，张弓，张冲，霍晓卫，张飏. 向传统城市学习——以创造城市生活为主旨的城市设计方法研究[J]. 城市规划，2013，37（03）：26-30.

[88] 郭金平，惠吉星. 从荀子、董仲舒看儒家的人与自然关系学说[J]. 河北学刊，1998（02）：43-47.

[89] 晁福林. 论荀子的"天人之分"说[J]. 管子学刊，2001（02）：13-18.

[90] 韩德民. 论荀子的天人观[J]. 孔子研究，1999（04）：55-63，72.

[91] 张宏亮. 荀子的天人观及其生态美学价值[J]. 中南民族大学学报（人文社会科学版），2012，32（01）：131-134.

[92] 郭志坤. 荀子的自然观[J]. 社会科学，1988（05）：9-14.

[93] 陈艺岚. 庄子的自然观[J]. 广西社会科学，2005（07）：25-27.

[94] 谭容培. 庄子的自然审美思想及其价值[J]. 湖南师范大学社会科学学报，2000（01）：33-40.

[95] 陈业新. 近些年来关于儒家"天人合一"思想研究述评——以"人与自然"关系的认识为对象[J].上海交通大学学报（哲学社会科学版），2005（02）：74-81.

[96] 何自然，李冬梅. 模因论的一个评议性重估——Distin《自私的模因》读后[J]. 外文研究，2013，01（03）：7-12，104.

[97] 陈利顶，孙然好，刘海莲. 城市景观格局演变的生态环境效应研究进展[J]. 生态学报，2013，33（04）：1042-1050.

[98] 范霞. 城市景观的文化内涵——基于城市景观演变的分析[J]. 城市问题，2005
      （01）：21-24.

[99] 周年兴. 关注遗产保护的新动向：文化景观[J]. 人文地理，2006（05）：61-65.

[100] 单霁翔. 从"文化景观"到"文化景观遗产"（上）[J]. 东南文化，2010（02）：
      7-18.

[101] 单霁翔. 从"文化景观"到"文化景观遗产"（下）[J]. 东南文化，2010（03）：
      7-12.

[102] 单霁翔. 文化景观遗产保护的相关理论探索[J]. 南方文物，2010（01）：1-12.

[103] 陈宇飞. 文化景观遗产：城市化时代的价值重构[J]. 江苏行政学院学报，2011
      （05）：45-51.

[104] 奚雪松. 美国文化景观遗产的认定方法及其对我国的启示[J]. 国际城市规划，
      2014（02）：77-82.

[105] 王林生. 景观文化：现代都市发展的新视点与着力点[J]. 中华文化论坛，2016
      （08）：112-117.

[106] 高莹，石华，彭凌玲，宋明亮. 城市文化景观与老字号文化再生的构建研
      究——以沈阳餐饮行业老字号店铺文化景观遗产保护为例[J]. 西部人居环境学
      刊，2016，31（01）：101-105.

[107] 李团胜. 景观生态学中的文化研究[J]. 生态学杂志，1997（02）：78-80.

[108] 张凤琦. "地域文化"概念及其研究路径探析[J]. 浙江社会科学，2008（04）：
      50，63-66.

[109] 王云才. 传统地域文化景观之图式语言及其传承[J]. 中国园林，2009（10）：
      73-76.

[110] 孙艺惠，陈田，王云才. 传统乡村地域文化景观研究进展[J]. 地理科学进展，
      2008，27（06）：90-96.

[111] 王云才. 风景园林的地方性——解读传统地域文化景观[J]. 建筑学报，2009
      （12）：94-96.

[112] 刘沛林. "景观信息链"理论及其在文化旅游地 规划中的运用[J]. 经济地理，
      2008，28（06）：1035-1039.

[113] 刘沛林，刘春腊，邓运员，等. 客家传统聚落景观基因识别及其地学视角的解
      析[J]. 人文地理，2009，24（06）：40-43.

[114] 刘沛林，刘春腊，邓运员，等. 我国古城镇景观基因"胞—链—形"的图示表
      达与区域差异研究[J]. 人文地理，2011，26（01）：94-99.

[115] 申秀英，刘沛林，邓运员. 景观"基因图谱"视角的聚落文化景观区系研究

[J]. 人文地理，2006，21（04）：109-112.

[116] 申秀英，刘沛林，邓运员，等. 景观基因图谱：聚落文化景观区系研究的一种新视角[J]. 辽宁大学学报（哲学社会科学版），2006（03）：143-148.

[117] 翟文燕，张侃侃，常芳. 基于地域"景观基因"理念下的古城文化空间认知结构——以西安城市建筑风格为例[J]. 人文地理，2010，25（02）：60，78-80.

[118] 邹初红，潘国泰. 地域文化在景观设计中的运用[J]. 工程与建设，2006，20（02）：109-110，118.

[119] 王兴中，李胜超，李亮，郭祎，刘娇. 地域文化基因再现及人本观转基因空间控制理念[J]. 人文地理，2014，29（06）：1-9.

[120] 赵钢. 地域文化回归与地域建筑特色再创造[J]. 华中建筑，2001，19（02）：12-13.

[121] 路柳. 关于地域文化研究的几个问题——第一次十四省市区地域文化与经济社会发展研讨会综述[J]. 山东社会科学，2004（12）：88-92.

[122] 宁玲，余柏椿，毛子骏. 城市景观系统的属性、要素与结构研究[J]. 华中建筑，2011（03）：5-8.

[123] 谢敬颖，王葆华. 地域性文化在景观设计中的传承与发展研究——以济南市为例[J]. 科教导刊，2010（06）：173-174.

[124] 陈娟，孙琪，赵慧蓉. 论地域性特色景观的构建[J]. 西南林学院学报，2008，28（03）：59-62.

[125] 杨婷，季菲菲，吉文丽，等. 地域文化在城市景观设计中的表达——以吴起城区景观为例[J]. 西北林学院学报，2013，28（03）：240-244.

[126] 杨雪澜，陈齐平. 城市公园景观重构与地域文化传承[J]. 华东交通大学学报，2014，31（06）：119-125.

[127] 朱万曙. 地域文化与中国文学——以徽州文化为例[J]. 中国人民大学学报，2014（04）：25-32.

[128] 郭永久. 园林景观设计中的地域文化解析[J]. 安徽农业科学，2012，40（11）：6673-6675.

[129] 熊瑛. 基于地域文化的景观设计[J]. 山西建筑，2007，33（18）：43-44.

[130] 陈岗. 杭州西湖文化景观的语言符号叙事——基于景区营销、文化传播与旅游体验文本的比较研究[J]. 杭州师范大学学报（社会科学版），2015，37（02）：121-127.

[131] 倪琪，许萍. 杭州西湖世界文化景观遗产的物质表象与精神内涵[J]. 中国园林，2012，28（08）：86-88.

[132] 陈同滨，傅晶，刘剑. 世界遗产杭州西湖文化景观突出普遍价值研究[J]. 风景园林，2012（02）：68-71.

[133] 黄纳，袁宁，张龙，孙克勤. 文化景观遗产的可持续发展浅析——以杭州西湖为例[J]. 资源开发与市场，2012，28（02）：187-190.

[134] 张炜，马军山，韩林. 杭州西湖文化景观的景观价值要素分析[J]. 中国城市林业，2011，09（06）：29-31.

[135] 陈文锦. 解读西湖 西湖文化景观的特色和构成[J]. 中国文化遗产，2011（02）：24-37，6.

[136] 柳冠中. 共生美学观——对当代设计与艺术哲学的初探[J]. 装饰，2008（S1）：58-59.

[137] 管娟，郭玖玖. 上海中心城区城市更新机制演进研究——以新天地、8号桥和田子坊为例[J]. 上海城市规划，2011（04）：53-59.

[138] 李燕宁. 田子坊 上海历史街区更新的"自下而上"样本[J]. 中国文化遗产，2011（03）：38-47.

[139] 姚子刚，庞艳，汪洁琼. "海派文化"的复兴与历史街区的再生——以上海田子坊为例[J]. 住区，2012（01）：139-144.

[140] 孔翔，钱俊杰. 浅析文化创意产业发展与上海田子坊地区的空间重塑[J]. 人文地理，2011（03）：46-50.

[141] 孙施文，周宇. 上海田子坊地区更新机制研究[J]. 城市规划学刊，2015（01）：39-45.

[142] 李婷婷. 从批判的地域主义到自反性地域主义——比较上海新天地和田子坊[J]. 世界建筑，2010（12）：122-127.

[143] 周之澄. 上海田子坊设计文化与设计方法研究[J]. 艺术百家，2011（08）：115-118，164.

[144] 广川成一，万谷健志，东英树. 上海八号桥时尚创作中心[J]. 时代建筑，2005（02）：106-111.

[145] 周之澄，周武忠. 大学老校区环境景观改造设计对策与建议[J]. 园林，2015（03）：46-49.

[146] 周之澄. 基于传播学理论的城市景观听觉空间设计[J]. 艺术百家，2017，33（06）：245-246.

[147] 周之澄，徐媛媛. 小城市城市更新方案评价研究——以佩奇老市场更新项目为例[J]. 南京艺术学院学报（美术与设计），2017（03）：181-186.

[148] 刘冠美. 中西河流文化比较[J]. 中国三峡，2015（09）：11-16.

[149] 常江，陈华. 德累斯顿滨河人文景观之发展[J]. 国外城市规划，2006（01）：21-26.

[150] 马莉. 德累斯顿易北河谷被除名的启示[J]. 中华建设，2009（09）：46-47.

[151] 宋力，何兴元，徐文铎，张洁. 城市森林景观美景度的测定[J]. 生态学杂志，2006，25（06）：621-624.

[152] 宋力，何兴元，张洁. 沈阳城市公园植物景观美学质量测定方法研究——美景度评估法、平均值法和成对比较法的比较[J]. 沈阳农业大学学报，2006，37（02）：200-203.

[153] 彭华. 关于旅游地文化开发的探讨[J]. 旅游学刊，1998（01）：43-46.

[154] 陈鑫峰，贾黎明. 京西山区森林林内景观评价研究[J]. 林业科学，2003，39（04）：59-66.

[155] 陈鑫峰，王雁. 森林美剖析——主论森林植物的形式美[J]. 林业科学，2001，37（02）：122-130.

[156] 王雁，陈鑫峰. 心理物理学方法在国外森林景观评价中的应用[J]. 林业科学，1999，35（05）：110-117.

[157] 俞孔坚. 景观的含义[J]. 时代建筑，2002（01）：14-17.

[158] 马武定. 城市美学之一[J]. 规划师，2000（04）：88-92.

[159] 周向频. 景观规划中的审美研究[J]. 城市规划汇刊，1995（02）：54-60.

[160] 王保忠，王保明，何平. 景观资源美学评价的理论与方法[J]. 应用生态学报，2006，17（09）：43-44.

[161] 陈宗海. 旅游景观文化论[J]. 上海大学学报（社会科学版），2000，07（03）：108-112.

[162] 万本根. 东方文化的复兴——试论季羡林先生的东方文化观[J]. 中华文化论坛，2001（02）：101-104.

[163] 张敏. 农业景观中生产性与审美性的统一[J]. 湖南社会科学，2004（03）：10-12.

[164] 但新球. 森林景观资源美学价值评价指标体系的研究[J]. 中南林业调查规划，1995（03）：44-48.

[165] 钟永德，罗明春，袁建琼. 森林美学的发展及其在森林景观规划中的应用[J]. 中南林学院学报，2004，24（04）：82-87.

[166] 赵爱华，李冬梅，胡海燕，樊俊喜. 园林植物景观的形式美与意境美浅析[J]. 西北林学院学报，2004，19（4）：170-173.

[167] 俞孔坚，吉庆萍. 专家与公众景观审美差异研究及对策[J]. 中国园林，1990，6

（02）：19-23.

[168]　沈福煦. 中国景观文化论[J]. 南方建筑，2001（01）：40-43.

[169]　谢凝高，郑心舟，谷光灿. 云南石林景观美学价值评价研究[J]. 地理研究，2001，20（05）：517-526.

[170]　张哲，潘会堂. 园林植物景观评价研究进展[J]. 浙江农林大学学报，2011，28（06）：962-967.

[171]　周武忠. 景观学："3A"的哲学观[J]. 东南大学学报（哲学社会科学），2011，13（01）：87-94，125.

[172]　陆邵明. 场所叙事：城市文化内涵与特色建构的新模式[J]. 上海交通大学学报（哲学社会科学版），2012，20（03）：68-76.

[173]　陆邵明. 记忆场所：基于文化认同视野下的文化遗产保护理念[J]. 中国名城，2013（01）：64-68.

[174]　柳冠中，胡飞. 从五行说看中国古代设计研究[J]. 装饰，2004（05）：4-5.

[175]　王肖萌. 道家美学在东方设计中的体现——以原研哉设计为例[J]. 智库时代，2017（09）：201，203.

[176]　曾辉. 东方设计与慢生活美学[J]. 新美术，2015，36（04）：11-13.

[177]　张天星. 适度设计中的"中"与"和"——共赏"良适"之东方美学[J]. 家具与室内装饰，2014（12）：50-55.

[178]　张豪. 东方哲学在工业产品设计中的应用分析[J]. 设计，2014（04）：190.

[179]　云雅洁. 东方禅意文化在空间设计中的应用研究[J]. 美术文献，2014（01）：180-181.

[180]　武旭. 简论原研哉设计理念中的东方美学传统[J]. 艺海，2011（10）：96-97.

[181]　赵农. 制器尚象 备物致用——中国艺术设计史研究的思考[J]. 装饰，2010（01）：64-69.

[182]　恩刚. 解析西方透视理论的形成与发展[J]. 艺术科技，2017，30（03）：235-236.

[183]　张生军，张海波. 艺术设计语言准确性的把握[J]. 现代教育科学，2009（S1）：374-376.

[184]　姜珊. 凯瑟琳·古斯塔夫森设计语言研究[J]. 风景园林，2011（05）：108-113.

[185]　彭景. 中国传统图案在现代服装设计中的运用[J]. 艺术百家，2013，29（S1）：149-151.

[186]　金国勇. 传统图形元素与品牌形象策划[J]. 新美术，2014，35（05）：108-110.

[187]　邰杰，陆鞳."第四风景"的再造：四大名著版刻插图中的园林图像比较研究

[J]. 艺术百家, 2015, 31 (05): 205-208.

[188] 王昕. 中国美术学院之"东方设计"刍议[J]. 艺术科技, 2017, 30 (01): 371.

[189] 王昕. 全球文化语境中东方设计的角色与意义[J]. 艺术科技, 2016, 29 (12): 206-207.

[190] 吴剑锋. 从"符号"到"意象"——传统文化在中国当代设计艺术中的诗性表达[J]. 浙江社会科学, 2016 (11): 137-142, 160-161.

[191] 齐振伦. 中国传统色彩观与当代平面设计[J]. 才智, 2010 (14): 178-180.

[192] 马丽茵. 中国传统色彩的审美特征及其在现代商业设计中的应用[J]. 艺术百家, 2013, 29 (S2): 122-124.

[193] 张立川. 解构与重组——中国传统民族文化元素的服装设计创新[J]. 美术观察, 2017 (04): 96-99.

[194] 王希. 中国画的色彩品格[J]. 美术观察, 2017 (11): 76-78.

[195] 王京红. 中国传统色彩体系的色立体——以明清北京城市色彩为例[J]. 美术研究, 2017 (06): 97-103.

[196] 吴冠聪. 基于本土文化的色彩导视系统设计——以惠州西湖为例[J]. 艺术评论, 2017 (01): 168-172.

[197] 张明. 中国传统伦理思想对现代产品设计的启示[J]. 艺术百家, 2016, 32 (05): 213-216.

[198] 周波, 杨京玲. 中国传统文化在建筑设计中的传承与发展[J]. 东南文化, 2011 (03): 123-126.

[199] 唐军, 侯冬炜. 根植传统 拥抱未来——景观设计本土创造的理念和实践[J]. 南方建筑, 2009 (03): 10-13.

[200] 王象尧. 中国民间美术造型方法在平面设计中的运用分析[J]. 艺术百家, 2016, 32 (S1): 128-130.

[201] 何深静, 于涛方, 方澜. 城市更新中社会网络的保存和发展[J]. 人文地理, 2001, 16 (06): 36-39.

[202] 宋言奇. 城市社区邻里关系的空间效应[J]. 城市问题, 2004 (05): 47-50.

[203] 蔡禾, 贺霞旭. 城市社区异质性与社区凝聚力——以社区邻里关系为研究对象[J]. 中山大学学报 (社会科学版), 2014, 54 (02): 133-151.

[204] 邢晓明. 城镇社区和谐邻里关系的社会学分析[J]. 学术交流, 2007 (12): 163-165.

[205] 张志安, 沈国麟. 媒介素养: 一个亟待重视的全民教育课题——对中国大陆媒介素养研究的回顾和简评[J]. 新闻记者, 2004 (05): 11-13.

[206] 张开. 媒体素养教育在信息时代[J]. 现代传播，2003（01）：116-118.

[207] 廉仲. 关于小城市规划建设中的几个问题[J]. 城市发展研究，1996（02）：38-40.

[208] 吴江，王选华. 西方规划评估：理论演化与方法借鉴[J]. 城市规划，2013（01）：90-96.

[209] 宋彦，江志勇，杨晓春，陈燕萍. 北美城市规划评估实践经验及启示[J]. 规划师，2010，26（03）：5-9.

[210] 欧阳鹏. 公共政策视角下城市规划评估模式与方法初探[J]. 城市规划，2008（12）：22-28.

[211] 周珂慧，姜劲松. 西方城市规划评估的研究述评[J]. 城市规划学刊，2013（01）：104-109.

[212] 周武忠，翁有志. 现代景观设计艺术问题与对策[J]. 南京社会科学，2010（05）：122-129.

[213] 周武忠. 论意大利花园的"第三自然"[J]. 中国园林，2003（03）：48-51.

[214] 住房和城乡建设部. 2015年城乡建设统计公报[J]. 城乡建设，2016（08）：58-63.

[215] 王毅. 文化景观的类型特征与评估标准[J]. 中国园林，2012，28（01）：98-101.

[216] 贾京鹏. 影响产品消费中审美偏好转变的三大因素[J]. 理论探索，2015（05）：35-37，41.

[217] 罗召美，杨小波，侯百镇，李东海. 基于SBE评价法的海南沿海城市道路绿化景观分析[J]. 四川建筑科学研究，2013，39（05）：262-266.

[218] 程相占. 论生态审美的四个要点[J]. 天津社会科学，2013，05（05）：120-125.

[219] 张朝枝，邓曾. 基于游客自愿拍摄法（VSEP）的旅游审美研究方法探索[J]. 旅游科学，2010，24（04）：66-76.

[220] 李冬环，傅鸣. 面向群体差异的城市水域景观规划研究[J]. 河北师范大学学报，2005（01）：96-100.

[221] 毛翔，李江海，高危言. 世界遗产文化景观现状、保护与发展[J]. 五台山研究，2010（02）：56-58.

[222] 钟福民，李瑞英. 论江西文化景观遗产的保护——以赣南地区为例[J]. 赣南师范学院学报，2009，30（01）：114-117.

[223] 邓春鹤，韩慧英，朱琳，李海洋，姬常平，王崑. 哈尔滨市文化景观遗产的保护与开发研究[J]. 中国农学通报，2012，28（31）：300-304.

[224] 吴小华. 村落文化景观遗产的概念、构成及其影响[J]. 古今农业，2010（04）：

84-93.

[225] 李明超. 城市文化景观遗产保护的交流与探讨——首届城市学高层论坛城市文化景观遗产保护分论坛综述[J]. 中国名城，2011（11）：12-15.

[226] 王林. 文化景观遗产及构成要素探析——以广西龙脊梯田为例[J]. 广西民族研究，2009（01）：177-183.

[227] 邬东璠，庄优波，杨锐. 五台山文化景观遗产突出普遍价值及其保护探讨[J]. 风景园林，2012（01）：74-77.

[228] 邬东璠. 议文化景观遗产及其景观文化的保护[J]. 中国园林，2011，27（04）：1-3.

[229] 张卫良. "区域城市"：刘易斯·芒福德的城市愿景与中国的新型城镇化[J]. 都市文化研究，2014（02）：63-76.

[230] 颜爱民. 企业文化DNA及其评价技术[J]. 科技管理研究，2008（04）：43-45，49.

[231] 颜爱民. 企业文化基因及其识别实证研究[J]. 湖南师范大学自然科学学报，2007，30（01）：119-124.

[232] 刘振平. 保护非遗，保护民族文化DNA[J]. 民族论坛，2011（10）：7-9.

[233] 城市文化北京宣言[J]. 城市规划，2007（07）：9，17.

[234] 庄惟敏. SD法与建筑空间环境评价[J]. 清华大学学报（自然科学版），1996（04）：42-47.

[235] 齐童，王亚娟，王卫华. 国际视觉景观研究评述[J]. 地理科学进展，2013，32（06）：975-983.

[236] 陈云文，胡江，王辉. 景观偏好及栽植空间景观偏好研究回顾[J]. 山东林业科技，2004（04）：54-56.

[237] 陈宇. 景观评价方法研究[J]. 室内设计与装修，2005（03）：12-15，114.

[238] 周玮，黄震方，郭文，吴丽敏，赵志霞. 南京夫子庙历史文化街区景观偏好的游后感知实证研究[J]. 人文地理，2012，27（06）：117-123.

[239] 刘媛媛，卓金梅，张朝枝. 游客文化差异性特征对其景观偏好的影响[J]. 中南林业科技大学学报（社会科学版），2012，06（02）：12-16.

[240] 闵庆文，张永勋. 农业文化遗产与农业类文化景观遗产比较研究[J]. 中国农业大学学报（社会科学版），2016，33（02）：119-126.

[241] 胡志昕，角媛梅，华红莲，刘歆，王梅，张贵玲，张果. 全球文化景观遗产的时空分布及列入标准分析[J]. 热带地理，2016，36（04）：548-555.

[242] 金一，严国泰. 基于社区参与的文化景观遗产可持续发展思考[J]. 中国园林，2015，31（03）：106-109.

[243] 许振晓. 世界文化景观遗产地旅游者地方依恋构成及影响因素——以西湖风景名胜区为例[J]. 杭州师范大学学报（自然科学版），2014，13（03）：313-320.

[244] 张友军. 景观人类学视角的文化景观遗产保护探析——兼论浙江省文化景观遗产保护对策[J]. 艺术教育，2015（05）：48-51.

[245] Gian Franco De Stefano. DNA and cultural heritage[J]. Journal of Cultural Heritage，2000（01）：49-50.

[246] Gary R. Claya，Robert K. Smidt. Assessing the validity and reliability of descriptor variables used in scenic highway analysis[J]. Landscape and Urban Planning，2004（66）：239-255.

[247] Claire Freemana，Oliver Buck. Development of an ecological mapping methodology for urban areas in New Zealand[J]. Landscape and Urban Planning，2003（63）：161-173.

[248] Richard A. Cohen（1977）Small town revitalization planning：case studies and a critique[J]. Journal of the American Institute of Planners，43：1，3-12.

[249] Heike Mayer & Paul Knox（2010）. Small-town sustainability：prospects in the second modernity[J]. European Planning Studies，18：10，1545-1565.

[250] James F. Palmera，Janneke Roos-Klein Lankhorst. Evaluating visible spatial diversity in the landscape[J]. Landscape and Urban Planning，1998（43）：65-78.

[251] Khalid Zakaria El Adli Imam. Role of urban greenway systems in planning residential communities：a case study from Egypt[J]. Landscape and Urban Planning，2006（76）：192-209.

[252] Federica Gobattonia，Raffaele Pelorosso，etc. A procedure for mathematical analysis of landscape evolution and equilibrium scenarios assessment[J]. Landscape and Urban Planning，2011（103）：289-302.

[253] Wooyeong Jooa，Stuart H. Gageb，Eric P. Kasten. Analysis and interpretation of variability in soundscapes along an urban–rural gradient[J]. Landscape and Urban Planning，2011（103）：259-276.

[254] Marco Vizzaria，Maurizia Sigura. Landscape sequences along the urban–rural–natural gradient：A novel geospatial approach for identification and analysis[J]. Landscape and Urban Planning，2015（140）：42-55.

[255] Louise Willemen，Peter H. Verburg，etc. Spatial characterization of landscape functions[J]. Landscape and Urban Planning，2008（88）：34-43.

[256] Lik Meng Lee, Yoke Mui Lim, Yusuf Nor' Aini. Strategies for urban conservation: A case example of George Town, Penang[J]. Habitat International, 2008 (32): 293-304.

[257] Joan Marull, Joan Pino, etc. A land suitability index for strategic environmental assessment in metropolitan areas[J]. Landscape and Urban Planning, 2007 (81): 200-212.

[258] Rusong Wang, Tao Zhou, etc. Cultivating eco-sustainability: Social–economic–natural complex ecosystem case studies in China[J]. Ecological Complexity, 2011 (08): 273-283.

[259] Sarah Mubareka, Eric Koomen, etc. Development of a composite index of urban compactness for land use modelling applications[J]. Landscape and Urban Planning, 2011 (103): 303-317.

[260] Claire Freeman. Development of a simple method for site survey and assessment in urban areas[J]. Landscape and Urban Planning, 1999 (44): 1-11.

[261] Arthur E. Stamps III. Evaluating enclosure in urban sites[J]. Landscape and Urban Planning, 2001 (57): 25-42.

[262] Richard L. Kent, Cynthia L. Elliott. Scenic routes linking and protecting natural and cultural landscape features: a greenway skeleton[J]. Landscape and Urban Planning, 1995 (33): 341-355.

[263] Finn Kjær Christensen. Understanding value changes in the urban development process and the impact of municipal planning[J]. Land Use Policy, 2014 (36): 113-121.

[264] E.H. Zube, D.G. Pitt. Gross-cultural perceptions of scenic and heritage landscapes[J]. Landscape and Urban Planning, 1981 (08): 69-87.

[265] RS Ulrich. Visual landscape preference: a model and application[J]. Man-Environment Systems, 1977, 07 (05): 279-293.

[266] Zube, E.H., Sell, J.L. and Taylor, J.G. Landscape perception: research, application and theory[J]. Landscape Planning, 1982 (09): 1-33.

[267] Xiaoling Zhang, Ling Zhou, etc. Resolving the conflicts of sustainable world heritage landscapes in cities: fully open or limited access for visitors?[J]. Habitat International, 2015 (46): 91-100.

[268] Michela Marignani, Duccio Rocchini, etc. Planning restoration in a cultural

landscape in Italy using an object-based approach and historical analysis[J]. Landscape and Urban Planning, 2008 (84): 28-37.

[269] W. Vos, H. Meekes. Trends in European cultural landscape development: perspectives for a sustainable future[J]. Landscape and Urban Planning, 1999 (46): 3-14.

[270] Eric de Noronha Vaz, Pedro Cabral, etc. Urban heritage endangerment at the interface of future cities and past heritage: a spatial vulnerability assessment[J]. Habitat International, 2012 (36): 287-294.

[271] Andy S. Choi, Brent W. Ritchie, etc. Economic valuation of cultural heritage sites: a choice modeling approach[J]. Tourism Management, 2010 (31): 213-220.

[272] R. Bruce Hull iv, Grant R. B. Revell. Cross-cultural comparison of landscape scenic beauty evaluations: a case study in Bali[J]. Journal of Environmental Psychology, 1989 (09): 177-191.

[273] Anna Tengberg, Susanne Fredholm, etc. Cultural ecosystem services provided by landscapes: assessment of heritage values and identity[J]. Ecosystem Services, 2012 (2): 14-26.

[274] Ken Taylor. Cultural landscapes and Asia: reconciling international and Southeast Asian regional values[J]. Landscape Research, 2009, 34 (01): 7-31.

[275] Marilena Vecco. A definition of cultural heritage: from the tangible to the intangible[J]. Journal of Cultural Heritage, 2010, 11 (03): 321-324.

[276] Kari Loe Hjelle, Sigrid Kaland, etc. Ecology and long-term land-use, palaeoecology and archaeology–the usefulness of interdisciplinary studies for knowledge-based conservation and management of cultural landscapes[J]. International Journal of Biodiversity Science, Ecosystem Services & Management, 2012, 08 (04): 321-337.

[277] Suzanne M. Spencer-Wood, Sherene Baugher. Introduction to the Historical Archaeology of Powered Cultural Landscapes[J]. International Journal of Historical Archaeology, 2010, 14 (04): 463-474.

[278] Plieninger T., D. van der Horst, etc. Sustaining ecosystem services in cultural landscapes[J]. Ecology and Society, 2014, 19 (02): 59-63.

[279] Honglian Hua, Shangyi Zhou. Human-environment system boundaries: a case study of the Honghe Hani Rice Terraces as a World Heritage Cultural Landscape[J].

Sustainability, 2015（07）: 10733-10755.

[280] Rosa Tamborrino, Willeke Wendrich. Cultural heritage in context: the temples of Nubia, digital technologies and the future of conservation[J]. Journal of the Institute of Conservation, 2017, 40（02）: 168-182.

[281] Victoria Szabo, Stefania Zardini Lacedelli, Giacomo Pompanin. From landscape to cities: a participatory approach to the creation of digital cultural heritage[J]. International Information & Library Review, 2017, 49（02）: 115-123.

[282] Maurice de Kleijn, Eduardo Dias, Gert-Jan Burgers. The digital cultural biography, a tool for interdisciplinary knowledge exchange on the history and heritage of the urban landscape[J]. Journal of Cultural Heritage Management and Sustainable Development, 2016, 06（01）: 72-94.

[283] Hong Jiang. Stories remote sensing images can tell: integrating remote sensing analysis with ethnographic research in the study of Cultural Landscapes[J]. Human Ecology, 2003, 31（02）: 215-232.

[284] Ruman Banerjee, Prashant K. Srivastava. Reconstruction of contested landscape: detecting land cover transformation hosting cultural heritage sites from Central India using remote sensing[J]. Land Use Policy, 2013（34）: 193-203.

[285] Branka Cuca, Diofantos G. Hadjimitsis. Space technology meets policy: an overview of Earth Observation sensors for monitoring of cultural landscapes within policy framework for Cultural Heritage[J]. Journal of Archaeological Science: Reports, 2017（14）: 727-733.

[286] Christopher Tweed, Margaret Sutherland. Built cultural heritage and sustainable urban development[J]. Landscape and Urban Planning, 2007（83）: 62-69.

[287] John Pendlebury, Michael Short b, Aidan While. Urban World Heritage Sites and the problem of authenticity[J]. Cities, 2009（26）: 349-358.

[288] Carruthers Jane. Mapungubwe: an historical and contemporary analysis of a World Heritage cultural landscape[J]. Koedoe, 2006, 49（01）: 1-13.

[289] Sirisrisak T., Akagawa N. Cultural landscape in the World Heritage list: understanding on the gap and categorisation[J]. City & Time, 2007, 02（03）: 11-20.

[290] Z.C. Zhou, Y.Y. Xu, W.Z. Zhou. On the theory of oriental design in the context of China[J]. Acta Horticulturae, 2017（1189）: 25-30.

[291] W.Z. Zhou, Z.C. Zhou, Y.Y. Xu. Landscapology: the philosophy of 3As[J]. Acta

Horticulturae, 2016 (1108): 249-254.

[292] Bjørn P. Kaltenborn, Tore Bjerke. Associations between environmental value orientations and landscape preferences[J]. Landscape and Urban Planning, 2002 (59): 1-11.

[293] Larissa Larsen, Sharon L. Harlan. Desert dreamscapes: Residential landscape preference and behavior[J]. Landscape and Urban Planning, 2006 (78): 85-100.

[294] Arjen E. Buijs, Birgit H.M. Elands, Fransje Langers. No wilderness for immigrants: cultural differences in images of nature and landscape preferences[J]. Landscape and Urban Planning, 2009 (91): 113-123.

[295] Dorceta E. Taylor. Racial and Ethnic differences in connectedness to nature and landscape preferences among college students[J]. Environmental Justice, 2018, 03 (11): 118-136.

[296] René van der Wala, David Millerb, etc. The influence of information provision on people's landscape preferences: a case study on understorey vegetation of deer-browsed woodlands[J]. Landscape and Urban Planning, 2014 (124): 129-139.

[297] Frances E. Kuo, Magdalena Bacaicoa and William C. Sullivan. Transforming inner-city landscapes: trees, sense of safety, and preference[J]. Environment and Behavior, 1998 (30): 28-59.

[298] W.T. de Groota, R.J.G. van den Born. Visions of nature and landscape type preferences: an exploration in the Netherlands[J]. Landscape and Urban Planning, 2003 (63): 127-138.

[299] Asa Ode, Gary Fry, etc. Indicators of perceived naturalness as drivers of landscape preference[J]. Journal of Environmental Management, 2009 (90): 375-383.

[300] Mari Sundli Tveit. Indicators of visual scale as predictors of landscape preference; a comparison between groups[J]. Journal of Environmental Management, 2009 (90): 2882-2888.

[301] W.E. Dramstada, M. Sundli Tveitb, etc. Relationships between visual landscape preferences and map-based indicators of landscape structure[J]. Landscape and Urban Planning, 2006 (78): 465-474.

[302] Ondrej Kalivoda, Jirí Vojar, etc. Consensus in landscape preference judgments: The effects of landscape visual aesthetic quality and respondents' characteristics[J].

Journal of Environmental Management, 2014（137）: 36-44.

[303] Koen F. Tieskens, Boris T. Van Zanten, etc. Aesthetic appreciation of the cultural landscape through social media: an analysis of revealed preference in the Dutch river landscape[J]. Landscape and Urban Planning, 2018（177）: 128-137.

[304] Bin Jiang, Linda Larsen, etc. A dose–response curve describing the relationship between tree cover density and landscape preference[J]. Landscape and Urban Planning, 2015（139）: 16-25.

[305] Alexander P.N. van der Jagt, Tony Craig, etc. Unearthing the picturesque: the validity of the preference matrix as a measure of landscape aesthetics[J]. Landscape and Urban Planning, 2014（124）: 1-13.

[306] Caroline M. Hagerhall, Terry Purcell, Richard Taylor. Fractal dimension of landscape silhouette outlines as a predictor of landscape preference[J]. Journal of Environmental Psychology, 2004（24）: 247-255.

[307] Jie Gao, Carla Barbieri, etc. Agricultural landscape preferences: implications for agritourism development[J]. Journal of Travel Research, 2014, 53（03）: 366-379.

[308] Samir Sayadi, M. Carmen Gonz'alez-Roa, Javier Calatrava-Requena. Public preferences for landscape features: the case of agricultural landscape in mountainous Mediterranean areas[J]. Land Use Policy, 2009（26）: 334-344.

[309] Boris T. van Zanten, Peter H. Verburg, etc. Preferences for European agrarian landscapes: A meta-analysis of case studies[J]. Landscape and Urban Planning, 2014（132）: 89-101.

[310] Scott T. Yabiku, David G. Casagrande, Elizabeth Farley-Metzger. Preferences for landscape choice in a southwestern desert city[J]. Environment and Behavior, 2008, 40（03）: 382-400.

[311] Stefano Del Lungo, Canio A. Sabia, Cristoforo Pacella. Landscape and cultural heritage: best practices for planning and local development: an example from Southern Italy[J]. Procedia - Social and Behavioral Sciences, 2015（188）: 95-102.

[312] Arnold Van Der Valk. Preservation and development: The cultural landscape and heritage paradox in the Netherlands[J]. Landscape Research, 2014, 39（02）: 158-173.

[313] Salita Melissari. Assessing heritage significance: decision support tools for

managing landscape's cultural value in Southern Italy[J]. Advanced Engineering Forum，2014（11）：647-652.

[314] Tatiana Vadimovna Vakhitova. Rethinking conservation：managing cultural heritage as an inhabited cultural landscape[J]. Built Environment Project and Asset Management，2015，05（02）：217-228.

[315] Laura PUJIA. Cultural heritage and territory. Architectural tools for a sustainable conservation of cultural landscape[J]. International Journal of Conservation Science，2016，07（S1）：213-218.

[316] Federico Amato，Federico Martellozzo，etc. Preseving cultural heritage by supporting landscape planning withquantitative predictions of soil consumption[J]. Journal of Cultural Heritage，2017（23）：44-54.

[317] Honglian Hua，Shangyi Zhou. Human-environment system boundaries：a case study of the Honghe Hani rice terraces as a World Heritage cultural landscape[J]. Sustainability，2015（7）：10733-10755.

[318] Yongxun Zhang，Qingwen Min，etc. Traditional culture as an important power for maintaining agriculturallandscapes in cultural heritage sites：a case study of the Hani terraces[J]. Journal of Cultural Heritage，2016，12（002）：1-10.

[319] 王丽娟. 芒福德的城市文化思想研究综述[A]. 孙逊、杨剑龙. 都市文化研究（第6辑）——网络社会与城市环境[C]. 上海：上海三联书店出版社，2010. 144-168.

[320] 戴秋思，李碧香. 文化景观国际分类标准的地域性诠释——巴蜀文化景观类型与特色研究[A]. 2013第五届世界建筑史教学与研究国际研讨会论文集[C]. 重庆：重庆大学出版社，2013：274-277.

[321] Masuda T.，Wang H.，Ito K.，etc. Culture and the mind：Implications for art，design and advertisement [A]. Shintaro Okazaki（ed）. Handbook of Research on International Advertising[M]. UK：Edward Elgar，2012.

[322] 史晨暄. 世界遗产"突出的普遍价值"评价标准的演变[D]. 北京：清华大学，2008.

[323] 徐知兰. UNESCO文化多样性理念对世界遗产体系的影响[D]. 北京：清华大学，2012.

[324] 蔡晴. 基于地域的文化景观保护[D]. 南京：东南大学，2006.

[325] 杜春兰. 山地城市景观学研究[D]. 重庆：重庆大学，2005.

[326] 王纪武. 地域文化视野的城市空间形态研究——以重庆、武汉、南京地区为

例. 重庆：重庆大学，2005.

[327] 胡燕. 后工业景观设计语言研究[D]. 北京：北京林业大学，2014.

[328] 廖嵘. 非物质文化景观旅游规划设计[D]. 同济大学，2006.

[329] 刘艺兰. 少数民族村落文化景观遗产保护研究[D]. 中央民族大学，2011.

[330] 张晋石. 乡村景观在风景园林规划与设计中的意义[D]. 北京：北京林业大学，2006.

[331] 王竞红. 园林植物景观评价体系的研究[D]. 哈尔滨：东北林业大学，2008.

[332] 蒋宇. 中国城市化进程中城市景观美学问题研究[D]. 重庆：西南大学，2012.

[333] 李岳坤. 传统文化DNA在现代城市景观设计中的转译研究[D]. 西安：长安大学，2013.

[334] 王颖. 地域文化特色的城市街道景观设计研究——西安雁塔侧摧遣景观设计[D]. 西安：西安建筑科技大学，2004.

[335] 郭希彦. 地域文化在景观设计中的应用研究[D]. 福建：福建师范大学，2008.

[336] 杨鑫. 地域性景观设计理论研究[D]. 北京：北京林业大学，2009.

[337] 张川. 基于地域文化的场所设计[D]. 南京：南京林业大学，2006.

[338] 王理阅. 基于地域文化的景观小品设计研究——以沈阳北运河滨水绿地规划为例[D]. 南京：南京林业大学，2012.

[339] 陈娟. 景观的地域性特色研究[D]. 长沙：中南林业科技大学，2006.

[340] 史晓松. 现代城市广场中的地域文化特色[D]. 北京：北京林业大学，2007.

[341] 季蕾. 植根于地域文化的景观设计[D]. 南京：东南大学，2004.

[342] 冯敏敏. 园林植物景观美感评价研究[D]. 杭州：浙江大学，2006.

[343] 陈敏捷. 中国古典园林植物景观空间构成[D]. 北京：北京林业大学，2005.

[344] 郭洋. 上海创意产业园建成环境的使用后评价研究[D]. 上海交通大学，2011.

[345] 易红. 中国文化景观遗产的保护研究[D]. 西北农林科技大学，2009.

[346] UNESCO. Convention Concerning the Protection of the World Cultural and Natural Heritage[Z]. 法国，巴黎，1972.

[347] UNESCO. The Convention for the Safeguarding of Intangible Cultural Heritage[Z]. 法国，巴黎：MISC/2003/CLT/CH/14 REV.1.

[348] B. Pichat. The Ageing of the Population and Its economic Implicatons[R]. New York：United Nations，1956.

[349] Census of Pécs City 2015[R]. Pécs：The Municipality of Pécs，2015.

[350] Strategy Planning of City Development，Pécs 2020[R]. Pécs：The Municipality of Pécs，2014.

[351] Urban Architectural Concept Planning, Pécs 2030[R]. Pécs：The Municipality of Pécs, 2015.

[352] UNESCO. Convention Concerning the Protection of the World Cultural and Natural Heritage, 1972[S].

[353] UNESCO WHC. Operational Guidelines for the Implementation of the World Heritage Convention, 1992[S].

[354] UNESCO WHC. Operational Guidelines for the Implementation of the World Heritage Convention, 2005[S].

[355] UNESCO WHC. Operational Guidelines for the Implementation of the World Heritage Convention, 2015[S].

[356] 王炳华，李静，马跃华. 如何延续校园文化DNA?[N]. 光明日报，2011.12.07（02）.

[357] 沈栖. 重提易北河谷的悲剧[N]. 上海法治报，2011.11.23（A06）.

[358] 张朝伟. 全国140个特大城市按新标准将减至16个[N]. 京华时报，2014.11.21（A07）.

[359] 薛理勇. 江南宅院中的仪门[N]. 文汇报，2018.03.31（008）.

[360] 严葭淇. 东方设计的魅惑力量[N]. 华夏时报，2015.10.15（023）.

[361] 陈晓晨. 意大利颁布保护文化遗产新法案 保护文化遗产 拉动经济复苏[N]. 光明日报，2014.05.30（08）.

[362] Municipality of Pécs. Urban Design and Architectural Contest：Pécs Market Hall and Short Supply Chain Center, the settlement of the building and environment[EB/OL]. http://www.pecs.hu/,2015.09.01.

[363] UNESCO WHC. The Criteria for Selection[EB/OL]. http://whc.unesco.org/en/criteria/.

[364] UNESCO WHC. Topographic Map Showing the Boundaries of the Nominated Property and Buffer Zone[EB/OL]. 2011.09.

[365] UNESCO WHC. REPORT ON THE STATE OF CONSERVATION：Cultural Landscape of Honghe Hani Rice Terraces Executive Summary[EB/OL]. 2015.01.

[366] UNESCO WHC. Venice and its Lagoon rest in fragile balance. Findings of new study on the World Heritage site[EB/OL]. 2014.12.12.

[367] UNESCO WHC. Cultural Landscapes[EB/OL]. http://whc.unesco.org/en/culturallandscape/.

[368] UNESCO WHC. Case Study：Tongariro[EB/OL]. http://whc.unesco.org/en/

activities/613/.

[369] David Haussler. Genome Research[EB/OL]. 2005.07.14.

[370] 刘士林. 正确认识和看待都市化进程中的"逆城市化"[EB/OL]. 交大城市网，2018.04.11.

[371] 上海豫园管理处. 古园春秋[EB/OL]. 上海豫园官方网站.

[372] 崔金泽. 让德国易北河谷被世界遗产除名的桥，道出了世遗大会的偏见[EB/OL]. 澎湃新闻网，2017.09.07.

[373] 狐女青青. 石库门又开始闹腾了[EB/OL]. 狐女青青的博客，2009.05.29.

[374] 腾讯科学. 科学家称人体仅使用8.2%DNA，其余的是垃圾[EB/OL]. 2014.07.26.

[375] 新华社. 杭州西湖文化景观正式被列入《世界遗产名录》[EB/OL]. 中央政府门户网站，2011.06.25.

[376] 吴正彬. 石库门是中国特色和上海基因应加强对历史文化风貌建筑的保护[EB/OL]. 解放网，2018.02.01.

[377] 解敏. 石库门源于绞圈房？专家再次呼吁为石库门申遗[EB/OL]. 东方网，2018.02.01.

[378] 中国休闲农业年鉴编委会. 2015中国重要农业文化遗产：云南红河哈尼梯田农业文化遗产介绍[EB/OL]. 2015.04.25.

后 记

本书的写作是一个永远比想象中更为困难的过程，但也正是在这样一个与文化景观特性"长时性"同名的学术研究过程中，才能让人真正沉下心来，认真地回顾自己多年的学习经历中，究竟获得了什么，又失去了什么。从少时的基础教育到高考的"千军万马过独木桥"，从本科的工科基础学习到硕士的设计艺术转型，再到博士期间越来越"学术"的生活日常，许多的学习内容与考试要点会慢慢淡化于记忆深处，但更多有用的知识会伴随着一些良好的学习研究习惯被保留了下来，并继续在接下来的工作学习过程中不断发光发热。

似乎只有到了博士学习阶段，我才能真正算得上是学到了一点"学术研究"的皮毛。首先需要感谢我的导师刘士林教授以及团队的其他老师、师兄、师姐、师弟、师妹们。正如其所致力引领的"城市文化研究学派"一般，刘老师一直以一位真正文化研究学者的风范，从学术研究、待人接物、项目实践等各个方面给予了我巨细靡遗的深刻指导，受其影响而组建的学术工作团队也为我提供了良好的学习工作环境以及全方位的帮助，即便许多经验与教训并不能被我很快理解，但随着时间的推移，尤其是当自己独立面对问题的时候方才能够体会一二，而正是这样的先行接触条件才能让我在许多时候回忆起曾经的言传身教，从而节约了大量的时间、少走很多弯路。同时因为学习与工作的关系，我也要感谢上海交通大学创新设计中心团队的所有成员，在日常生活、学习以及相关科研工作的过程中，非常高兴能够有机会为相同的目标而共同努力和互相学习，我非常珍惜这样的团队研学时光。

上海交通大学是一所充满活力而学风浓厚的顶尖高等学府。从入校时的媒体与设计学院，到现在的设计学院、媒体与传播学院，再到学校党政机关、各个部门与其他学院，无数老师与同学们都曾以不同的方式帮助于我，也正是这样的良好平台使我有机会接触到其他高校、政府机构、企业公司等有不同背景与经历的人群，进而不断汲取经验、磨砺自我。如今我真正体会到了"三人行必有我师"的含义，谨在此向曾给予过我指导的所有人表示最真挚的感谢。

最后，我要感谢一直默默陪伴并为我无私奉献的家人们，尤其是不断耳提面命、在潜移默化中引导我的双亲。

面对这样美好又充满挑战的世界，或许我们终将独自旅行，但每每念及曾鼎力支持的众多亲朋师长，自当锐意进取、奋力向前，以谢相识相助之恩，岂不快哉！

周之澄

2019年6月

图3　威尼斯水城景观与商业气息的弥漫

图6 凡尔赛宫规整园林与
米兰大教堂哥特式尖顶

遗产分类
1. 文化遗产
2. 自然遗产
3. 混合遗产

Category of site

◆ Cultural site
● Natural site
◐ Mixed site

图8 东亚地区遗产分布图
（来源：世界遗产中心官网）

图9　汤加里罗国家公园优越的自然景
观环境
（来源：S. A. Tabbasum）

图10　红河哈尼梯田文化景观
（来源：红河哈尼梯田保护管理委员会）

图11 哈德良长城文化景观
（来源：视觉中国）

图12 辛特拉文化景观

图13 杭州西湖文化景观
（来源：西湖博物馆（左）、Vincent Ko Hon Chiu（右））

图21　修桥前实验图片示例
（来源：视觉中国）

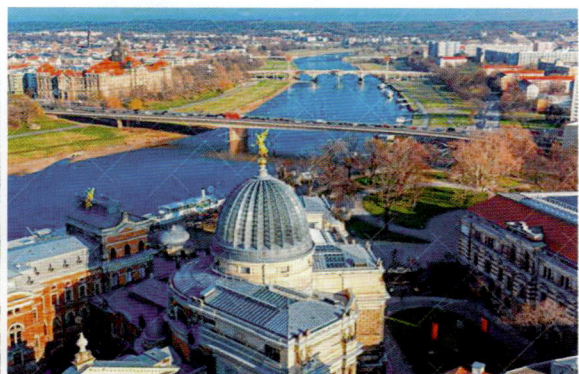

图22　修桥后实验图片示例
（来源：Dreamstime.com）

图23 德累斯顿城市
——河谷风光
（来源：百度图片）

图25 盐城经济开发区带状公园
景观设计示例

图28 瑞典马尔默街头行道树、窨井盖文化景观

HELYSZÍNRAJZ _ HOSSZÚ TÁVÚ FEJLESZTÉSEK
m=1:1000

有综合停车大楼的
街心公园设计

意向绿化
树种设计

商业区特色建筑设计

半私密办公
空间

有综合功能建筑的
公共空间设计

多层停车楼

新市场建筑

新环岛、新
停车公园形
成的交通系
统

保留现有绿地，穿
插设计停车区间

图31 佩奇老市场更新项目第18
号方案景观布局与绿化分析图

PÉCSI VÁSÁRCSARNOK ÉS RÖVID ELLÁTÁSI LÁNC KÖZPONT
VÁROSÉPÍTÉSZETI ÉS ÉPÍTÉSZETI TERVPÁLYÁZAT

03/10

作者简介

　　周之澄，东华大学环境设计系讲师，设计学博士，主要研究方向为城乡景观规划与设计。主要兼职工作：上海交通大学创新设计中心主任助理、国际设计科学学会副秘书长、中国优质农产品开发服务协会——休闲农业与乡村旅游分会办公室主任。

　　公开发表论文二十余篇。作为主要参与人申请并完成国家社会科学基金全国艺术学一般项目15BG083；参与完成教育部、住建部、农业部课题项目十余项，同时作为作者之一或编委会成员编写完成十余本专著。作为主持者或主要参与人完成横向规划设计、咨询类项目三十余项，大部分项目已落地。作为主要参与人，负责组织并顺利举办包括学术论坛、设计大赛、花博会主题展览等在内的十余项会议、会展活动。